IPR

石家庄众志华清知识产权事务所 著

INTELLECTUAL PROPERTY MATTERS

知识产权那些事

中央编译出版社
CCTP Central Compilation & Translation Press

《知识产权那些事》编委会

主　编：张明月

编　委：张　建　李会阳　张露纯　牛聚伟
　　　　李　葭　于云霞　王忠良

前　言

专利等知识产权是您市场竞争的资本和武器。

17世纪，随着自由市场经济的发展，知识产权随即萌发。知识产权是市场经济发展的必然产物，是为保护和占领市场服务的，这也是自由市场经济体为什么重视知识产权的原因。

本书以专利、商标为主介绍技术创新、知识产权的创造、获权、保护、运用、管理等各个环节，并介绍专利等知识产权服务、信息检索和情报分析及利用的有关知识，从而帮助读者了解专利等知识产权的内容及其在市场中的作用，以充分利用知识产权来创造更多的市场价值。

专利等知识产权是为市场经济服务的，或者通俗地说是为了"挣钱"的。通过保护知识产权，从而保护或垄断市场，占领更多的市场份额，获得技术创新、品牌付出及其他创作创造所应得的经济价值。专利是市场中的进攻和防御的武器，商标体现的则是品牌、品质和形象。在维权和保护市场方面要从战略战术上合理合法地运用手中的权力，尽可能多地占领市场。

作为知识产权的重要部分——专利，是通过保护技术创新而开拓并占领市场的。因此，一个企业或组织的市场竞争能力的大小、盈利能力的高低，可以通过其是否拥有专利、专利数量的多少、专利质量的高低等作为其重要的评价指标。知识产权有其创造、获权、保护、管理、运用产生效益等诸多环节，不但要申请获权，获得的权利还要能够保护技术和市场，还要通过对知识产权进行管理、合理或最大限度地运用知识产权，才能获得最大的经济效益和社会效益。

  知识产权的创造、获权、保护、管理、运用等各个环节之间是互相关联互为保障的关系，如专利的创造、获权是专利保护、运用的基础，在获取知识产权的过程中就要完成专利、商标等的布局，使之形成合法严密的保护网络。这样知识产权在维权和保护市场方面才能发挥作用。而专利的运用除包括实施、转化、许可、质押贷款、投融资、技术入股、企业重组、加入或成立标准或联盟等产生经济效益的行为外，还包括创造、获权、维权保护的全过程，而维权保护的过程也可以获利，因此通过专利的运用而获取最大的合法利益是知识产权的终极目的；专利的保护可以通过宣告无效、诉讼、行政裁决、维权援助、仲裁、或者协商谈判等手段保护市场，因此能够获得保护是知识产权获利的必要保障；而管理又是知识产权的创造、获权、保护、运用的必要保障，在技术创新、发展战略的制定、知识产权的获取、知识产权保护和运用时，离不开对知识产权的管理。管理好知识产权，能够帮助企业规避风险，加强技术创新，加强知识产权的获权、保护和运用的能力。目前，全球的专利数据库中已有约1.5亿条专利信息，利用这些专利信息不但能够提高知识产权的形成、保护、运用和管理水平及能力，还能够提高创新水平，促进技术及创新发展，因此知识产权信息检索、情报分析利用又是知识产权创造、保护、管理、运用的基础。知识产权的创造、获权、保护、管理、运用是一套系统工程，而专利又是技术、法律、市场、经济的结合体，专业的人做专业的事，知识产权服务机构尤其是专利代理机构，可以帮助企业等创新主体和知识产权用户使其知识产权发挥最大的效益。

  本书尽量用通俗简明的语言介绍专利等知识产权，意在帮助企业管理人员、企业知识产权管理部门人员及知识产权管理机关的工作人员能够快速了解专利等知识产权，提高知识产权意识，在技术创新和市场竞争实践中能够时刻想到运用知识产权。至于如何创造、保护、管理、运用知识产权的具体战术能力方面的知识，由于过于复杂，需要实践经验积累才能做好，因此不是本书重点。

  本书只是编入了我们平常遇到的一些知识产权的事务。知识产权庞杂博深，本书难免有遗漏或有错误之处，我们只做抛砖引玉，遇有具体事务时，请务必参研当时有效的具体法律、法规执行。同时真诚希望广大同行、读者给我们提出宝贵意见。

另外，如本书使用了享有著作权保护的内容，敬请权利人联系我们，以便我们进一步处理。

2022 年 3 月 17 日

目录

第一章 知识产权的基础知识 ·················· 1

一、知识产权及相关组织和条约 ·················· 1

  1. 知识产权的概念 ·················· 1

  2. 工业产权 ·················· 2

  3. 巴黎公约 ·················· 2

  4. 建立世界知识产权组织公约 ·················· 3

  5. 世界知识产权组织 ·················· 4

  6. WIPO 管理的主要工业产权体系 ·················· 8

    6.1 国际专利体系 ·················· 8

    6.2 国际商标体系 ·················· 15

    6.3 国际工业品外观设计体系 ·················· 19

    6.4 国际地理标志体系 ·················· 23

  7. 世界知识产权组织在中国 ·················· 23

  8. 技术与创新支持中心（TISC）·················· 25

二、专利的基础知识 ·················· 27

  1. 专利的概念 ·················· 27

  2. 我国专利的种类及保护的客体 ·················· 27

    2.1 发明专利 ·················· 28

    2.2 实用新型专利 ·················· 29

    2.3 外观设计 ·················· 30

3. 专利的特点 ……………………………………………… 30
4. 授予专利权的实质性条件 ……………………………… 31
　　4.1　发明及实用新型专利 …………………………… 31
　　4.2　外观设计专利 …………………………………… 35
5. 专利的单一性 …………………………………………… 35
6. 专利的审批及管理机关 ………………………………… 36

三、商标的概念 ……………………………………………… 37
1. 商标的种类及定义 ……………………………………… 37
2. 地理标志商标和驰名商标的概念 ……………………… 38

四、其他知识产权 …………………………………………… 39
1. 著作权 …………………………………………………… 39
　　1.1　著作权的保护范围 ……………………………… 39
　　1.2　作品 ……………………………………………… 40
　　1.3　著作权的保护期 ………………………………… 41
2. 植物新品种 ……………………………………………… 41
3. 集成电路布图设计 ……………………………………… 42
4. 地理标志 ………………………………………………… 43
　　4.1　地理标志产品 …………………………………… 43
　　4.2　农产品地理标志 ………………………………… 46
　　4.3　地理标志商标 …………………………………… 47
5. 商业秘密 ………………………………………………… 47
6. 不正当竞争 ……………………………………………… 49

第二章　专利信息分析利用 …………………………… 50
一、专利信息及分类 ………………………………………… 50
1. 专利信息的定义 ………………………………………… 50
2. 专利信息的种类 ………………………………………… 51
3. 专利分类 ………………………………………………… 52

  3.1 专利分类的概念 ·· 52
  3.2 主要专利分类体系简介 ·· 53
二、TISC 推广专利信息检索利用 ·· 55
三、专利信息利用概述 ··· 56
 1. 信息分析 ··· 56
 2. 专利信息利用现状 ··· 56
 3. 专利信息利用的重要意义 ··· 57
 4. 专利信息分析的作用 ··· 57
四、专利信息检索和分析方法简介 ·· 60
 1. 影响专利信息检索的因素 ··· 60
 2. 检索方法简介 ·· 60
 3. 分析方法及工作流程 ··· 61
  3.1 专利信息分析方法 ··· 62
  3.2 专利信息分析工作流程 ·· 63
 4. 检索用的数据资源 ··· 64
  4.1 公共资源 ·· 64
  4.2 商业资源 ·· 66
  4.3 专利信息服务 ··· 67
五、常用专利分析利用的类型 ··· 67
 1. 预警类分析 ··· 67
  1.1 专利预警的作用 ·· 67
  1.2 狭义专利预警 ··· 68
  1.3 广义专利预警 ··· 68
 2. 导航类分析 ··· 69
  2.1 专利导航的定义 ·· 69
  2.2 产业规划类专利导航 ·· 70
  2.3 企业经营类专利导航 ·· 70
  2.4 研发活动类专利导航 ·· 70

2.5 人才管理类专利导航 …………………………………… 70

第三章 专利权的形成 ……………………………………………… 71
一、专利的创造 …………………………………………………… 71
　　1. 用好专利制度开拓国内外市场 …………………………… 71
　　2. 利用专利信息促进技术创新 ……………………………… 72
　　3. 正确选择创新成果保护方式、及时申请专利 …………… 73
　　4. 做好专利布局 ……………………………………………… 74
　　　　4.1 专利布局的层次 …………………………………… 74
　　　　4.2 拓展创新成果保护范围 …………………………… 76
　　　　4.3 做好专利布局维护市场核心竞争力 ……………… 77
　　　　4.4 专利布局的模式举例 ……………………………… 77
二、国内专利事务 ………………………………………………… 80
　　1. 国内专利申请需要提交的文件 …………………………… 80
　　　　1.1 申请发明专利提交的文件 ………………………… 80
　　　　1.2 申请实用新型专利提交的文件 …………………… 81
　　　　1.3 申请外观设计专利提交的文件 …………………… 81
　　　　1.4 专利申请文件的形式要求 ………………………… 81
　　2. 专利申请文件的提交及受理 ……………………………… 90
　　　　2.1 专利申请的提交方式 ……………………………… 90
　　　　2.2 专利申请的受理 …………………………………… 91
　　3. 国内专利事务的费用 ……………………………………… 92
　　　　3.1 官方收费项目及（减免）标准 …………………… 92
　　　　3.2 官费缴纳的期限 …………………………………… 94
　　　　3.3 官费的减免 ………………………………………… 96
　　　　3.4 官费缴费方式及查询途径 ………………………… 97
　　　　3.5 专利官费的电子票据 ……………………………… 99
　　　　3.6 退款 ………………………………………………… 100

4. 保密专利申请及保密审查 ·········· 101
   4.1 国防专利 ·········· 101
   4.2 保密专利 ·········· 102
   4.3 向国外申请专利的保密审查 ·········· 103
5. 国内专利的审批及授权 ·········· 104
   5.1 专利申请的审批流程 ·········· 104
   5.2 各种通知和决定的送达日的确定 ·········· 106
   5.3 初步审查阶段 ·········· 106
   5.4 发明专利申请的公布阶段 ·········· 107
   5.5 发明专利申请的实质审查阶段 ·········· 108
   5.6 授权阶段 ·········· 109
6. 专利复审 ·········· 110
   6.1 专利复审请求的提出 ·········· 110
   6.2 复审的审查程序及审理方式 ·········· 111
7. 加快审查程序 ·········· 114
   7.1 优先审查 ·········· 114
   7.2 快速预审 ·········· 116
   7.3 专利审查高速路（PPH） ·········· 120
8. 延迟审查程序 ·········· 124
9. 专利授权后的相关程序和其他手续 ·········· 125
   9.1 专利的保护期限及期限补偿 ·········· 125
   9.2 专利权的维持、终止、恢复 ·········· 128
   9.3 专利权无效的程序 ·········· 131
10. 专利登记簿 ·········· 134
11. 著录项目变更 ·········· 134
    11.1 著录项目变更手续 ·········· 135
    11.2 著录项目变更证明文件 ·········· 136
    11.3 著录项目变更手续的审批 ·········· 139

11.4 变更后的费用减免问题 ·· 140
11.5 著录项目变更的生效 ·· 140
12. 专利程序的中止 ··· 140
12.1 请求中止的条件 ··· 140
12.2 中止的范围 ·· 141
12.3 请求中止的手续和审批 ·· 141
12.4 中止的期限 ·· 143
12.5 中止程序的结束 ··· 143

三、专利权质押登记

1. 办理条件 ··· 145
2. 申请材料 ··· 145
3. 提交方式 ··· 147
4. 办理的基本流程 ··· 148

四、专利实施许可合同备案

1. 办理条件 ··· 149
2. 申请材料 ··· 149
3. 提交方式 ··· 151
4. 备案的基本流程 ··· 152
5. 专利开放许可实施合同备案的特别说明 ·························· 153

五、专利权评价报告

1. 专利权评价报告请求的客体 ·· 154
2. 请求人资格 ·· 155
3. 专利权评价报告办理流程 ··· 155
4. 专利权评价报告的更正 ·· 157
5. 专利权评价报告的查阅与复制 ····································· 158

六、国外专利申请

1. 巴黎公约途径申请 ·· 160
   1.1 巴黎公约途径申请的程序 ······································· 160

1.2　申请人应当缴纳的费用 …………………………………… 160
　2. PCT 国际申请 ………………………………………………… 160
　　2.1　PCT 国际申请的效力、优点及阶段划分 ………………… 161
　　2.2　PCT 申请的国际阶段程序 ………………………………… 162
　　2.3　进入国家阶段的程序 ……………………………………… 165
　　2.4　PCT 申请应当缴纳的费用 ………………………………… 166

七、工业品外观设计国际申请（海牙体系） ……………………… 169
　1. 海牙体系简介 …………………………………………………… 170
　2. 海牙体系的申请程序 …………………………………………… 171
　　2.1　国际申请的提交方式 ……………………………………… 171
　　2.2　国际申请文件 ……………………………………………… 172
　　2.3　国际局的形式审查 ………………………………………… 173
　　2.4　国际注册的公布时间 ……………………………………… 173
　　2.5　被指定缔约方主管局的实质性审查及权利生效 ………… 173
　3. 工业品外观设计保护期限和续展 ……………………………… 174
　4. 国际注册簿变更 ………………………………………………… 174
　5. 海牙体系应当缴纳的费用 ……………………………………… 174

第四章　商标注册及竞争运用 ………………………………………… 177
一、国内商标注册 …………………………………………………… 178
　1. 商标申请前事务 ………………………………………………… 178
　　1.1　商品和服务分类 …………………………………………… 178
　　1.2　商品或服务项目的选择 …………………………………… 179
　　1.3　商标申请前的近似查询 …………………………………… 180
　　1.4　商标相同及近似判定 ……………………………………… 181
　2. 商标注册申请 …………………………………………………… 181
　　2.1　商标注册申请的途径 ……………………………………… 181
　　2.2　商标注册的申请材料 ……………………………………… 182

  2.3 商标注册申请的审查流程 ………………………… 185
  2.4 集体商标、证明商标及地理标志商标注册申请 ………… 187
二、商标管理及竞争运用 …………………………………………… 189
 1. 商标异议 ……………………………………………………… 190
  1.1 商标异议人资格及异议理由 …………………………… 190
  1.2 商标异议的申请材料及要求 …………………………… 191
  1.3 商标异议的程序 ………………………………………… 192
  1.4 商标异议的费用 ………………………………………… 193
 2. 商标复审 ……………………………………………………… 193
  2.1 商标复审的申请材料 …………………………………… 193
  2.2 商标复审的程序 ………………………………………… 194
  2.3 商标复审的费用 ………………………………………… 195
 3. 商标无效宣告 ………………………………………………… 195
  3.1 商标无效宣告的理由和申请主体 ……………………… 195
  3.2 商标无效宣告需要提供的材料 ………………………… 196
  3.3 商标无效宣告的程序 …………………………………… 197
  3.4 商标无效的生效、法律效力 …………………………… 198
  3.5 商标无效宣告的费用 …………………………………… 198
 4. 商标撤销 ……………………………………………………… 198
  4.1 商标撤销的类型 ………………………………………… 199
  4.2 商标撤销的申请材料 …………………………………… 199
  4.3 商标撤销的程序 ………………………………………… 200
  4.4 商标撤销的费用 ………………………………………… 200
 5. 商标续展 ……………………………………………………… 200
  5.1 商标续展的申请材料 …………………………………… 201
  5.2 商标续展的费用 ………………………………………… 201
 6. 注册商标被撤销、无效或不续展后的注册限制 …………… 201
 7. 商标变更 ……………………………………………………… 202

  7.1 商标变更的申请材料 …………………………………… 202

  7.2 商标变更的程序 ……………………………………… 204

  7.3 商标变更的费用 ……………………………………… 204

 8. 商标转让与移转 …………………………………………… 204

  8.1 商标转让或移转的申请材料 ………………………… 205

  8.2 商标转让与移转的其他说明 ………………………… 206

  8.3 商标转让或移转的程序 ……………………………… 207

  8.4 商标转让与移转的费用 ……………………………… 208

 9. 商标许可 …………………………………………………… 208

  9.1 商标许可的类型 ……………………………………… 208

  9.2 商标许可备案的申请材料 …………………………… 209

  9.3 商标许可备案的程序 ………………………………… 211

  9.4 商标许可备案的费用 ………………………………… 211

 10. 商标专用权质押 …………………………………………… 211

  10.1 出质商标应符合的条件 …………………………… 212

  10.2 办理质权登记不同事务的申请材料 ……………… 212

  10.3 办理质权登记的程序 ……………………………… 214

  10.4 办理质权登记的费用 ……………………………… 215

 11. 商标侵权纠纷及解决方式 ………………………………… 215

  11.1 行政处理的管辖部门、职权及处罚措施 ………… 216

  11.2 侵权责任及司法的管辖、制裁方式和诉讼程序 … 217

 12. 商标权属纠纷 ……………………………………………… 219

 13. 假冒注册商标 ……………………………………………… 220

三、商标事务的费用及缴纳方式 ………………………………… 220

四、商标事务材料的提交、通知送达及其日期的确定 ………… 221

五、国外商标注册申请 …………………………………………… 222

 1. 逐一国家商标注册（巴黎公约途径）………………… 222

 2. 马德里商标国际注册 …………………………………… 223

2.1 马德里国际注册申请条件 …………………………………… 223
2.2 马德里国际注册申请材料 …………………………………… 224
2.3 马德里国际注册的程序 ……………………………………… 224
2.4 马德里国际注册的费用 ……………………………………… 225

第五章 专利运用 …………………………………………………… 227

一、专利运用政策 ………………………………………………… 227
二、专利权利运用 ………………………………………………… 228
  1. 专利运营 …………………………………………………… 228
    1.1 专利运营的概念 ……………………………………… 228
    1.2 专利运营模式 ………………………………………… 229
    1.3 专利池 ………………………………………………… 230
    1.4 专利联盟 ……………………………………………… 232
    1.5 标准必要专利 ………………………………………… 233
  2. 专利转让 …………………………………………………… 234
  3. 专利许可 …………………………………………………… 234
  4. 专利维权 …………………………………………………… 237
  5. 专利金融 …………………………………………………… 237
    5.1 专利价值评估 ………………………………………… 237
    5.2 专利保险 ……………………………………………… 240
    5.3 专利担保 ……………………………………………… 243
    5.4 专利质押融资 ………………………………………… 243
    5.5 专利信托 ……………………………………………… 244
    5.6 专利证券化 …………………………………………… 246
    5.7 投资与企业重组 ……………………………………… 247

第六章 专利保护 …………………………………………………… 248

一、专利纠纷 ……………………………………………………… 248

1. 专利纠纷的定义 ………………………………………………… 248
2. 专利纠纷的类型 ………………………………………………… 248
3. 专利纠纷的处理及维权途径 …………………………………… 249
   3.1 协商谈判 …………………………………………………… 249
   3.2 仲裁 ………………………………………………………… 249
   3.3 专利诉讼 …………………………………………………… 250
   3.4 行政裁决 …………………………………………………… 256
   3.5 调解 ………………………………………………………… 258
   3.6 维权援助 …………………………………………………… 259
4. 专利纠纷处置策略 ……………………………………………… 266
5. 专利侵权 ………………………………………………………… 267
   5.1 专利侵权的定义 …………………………………………… 267
   5.2 专利侵权的基本要件 ……………………………………… 267
   5.3 专利侵权的基本类型 ……………………………………… 267
   5.4 专利侵权的判定 …………………………………………… 268
   5.5 专利不侵权抗辩 …………………………………………… 271

二、专利权无效宣告 …………………………………………………… 272
1. 无效宣告的客体及不予受理的情形 …………………………… 273
2. 无效宣告请求人资格及不予受理的情形 ……………………… 273
3. 无效宣告请求的理由和理由的增加以及不予受理的情形 …… 274
   3.1 无效宣告请求的理由及不予受理的情形 ………………… 274
   3.2 其他不予受理的情形 ……………………………………… 276
   3.3 增加无效宣告请求理由及不予受理的情形 ……………… 277
4. 无效宣告的举证期限 …………………………………………… 277
   4.1 请求人举证的期限 ………………………………………… 277
   4.2 专利权人的举证期限 ……………………………………… 278
   4.3 举证延期 …………………………………………………… 278
5. 无效宣告请求的审查程序及方式 ……………………………… 278

5.1 形式审查 …………………………………………………… 278
　　5.2 转送文件 …………………………………………………… 278
　　5.3 合议审查 …………………………………………………… 279
　　5.4 口头审理 …………………………………………………… 279
　　5.5 无效宣告请求审查通知书 ………………………………… 280
　　5.6 审查方式的选择 …………………………………………… 280
　　5.7 无效案件的合并审理 ……………………………………… 282
　6. 专利权无效宣告请求的审查原则 ……………………………… 282
　7. 无效宣告程序中专利文件的修改 ……………………………… 283
　8. 无效宣告程序的终止 …………………………………………… 284
　9. 审查决定的生效 ………………………………………………… 285
　10. 无效宣告请求审查决定的类型和专利权被宣告无效的法律后果 …… 285

第七章　知识产权管理 …………………………………………… 287
　一、知识产权管理的重要意义 …………………………………… 288
　二、知识产权管理的主要内容 …………………………………… 290
　三、知识产权管理国家标准及贯标 ……………………………… 291
　　1. 知识产权管理国家标准 …………………………………… 291
　　2. 知识产权管理贯标及体系认证 …………………………… 292
　四、知识产权托管 ………………………………………………… 294
　五、行政机关的知识产权管理 …………………………………… 294

第八章　知识产权服务 …………………………………………… 299
　一、服务主体介绍 ………………………………………………… 299
　　1. 行政机关 …………………………………………………… 299
　　2. 公益服务机构 ……………………………………………… 300
　　3. 技术与创新支持中心（TISC） …………………………… 301
　　　3.1 （众志华清）TISC 服务职能 ………………………… 301

  3.2 （众志华清）TISC 取得的成就 …………………… 302
 4. 专业知识产权服务机构 …………………………………… 303
  4.1 专利代理机构及专利代理师和专利诉讼代理人 ……… 303
  4.2 商标代理机构 …………………………………………… 309
  4.3 数据资源提供机构 ……………………………………… 310
  4.4 评估机构 ………………………………………………… 312
 5. 打击"黑代理" ……………………………………………… 313
二、基础知识产权事务 ………………………………………… 314
三、知识产权服务质量 ………………………………………… 319
 1. 为什么要重视专利申请质量 ……………………………… 319
 2. 如何辨别专利服务质量 …………………………………… 320
 3. 避免非正常专利申请 ……………………………………… 321
 4. 拒绝恶意商标注册 ………………………………………… 324

第一章 知识产权的基础知识

一、知识产权及相关组织和条约

1. 知识产权的概念

知识产权一词的英文为 Intellectual Property，也翻译成智慧财产权、智力成果权或智力财产权等，泛指人的智力活动和工商标记所依法产生的权利。

20 世纪 60 年代，应世界知识产权组织（Word Intellectual Property Organization，WIPO）邀请，中国旁听了 WIPO 当年的全体会员大会，参会者回国后向国务院做了汇报，自此以后到 1984 年出台《专利法》开始，中国开始了知识产权的新篇章。目前，我国《民法典》将知识产权作为民事权利之一，与物权、债权、人身权并列，在知识产权项下列举了著作权、专利权、商标权、地理标志、商业秘密、集成电路布图设计和植物新品种等七种知识产权。

按照保护客体的不同，知识产权可分为智力成果权和商业标记权。狭义的知识产权包括：专利权、商标权和著作权。广义的知识产权包括：专利权、商标权、著作权及其邻接权、商号权、地理标记权、商业秘密权、集成电路布图设计权、植物新品种权、地理标记权和反不正当竞争等。因此作为一个企业、一个组织不可能不涉及知识产权。

中共中央、国务院印发的《知识产权强国建设纲要（2021—2035年）》指出："到2025年，我国的知识产权强国建设取得明显成效，知识产权保护更加严格，社会满意度达到并保持较高水平，知识产权市场价值进一步凸显，品牌竞争力大幅提升，专利密集型产业增加值占GDP比重达到13%，版权产业增加值占GDP比重达到7.5%，知识产权使用费年进出口总额达到3500亿元，每万人口高价值发明专利拥有量达到12件（上述指标均为预期性指标）。到2035年，我国知识产权综合竞争力跻身世界前列，知识产权制度系统完备，知识产权促进创新创业蓬勃发展，全社会知识产权文化自觉基本形成，全方位、多层次参与知识产权全球治理的国际合作格局基本形成，中国特色、世界水平的知识产权强国基本建成。"

2. 工业产权

工业产权是知识产权的一种，工业产权是指依法对应用于商品生产、流通中的发明创造和显著标记等智力成果在一定地域和期限内的专有权，是发明、实用新型、外观设计和商标所有权的统称。专利权和商标权是工业产权，著作权中也包含工业产权，如计算机软件著作权、工程设计图、产品设计图、示意图、测绘图等。商业秘密包含经营管理方法、进货渠道、客户信息等。

3. 巴黎公约

（1）巴黎公约的缔结

1883年3月20日，《保护工业产权巴黎公约》（Paris Convention for the Protection of Industrial Property，简称《巴黎公约》）在法国巴黎缔结，1884年7月7日生效，是世界知识产权组织管理下的条约之一，也是第一部旨在使一国国民的智力创造（包括专利、商标、工业品外观设计等工业产权）能在他国得到保护的重要国际条约。《巴黎公约》最初的成员国为11个，截至2022年4月6日，成员国为179个。我国于1985年3月19日正式成为《巴黎公约》成员国。

《巴黎公约》成立"国际局"来执行行政管理任务,《巴黎公约》的"国际局"与1886年缔结《保护文学和艺术作品伯尔尼公约》的"国际局"于1893年合并,成为现在世界知识产权组织"国际局"的前身。

根据巴黎公约的有关规定,缔约国共同组成保护公约产权联盟,联盟组织由大会、执行委员会和国际局组成。

(2) 巴黎公约的保护范围

巴黎公约的调整对象(保护范围)是工业产权,包括但不限于:

①发明专利权;
②实用新型;
③工业品外观设计;
④商标权;
⑤服务标记;
⑥厂商名称;
⑦产地标记或原产地名称;
⑧制止不正当竞争。

(3) 巴黎公约的基本目的

《巴黎公约》的基本目的是:保证一成员国的工业产权在所有其他成员国都得到保护。

(4) 通过巴黎公约途径申请保护的基本规则

申请人在《巴黎公约》缔约国/地区之一提交首次申请后的一定期限内(发明和实用新型12个月内,外观设计6个月内),在其他成员国/地区再次提交的专利申请享受首次申请的申请日的优先申请权。

4. 建立世界知识产权组织公约

(1)《建立世界知识产权组织公约》的签订

1967年7月14日,《建立世界知识产权组织公约》(简称《WIPO公约》)

在瑞典斯德哥尔摩签订，1970年4月26日生效，1979年作了一次修正。中国于1980年6月3日加入《建立世界知识产权组织公约》。

（2）《建立世界知识产权组织公约》的目标

《建立世界知识产权组织公约》规定了两大主要目标：一是在全世界范围内促进对知识产权的保护；二是要确保WIPO管理的各条约所建立的知识产权联盟之间的行政合作。

为实现这些目标，WIPO除履行各联盟的行政工作以外，还开展一系列的活动，其中包括：

①制定活动，具体涉及通过缔结国际条约，制定知识产权保护和执法的准则与标准；

②计划活动，具体涉及向各国提供知识产权领域的法律和技术援助；

③国际分类和标准化活动，具体涉及各工业产权局之间开展专利、商标和工业品外观设计文献方面的合作；

④注册和申请活动，具体涉及与发明专利的国际申请以及商标和工业品外观设计注册有关的服务。

根据《建立世界知识产权组织公约》，世界知识产权组织于1967年建立。

5. 世界知识产权组织

（1）世界知识产权组织的设立及发展大事记

世界知识产权组织（World Intellectual Property Organization，简称WIPO）是一个政府间组织，是联合国根据《建立世界知识产权组织公约》而设立的一个知识产权专门机构，总部设在瑞士日内瓦，在巴西（里约热内卢）、日本（东京）、新加坡（新加坡市）和美国（纽约联合国总部）设有联络处。WIPO秘书处称为国际局，总干事是国际局的行政领导，由WIPO大会任命，并由两名或两名以上副总干事协助工作。

世界知识产权组织的起源可以追溯到1883年签订的《保护工业产权巴黎公约》和1886年签订的《保护文学和艺术作品伯尔尼公约》。这两项公约都规定建立"国际局"，这两个国际局于1893年合并，成立了被称之为保护知识产权联合国际局（常用其法文缩略语BIRPI）的国际组织，成为现在世界知识产权组织的前身，当时只有7名工作人员。

1960年，BIRPI从伯尔尼搬到日内瓦，以便与联合国及该城市中的其他国际组织更加邻近。

1967年7月14日，"国际保护工业产权联盟"（巴黎联盟）和"国际保护文学艺术作品联盟"（伯尔尼联盟）的51个成员在瑞典首都斯德哥尔摩共同建立了"世界知识产权组织"，以便进一步促进全世界对知识产权的保护，加强各国和各知识产权组织间的合作。

随着1970年《建立世界知识产权组织公约》生效，经历了机构和行政改革并成立了对成员国负责的秘书处之后，BIRPI变成了世界知识产权组织。现在的PCT体系及海牙体系中所称的"国际局"已经不是原来的保护知识产权联合国际局（BIRPI）。

1974年，世界知识产权组织（WIPO）成为联合国组织系统的一个专门机构，肩负着管理知识产权事务的任务，这一任务得到了联合国各会员国的承认。

1978年，世界知识产权组织秘书处搬入位于日内瓦的WIPO总部大楼。

1989年10月4日，中国加入《马德里协定》，1995年12月1日，中国加入《马德里议定书》。

1994年1月1日，中国加入《专利合作条约》（PCT）。

1996年，世界知识产权组织（WIPO）同世界贸易组织（WTO）签订了合作协定，从而扩大了其在全球化贸易管理中的作用，并进一步落实了知识产权在市场贸易中的重要性。

2009年7月23日，世界知识产权组织总部启动"发展与创新研究之资料取得"（外语缩写：ARDI）计划，免费为低度开发国家政府知识产权部门、大学和研究机构提供线上使用特定的科学、技术期刊，发展中国家则可用低廉的价格使用这些期刊。

2009年12月，世界知识产权组织通过了九项战略目标，这是WIPO成员国在组织内部进行的一项全面的战略调整进程的第一阶段。九项战略目标是：

①以兼顾各方利益的方式发展国际规范性框架；②成为全球知识产权服务的首要提供者；③为利用知识产权促进可持续发展提供便利；④协调并发展全球知识产权基础设施；⑤为全世界提供知识产权信息与分析的参考源；⑥开展国际合作树立尊重知识产权的风尚；⑦根据全球政策主题处理知识产权问题；⑧在世界知识产权组织、其成员国和所有利益攸关者之间建立敏感的交流关系；⑨建立有效、透明的行政和财政支助结构以便世界知识产权组织完成其各项计划。

2013年11月，世界知识产权组织启动新数据库共享绿色技术。

2018年4月25日，上海商标审查协作中心正式核准世界知识产权组织在中国申请注册的"WIPO PATENTSCOPE"商标。

2018年7月10日，世界知识产权组织和美国康奈尔大学等机构发布《2018全球创新指数报告》。此时，中国排名第17位，首次跻身全球创新指数20强。

2022年2月5日，中国向WIPO递交了加入《工业品外观设计国际注册海牙协定》的申请，并于2022年5月5日正式生效，这将有助于中国设计者在国际上保护自己的工业品外观设计。

（2）成为世界知识产权组织成员国的条件

WIPO的成员资格向任何联盟的任何成员国和符合以下任一条件的任何其他国家开放：

①是联合国会员国、与联合国有关的任何专门机构的成员国、或国际原子能机构的成员国；

②是《国际法院规约》的当事国；

③已被WIPO大会邀请成为本公约成员国的国家。

《WIPO公约》规定成员国享有WIPO的成员资格，对WIPO管理的其他条约不产生任何义务。加入国须向WIPO总干事交存《WIPO公约》加入书。目前，世界知识产权组织共有 193 个成员。

（3）世界知识产权组织的主要机关

世界知识产权组织设有三个主要机关：WIPO 大会、WIPO 成员国会议和 WIPO 协调委员会。

WIPO 大会由 WIPO 各成员国组成，主要负责根据协调委员会的提名任命总干事、审议和批准总干事的报告以及协调委员会的报告和活动、通过各联盟共同的两年期预算并通过本组织的各项财务条例。

WIPO 成员国会议由《WIPO 公约》的成员国组成，成员国会议主要作为一个通过本公约各项有关修正案的主管机构。

WIPO 协调委员会的成员从巴黎联盟执行委员会和伯尔尼联盟执行委员会的成员中选举产生。该委员会的主要职能是向各联盟机关、大会、成员国会议以及总干事就所有与这些机构利益相关的行政和财务问题提供咨询意见。该委员会还编拟大会的议程草案以及成员国会议的议程草案。协调委员会还在适宜的情况下，提出总干事职位的人选，由大会任命。

（4）世界知识产权组织的经费来源

WIPO 经常预算收入的主要来源是各国际注册和申请服务的用户所支付的费用和各成员国政府缴纳的会费。每个国家分属于 14 个会费等级中的某一级别，据此确定会费的数额。会费级别最高的为 I 级，缴纳 25 个会费单位；会费最低的等级为 S 之三级（Class Ster），缴纳 1/32 的会费单位。按成员国 1993 年通过的单一会费制，各国缴纳的会费金额，无论该国仅系 WIPO 成员，还是仅属一个或多个联盟的成员，或既是 WIPO 成员又属一个或多个联盟的成员，一律同等。

（5）世界知识产权组织的职能和宗旨

世界知识产权组织管理着一系列国际间的知识产权条约，其主要职能是通过国家间的合作促进对全世界知识产权的保护，管理建立在多边条约基础上的关于专利、商标和版权方面的 23 个联盟的行政工作，并办理知识产权法律与行政事宜。

其宗旨是：通过国家之间的合作、必要时通过与其他国际组织的协作，促进全世界对知识产权的保护；确保各知识产权联盟国之间的行政合作。

世界知识产权组织的很大一部分财力是用于同发展中国家进行开发合作，促进发达国家向发展中国家转让技术，推动发展中国家的发明创造和文艺创作活动，以利于其科技、文化和经济的发展。

（6）世界知识产权组织的主要任务

协调各国知识产权的立法和程序；为工业产权国际申请提供服务；交流知识产权信息；向发展中国家及其他国家提供法律和技术援助；为解决私人知识产权争端提供便利；利用信息技术和因特网作为存储、查询和使用有价值的知识产权信息的工具。

6. WIPO 管理的主要工业产权体系

6.1 国际专利体系

《专利合作条约》（Patent Cooperation Treaty，缩写 PCT）是世界知识产权组织管理的在专利领域进行国际合作的专利体系。PCT 的目的是为了解决就同一发明创造向多个国家或地区申请专利时，申请人和各个专利局的重复劳动的问题。在此背景下，《专利合作条约》于 1970 年 6 月 19 日在华盛顿签订，并于 1978 年 1 月生效，同年 6 月实施；1979 年 9 月 28 日、1984 年 2 月 3 日和 2001 年 10 月 3 日进行了修正。

通过 PCT 途径，可以只提交一份"国际"专利申请，即有可能在缔约国内的任一国家为一项发明同时申请专利保护。PCT 缔约国的任何国民或居民均可提出这种申请。申请人通常可以向其所属国或所居国的国家专利局（受理局）提出申请；也可以按申请人的选择，向设在日内瓦的 WIPO 国际局提出申请。根据 PCT 约定，申请人用一种可以被受理局接受的语言、提交一件国际专利申请，就可以同时在全世界是 PCT 缔约国的国家（目前是 157 个国家和地区）申请对其发明的保护。

《专利合作条约》的主要特点如下：
① 用一种语言、提交一份申请即可以获得 PCT 申请；
② 可以在申请 PCT 后再进入具体国家从而寻求在多国申请专利保护；
③ 将国际专利保护所涉及的主要费用推迟缴纳；
④ 为申请专利的决定提供强有力的依据；
⑤ 便利公众查阅发明创造中涉及的丰富技术信息；
⑥ 被世界各大企业、研究机构和高校采用。

目前，《专利合作条约》已有 157 个成员国，还有如下 22 个《巴黎公约》成员国尚未加入《专利合作条约》，包括：阿富汗、安道尔、阿根廷、巴哈马、孟加拉国、不丹、玻利维亚（多民族国）、布隆迪、刚果民主共和国、圭亚那、海地、教廷、基里巴斯、黎巴嫩、尼泊尔、巴基斯坦、巴拉圭、苏里南、汤加、乌拉圭、委内瑞拉（玻利瓦尔共和国）、也门。

《专利合作条约》在各成员国的生效日期如下表所示。

《专利合作条约》在 157 个成员国的生效日期

序号	代码	缔约方	生效日期
1	CF	中非共和国	1978 年 1 月 24 日
2	CG	刚果	1978 年 1 月 24 日
3	CH	瑞士	1978 年 1 月 24 日
4	CM	喀麦隆	1978 年 1 月 24 日
5	DE	德国	1978 年 1 月 24 日
6	GA	加蓬	1978 年 1 月 24 日
7	GB	大不列颠及北爱尔兰联合王国	1978 年 1 月 24 日
8	MG	马达加斯加	1978 年 1 月 24 日
9	MW	马拉维	1978 年 1 月 24 日
10	SN	塞内加尔	1978 年 1 月 24 日
11	TD	乍得	1978 年 1 月 24 日
12	TG	多哥	1978 年 1 月 24 日

(续表)

序号	代码	缔约方	生效日期
13	US	美国	1978年1月24日
14	FR	法国	1978年2月25日
15	RU	俄罗斯联邦	1978年3月29日
16	BR	巴西	1978年4月9日
17	LU	卢森堡	1978年4月30日
18	SE	瑞典	1978年5月17日
19	JP	日本	1978年10月1日
20	DK	丹麦	1978年12月1日
21	AT	奥地利	1979年4月23日
22	MC	摩纳哥	1979年6月22日
23	NL	荷兰	1979年7月10日
24	RO	罗马尼亚	1979年7月23日
25	NO	挪威	1980年1月1日
26	LI	列支敦士登	1980年3月19日
27	AU	澳大利亚	1980年3月31日
28	HU	匈牙利	1980年6月27日
29	KP	朝鲜民主主义人民共和国	1980年7月8日
30	FI	芬兰	1980年10月1日
31	BE	比利时	1981年12月14日
32	LK	斯里兰卡	1982年2月26日
33	MR	毛里塔尼亚	1983年4月13日
34	SD	苏丹	1984年4月16日
35	BG	保加利亚	1984年5月21日
36	KR	大韩民国	1984年8月10日
37	ML	马里	1984年10月19日
38	BB	巴巴多斯	1985年3月12日
39	IT	意大利	1985年3月28日
40	BJ	贝宁	1987年2月26日
41	BF	布基纳法索	1989年3月21日

(续表)

序号	代码	缔约方	生效日期
42	ES	西班牙	1989年11月16日
43	CA	加拿大	1990年1月2日
44	GR	希腊	1990年10月9日
45	PL	波兰	1990年12月25日
46	CI	科特迪瓦	1991年4月30日
47	GN	几内亚	1991年5月27日
48	MN	蒙古	1991年5月27日
49	AM	亚美尼亚	1991年12月25日
50	BY	白俄罗斯	1991年12月25日
51	GE	格鲁吉亚	1991年12月25日
52	KG	吉尔吉斯斯坦	1991年12月25日
53	KZ	哈萨克斯坦	1991年12月25日
54	MD	摩尔多瓦共和国	1991年12月25日
55	TJ	塔吉克斯坦	1991年12月25日
56	TM	土库曼斯坦	1991年12月25日
57	UA	乌克兰	1991年12月25日
58	UZ	乌兹别克斯坦	1991年12月25日
59	IE	爱尔兰	1992年8月1日
60	PT	葡萄牙	1992年11月24日
61	NZ	新西兰	1992年12月1日
62	CZ	捷克	1993年1月1日
63	SK	斯洛伐克	1993年1月1日
64	VN	越南	1993年3月10日
65	NE	尼日尔	1993年3月21日
66	LV	拉脱维亚	1993年9月7日
67	CN	中国	1994年1月1日
68	SI	斯洛文尼亚	1994年3月1日
69	TT	特立尼达和多巴哥	1994年3月10日
70	KE	肯尼亚	1994年6月8日

(续表)

序号	代码	缔约方	生效日期
71	LT	立陶宛	1994年7月5日
72	EE	爱沙尼亚	1994年8月24日
73	LR	利比里亚	1994年8月27日
74	SZ	伊斯瓦蒂尼	1994年9月20日
75	MX	墨西哥	1995年1月1日
76	UG	乌干达	1995年2月9日
77	SG	新加坡	1995年2月23日
78	IS	冰岛	1995年3月23日
79	MK	北马其顿	1995年8月10日
80	AL	阿尔巴尼亚	1995年10月4日
81	LS	莱索托	1995年10月21日
82	AZ	阿塞拜疆	1995年12月25日
83	TR	土耳其	1996年1月1日
84	IL	以色列	1996年6月1日
85	CU	古巴	1996年7月16日
86	LC	圣卢西亚	1996年8月30日
87	BA	波斯尼亚和黑塞哥维那	1996年9月7日
88	RS	塞尔维亚	1997年2月1日
89	GH	加纳	1997年2月26日
90	ZW	津巴布韦	1997年6月11日
91	SL	塞拉利昂	1997年6月17日
92	ID	印度尼西亚	1997年9月5日
93	GM	冈比亚	1997年12月9日
94	GW	几内亚比绍	1997年12月12日
95	CY	塞浦路斯	1998年4月1日
96	HR	克罗地亚	1998年7月1日
97	GD	格林纳达	1998年9月22日
98	IN	印度	1998年12月7日
99	AE	阿拉伯联合酋长国	1999年3月10日

(续表)

序号	代码	缔约方	生效日期
100	ZA	南非	1999年3月16日
101	CR	哥斯达黎加	1999年8月3日
102	DM	多米尼克	1999年8月7日
103	TZ	坦桑尼亚联合共和国	1999年9月14日
104	MA	摩洛哥	1999年10月8日
105	DZ	阿尔及利亚	2000年3月8日
106	AG	安提瓜和巴布达	2000年3月17日
107	MZ	莫桑比克	2000年5月18日
108	BZ	伯利兹	2000年6月17日
109	CO	哥伦比亚	2001年2月28日
110	EC	厄瓜多尔	2001年5月7日
111	GQ	赤道几内亚	2001年7月17日
112	PH	菲律宾	2001年8月17日
113	OM	阿曼	2001年10月26日
114	ZM	赞比亚	2001年11月15日
115	TN	突尼斯	2001年12月10日
116	VC	圣文森特和格林纳丁斯	2002年8月6日
117	SC	塞舌尔	2002年11月7日
118	NI	尼加拉瓜	2003年3月6日
119	PG	巴布亚新几内亚	2003年6月14日
120	SY	阿拉伯叙利亚共和国	2003年6月26日
121	EG	埃及	2003年9月6日
122	BW	博茨瓦纳	2003年10月30日
123	NA	纳米比亚	2004年1月1日
124	SM	圣马力诺	2004年12月14日
125	KM	科摩罗	2005年4月3日
126	NG	尼日利亚	2005年5月8日
127	LY	利比亚	2005年9月15日
128	KN	圣基茨和尼维斯	2005年10月27日

(续表)

序号	代码	缔约方	生效日期
129	ME	黑山	2006年6月3日
130	LA	老挝人民民主共和国	2006年6月14日
131	HN	洪都拉斯	2006年6月20日
132	MY	马来西亚	2006年8月16日
133	SV	萨尔瓦多	2006年8月17日
134	GT	危地马拉	2006年10月14日
135	MT	马耳他	2007年3月1日
136	BH	巴林	2007年3月18日
137	DO	多米尼加	2007年5月28日
138	AO	安哥拉	2007年12月27日
139	ST	圣多美和普林西比	2008年7月3日
140	CL	智利	2009年6月2日
141	PE	秘鲁	2009年6月6日
142	TH	泰国	2009年12月24日
143	QA	卡塔尔	2011年8月3日
144	RW	卢旺达	2011年8月31日
145	BN	文莱达鲁萨兰国	2012年7月24日
146	PA	巴拿马	2012年9月7日
147	SA	沙特阿拉伯	2013年8月3日
148	IR	伊朗（伊斯兰共和国）	2013年10月4日
149	KW	科威特	2016年9月9日
150	DJ	吉布提	2016年9月23日
151	KH	柬埔寨	2016年12月8日
152	JO	约旦	2017年6月9日
153	WS	萨摩亚	2020年1月2日
154	JM	牙买加	2022年2月10日
155	IQ	伊拉克	2022年4月30日
156	CV	佛得角	2022年7月6日
157	MU	毛里求斯	2023年3月15日

6.2 国际商标体系

《商标国际注册马德里协定》(the Madrid Agreement,简称《马德里协定》)和《商标国际注册马德里协定有关议定书》(the Madrid Protocol,简称《马德里议定书》)是世界知识产权组织管理的国际商标体系,被称为马德里商标国际注册体系,简写 MADRID,它是针对全球商标注册和管理提供解决方案的国际条约,加入马德里体系的国家和组织被统称为缔约方。

根据 MADRID 规定,缔约方提交一份申请,缴纳一组费用,便可向任何一个成员国家申请保护;通过一个集中化的系统,就可变更、续展或扩展全球商标。通过马德里体系进行国际注册后,只要在被指定缔约方获得有效力的注册,即可在该被指定缔约方获得商标保护。

马德里体系为商标所有人提供了诸多好处。取得国际注册,无须再向每个有关的国家按照不同的国家或地区程序规则和条例,使用多种不同的语言,分别提交国家申请,并缴纳数种不同的规费。而只需通过本国的主管局以英语、法语或西班牙语的任一种语言,向国际局提交一项申请,并缴纳一套规费即可。

我国于 1989 年 10 月 4 日加入《马德里协定》,1995 年 12 月 1 日加入《马德里议定书》。《马德里议定书》在 113 个缔约方(129 个国家)的生效日期如下表所示。

《马德里议定书》在 113 个缔约方的生效日期

序号	缔约方/签署国	生效日期
1	中国	1995 年 12 月 1 日
2	瑞典	1995 年 12 月 1 日
3	联合王国	1995 年 12 月 1 日
4	西班牙	1995 年 12 月 1 日
5	古巴	1995 年 12 月 26 日
6	朝鲜民主主义人民共和国	1996 年 10 月 3 日
7	丹麦	1996 年 2 月 13 日
8	德国	1996 年 3 月 20 日
9	挪威	1996 年 3 月 29 日

(续表)

序号	缔约方/签署国	生效日期
10	芬兰	1996年4月1日
11	捷克共和国	1996年9月25日
12	摩纳哥	1996年9月27日
13	匈牙利	1997年10月3日
14	立陶宛	1997年11月15日
15	法国	1997年11月7日
16	摩尔多瓦共和国	1997年12月1日
17	葡萄牙	1997年3月20日
18	波兰	1997年3月4日
19	冰岛	1997年4月15日
20	瑞士	1997年5月1日
21	俄罗斯联邦	1997年6月10日
22	斯洛伐克	1997年9月13日
23	莫桑比克	1998年10月7日
24	爱沙尼亚	1998年11月18日
25	斯威士兰	1998年12月14日
26	塞尔维亚	1998年2月17日
27	斯洛文尼亚	1998年3月12日
28	列支敦士登	1998年3月17日
29	卢森堡	1998年4月1日
30	比利时	1998年4月1日
31	荷兰	1998年4月1日
32	肯尼亚	1998年6月26日
33	罗马尼亚	1998年7月28日
34	格鲁吉亚	1998年8月20日
35	摩洛哥	1999年10月8日
36	塞拉利昂	1999年12月28日
37	土耳其	1999年1月1日
38	莱索托	1999年2月12日

(续表)

序号	缔约方/签署国	生效日期
39	奥地利	1999 年 4 月 13 日
40	土库曼斯坦	1999 年 9 月 28 日
41	亚美尼亚	2000 年 10 月 19 日
42	新加坡	2000 年 10 月 31 日
43	乌克兰	2000 年 12 月 29 日
44	拉脱维亚	2000 年 1 月 5 日
45	日本	2000 年 3 月 14 日
46	安提瓜和巴布达	2000 年 3 月 17 日
47	意大利	2000 年 4 月 17 日
48	希腊	2000 年 8 月 10 日
49	不丹	2000 年 8 月 4 日
50	爱尔兰	2001 年 10 月 19 日
51	保加利亚	2001 年 10 月 2 日
52	赞比亚	2001 年 11 月 15 日
53	蒙古	2001 年 6 月 16 日
54	澳大利亚	2001 年 7 月 11 日
55	白俄罗斯	2002 年 1 月 18 日
56	北马其顿	2002 年 8 月 30 日
57	美利坚合众国	2003 年 11 月 2 日
58	塞浦路斯	2003 年 11 月 4 日
59	伊朗（伊斯兰共和国）	2003 年 12 月 25 日
60	大韩民国	2003 年 4 月 10 日
61	阿尔巴尼亚	2003 年 7 月 30 日
62	欧洲联盟	2004 年 10 月 1 日
63	克罗地亚	2004 年 1 月 23 日
64	吉尔吉斯斯坦	2004 年 6 月 17 日
65	纳米比亚	2004 年 6 月 30 日
66	阿拉伯叙利亚共和国	2004 年 8 月 5 日
67	巴林	2005 年 12 月 15 日

(续表)

序号	缔约方/签署国	生效日期
68	乌兹别克斯坦	2006年12月27日
69	博茨瓦纳	2006年12月5日
70	黑山	2006年6月3日
71	越南	2006年7月11日
72	阿曼	2007年10月16日
73	阿塞拜疆	2007年4月15日
74	圣马力诺	2007年9月12日
75	圣多美和普林西比	2008年12月8日
76	马达加斯加	2008年4月28日
77	加纳	2008年9月16日
78	利比里亚	2009年12月11日
79	波斯尼亚和黑塞哥维那	2009年1月27日
80	埃及	2009年9月3日
81	哈萨克斯坦	2010年12月8日
82	苏丹	2010年2月16日
83	以色列	2010年9月1日
84	塔吉克斯坦	2011年6月30日
85	新西兰	2012年12月10日
86	菲律宾	2012年7月25日
87	哥伦比亚	2012年8月29日
88	突尼斯	2013年10月16日
89	墨西哥	2013年2月19日
90	印度	2013年7月8日
91	卢旺达	2013年8月17日
92	阿尔及利亚	2015年10月31日
93	冈比亚	2015年12月18日
94	津巴布韦	2015年3月11日
95	非洲知识产权组织（OAPI）	2015年3月5日
96	柬埔寨	2015年6月5日

(续表)

序号	缔约方/签署国	生效日期
97	老挝人民民主共和国	2016 年 3 月 7 日
98	泰国	2017 年 11 月 7 日
99	文莱达鲁萨兰国	2017 年 1 月 6 日
100	马拉维	2018 年 12 月 25 日
101	印度尼西亚	2018 年 1 月 2 日
102	阿富汗	2018 年 6 月 26 日
103	巴西	2019 年 10 月 2 日
104	马来西亚	2019 年 12 月 27 日
105	萨摩亚	2019 年 3 月 4 日
106	加拿大	2019 年 6 月 17 日
107	阿拉伯联合酋长国	2021 年 12 月 28 日
108	特立尼达和多巴哥	2021 年 1 月 12 日
109	巴基斯坦	2021 年 5 月 24 日
110	牙买加	2022 年 3 月 27 日
111	智利	2022 年 7 月 4 日
112	佛得角	2022 年 7 月 6 日
113	伯利兹	2023 年 2 月 24 日

6.3 国际工业品外观设计体系

《工业品外观设计国际注册海牙协定》（HAGUE）是世界知识产权组织管理的国际工业品外观设计体系。《海牙协定》目前有两个文本有效——1960 年文本和 1999 年文本。2009 年 9 月，决定冻结《海牙协定》1934 年文本的适用，由此简化和优化了国际外观设计注册体系的整体管理。只要其营业所、住所、国籍或惯常居所的自然人或法人与该两个文本中任一文本的缔约方有联系，就能通过海牙体系进行国际工业品外观设计注册。我国于 2022 年 5 月 5 日加入《海牙协定》的 1999 年文本。

根据 HAGUE 提交一件国际申请，即可在 77 个缔约方（涵盖 94 个国家）注册工业品外观设计；对于已注册的外观设计，只需一步即可登记变更或续展。《海牙协定》允许申请人向 WIPO 国际局递交一份申请而注册多项工业品外观设计，一份申请中最多可达 100 项外观设计，使外观设计的设计人能够以最少的手续在多个国家或地区保护其作品。《海牙协定》允许只办理一次程序即可登记所有注册国的变更和续展国际注册，从而简化了工业品外观设计注册的管理。

工业品外观设计国际注册是在《国际外观设计公报》上公布，该公报每周在线发行。申请人可以根据被指定的缔约方的法律规定，请求延期公布或者立即公布。延期公布的最长期限自国际注册日起，或者在要求优先权的情况下，自优先权日起，不超过 30 个月。

申请人指定的缔约方可以在国际注册公布之日起 6 个月之内，或根据 1999 年文本，在 12 个月之内，拒绝给予保护。各缔约方的国内法不得以手续不合格或者行政规定而拒绝给予保护。如果某一被指定缔约方在上述规定的时限内未发出驳回通知（或者这种驳回随后被撤回），国际注册即拥有根据该缔约方的法律在该缔约方被授予保护的效力。

《海牙协定》在各缔约方的生效日期如下表所示。

《海牙协定》在 77 个缔约方的生效日期

序号	缔约方/签署国	生效日期
1	德国	1928 年 6 月 1 日
2	瑞士	1928 年 6 月 1 日
3	西班牙	1928 年 6 月 1 日
4	摩洛哥	1930 年 10 月 20 日
5	法国	1930 年 10 月 20 日
6	突尼斯	1930 年 10 月 20 日
7	列支敦士登	1933 年 7 月 14 日
8	埃及	1952 年 7 月 1 日
9	摩纳哥	1956 年 4 月 29 日
10	苏里南	1975 年 11 月 25 日
11	卢森堡	1979 年 4 月 1 日
12	比利时	1979 年 4 月 1 日

(续表)

序号	缔约方/签署国	生效日期
13	荷兰	1979年4月1日
14	匈牙利	1984年4月7日
15	塞内加尔	1984年6月30日
16	贝宁	1986年11月2日
17	意大利	1987年6月13日
18	朝鲜民主主义人民共和国	1992年5月27日
19	罗马尼亚	1992年7月18日
20	塞尔维亚	1993年12月30日
21	科特迪瓦	1993年5月30日
22	摩尔多瓦共和国	1994年3月14日
23	斯洛文尼亚	1995年1月13日
24	保加利亚	1996年12月11日
25	北马其顿	1997年3月18日
26	蒙古	1997年4月12日
27	希腊	1997年4月18日
28	乌克兰	2002年8月28日
29	冰岛	2003年12月23日
30	爱沙尼亚	2003年12月23日
31	吉尔吉斯斯坦	2003年3月17日
32	伯利兹	2003年7月12日
33	加蓬	2003年8月18日
34	格鲁吉亚	2003年8月1日
35	克罗地亚	2004年2月12日
36	纳米比亚	2004年6月30日
37	尼日尔	2004年9月20日
38	土耳其	2005年1月1日
39	新加坡	2005年4月17日
40	拉脱维亚	2005年7月26日
41	博茨瓦纳	2006年12月5日

(续表)

序号	缔约方/签署国	生效日期
42	黑山	2006年6月3日
43	马里	2006年9月7日
44	阿尔巴尼亚	2007年3月19日
45	亚美尼亚	2007年7月13日
46	波斯尼亚和黑塞哥维那	2008年12月24日
47	圣多美和普林西比	2008年12月8日
48	丹麦	2008年12月9日
49	欧洲联盟	2008年1月1日
50	阿拉伯叙利亚共和国	2008年5月7日
51	加纳	2008年9月16日
52	非洲知识产权组织（OAPI）	2008年9月16日
53	立陶宛	2008年9月26日
54	阿曼	2009年3月4日
55	波兰	2009年7月2日
56	阿塞拜疆	2010年12月8日
57	挪威	2010年6月17日
58	芬兰	2011年5月1日
59	卢旺达	2011年8月31日
60	塔吉克斯坦	2012年3月21日
61	文莱达鲁萨兰国	2013年12月24日
62	大韩民国	2014年7月1日
63	日本	2015年5月13日
64	美利坚合众国	2015年5月13日
65	土库曼斯坦	2016年3月16日
66	柬埔寨	2017年2月25日
67	加拿大	2018年11月5日
68	俄罗斯联邦	2018年2月28日
69	联合王国	2018年6月13日
70	越南	2019年12月30日

(续表)

序号	缔约方/签署国	生效日期
71	圣马力诺	2019年1月26日
72	萨摩亚	2020年1月2日
73	以色列	2020年1月3日
74	墨西哥	2020年6月6日
75	白俄罗斯	2021年7月19日
76	牙买加	2022年2月10日
77	中国	2022年5月5日

6.4 国际地理标志体系

2015年5月20日，世界知识产权组织（WIPO）在日内瓦通过的《原产地名称和地理标志里斯本协定》（LISBON，称为《里斯本协定日内瓦文本》）扩大了原来缔结于1958年的《保护原产地名称及其国际注册里斯本协定》的保护范围，其不仅为原产地名称提供保护，同时还可为地理标志提供保护，从而使更多产品（即不符合更严格的原产地名称类别的产品）受益于里斯本体系提供的国际保护机制。其允许特定政府间组织加入文本，包括欧洲联盟和非洲知识产权组织（OAPI）。根据LISBON，提交一次申请和一组费用，可在每个缔约方获得保护。目前LISBON已经有38个缔约方，覆盖57个国家。我国目前尚未加入该协定。

7. 世界知识产权组织在中国

中国于1980年6月3日加入世界知识产权组织，成为它的第90个成员国。中国1985年加入保护工业产权的巴黎公约，1989年加入商标国际注册的马德里协定，1992年10月加入保护文学艺术品伯尔尼公约，1994年1月1日加入专利合作条约。1999年1月以前，中国共加入了该组织管辖的12个条约。2022年中国加入了世界知识产权组织（WIPO）的《马拉喀什条约》和保护工业品外观设计的《海牙协定》，这使得阅读障碍者有更多机会获得版权作品，也标志着我国工业品外观设计保护正式走向国际。

知识产权那些事

2014年7月10日,继新加坡、日本、巴西之后,世界知识产权组织在北京设立中国办事处。这是自1980年6月4日中国加入世界知识产权组织后,知识产权领域又一件具有里程碑意义的事。

WIPO 中国办事处于 2014 年 7 月在北京成立

2017年,中国国家知识产权局与WIPO达成协议,决定在华建设帮助创新主题提升专利及技术信息利用能力的"技术与创新支持中心(TISC)",并于2019年首先设立17家TISC机构。

2018年7月10日,世界知识产权组织和美国康奈尔大学等机构发布《2018全球创新指数报告》,中国排名第17位,首次跻身最具创新力经济体20强,是唯一一个进入20强的中等收入经济体。

2008年7月31日,世界知识产权组织在日内瓦发表2008年《世界专利报告》称,2006年世界专利申请量高达176万件,比2005年增长了4.9%。中国、韩国和美国专利申请量的增长促进了世界专利申请量的增长。报告认为,世界专利申请量的增长证实创新活动日益国际化。报告说,2006年日本的专利申请量为514047件,美国为390815件,韩国为172709件,德国为130806件,中国为128850件。由于国内提交的专利申请量显著增长,中国在世界专利申请量总数中的份额也大大提高,2000年至2006年,中国所占份额已从

1.8%增至7.3%。2005年和2006年之间，中国、韩国和美国申请人提交的专利申请总数分别增长了32.1%、6.6%和6.7%。

2022年11月21日，世界知识产权组织（WIPO）发布了2022年《世界知识产权指标》（WIPI）报告。截至2021年，全球有效专利数量约为1650万件，同比增长4.2%。报告显示，2021年，中国成为有效专利数量、有效商标注册量以及工业品外观设计有效注册量最多的国家，分别达到360万件，3720万件，260万件。报告显示，在2021年全球范围内受理的340万件专利申请中，中国受理了159万件，其次为美国（59.1473万件）、日本（28.9200万件）、韩国（23.7998万件）和欧洲（18.8778万件）。报告指出，主要受中国长期增长的推动，亚洲在2021年受理的专利申请数量占全世界申请总量的三分之二（67.6%），相比2011年的54.6%有了显著增加。

在商标方面，中国国家知识产权局受理的申请数量最多，按类统计约950万件，其次为美国专利商标局（89.9678万件）、欧盟知识产权局（49.7542万件）。

在工业品外观设计方面，2021年，中国国家知识产权局受理了80.5710万件申请，占世界总量的53.2%。在植物新品种方面，2021年，全球共提交了约2.5340万件植物新品种申请，较2020年增长了12%。中国在2021年受理了1.1195万件申请，占全球受理总量的44.2%。在地理标志方面，来自93个国家和地区的数据显示，2021年，全球共有约6.36万个受保护的有效地理标志，其中，来自中国的有效地理标志数量最多，达到9052件。

8. 技术与创新支持中心（TISC）

2009年4月，经成员国授权，WIPO在发展议程框架内开展了关于建立"技术与创新支持"的试点项目，开始在全球发展中国家设立"技术与创新支持中心"（Technology and Innovation Support Center，TISC）。

2017年，WIPO与中国国家知识产权局达成协议，决定在华建设技术与创新支持中心（TISC），中国的TISC建设工作正式启动。

2019年4月，国家知识产权局申长雨局长和世界知识产权组织高锐总干事在北京正式签署《中国国家知识产权局和世界知识产权组织关于在华建设技术与创新支持中心的谅解备忘录》，并于当年首先设立17家TISC机构作为建设试点。

2019年8月23日，国家知识产权局办公室印发《技术与创新支持中心（TISC）建设实施办法》；2020年12月31日，国家知识产权局办公室印发《技术与创新支持中心（TISC）服务能力提升指南》和《技术与创新支持中心（TISC）服务产品和服务指引》。

在第十届中国知识产权年会（2019年9月2日，杭州）期间，国家知识产权局副局长甘绍宁和WIPO副总干事高木善幸共同为石家庄众志华清知识产权事务所等TISC机构授牌。作为全国TISC机构的典型代表，众志华清TISC依托丰富的技术信息资源和优秀的智力资源优势，已为数百家科技创新主体、市场主体和知识产权用户在利用全球科技创新资源、提升技术创新能力等方面提供了有力支撑。

众志华清知识产权事务所2019年的TISC标牌

目前，TISC在中国已建设四批共101家TISC机构，形成了覆盖全国、分布合理的TISC网络。

TISC 的宗旨在于帮助知识产权和创新用户提升技术信息检索能力，更快地掌握行业动态和新技术信息，以帮助其增强创新能力。TISC 作为知识产权信息公共服务体系的重要组成部分，是知识产权信息公共服务体系的骨干力量。

二、专利的基础知识

1. 专利的概念

专利（patent）一词来源于拉丁语 Litterae Patentes，意为公开的信件或公共文献，是中世纪的欧洲君主用来颁布某种特权的证明，后指英国国王亲自签署的权利独占证书。当前，专利一般是由政府机关或区域组织根据申请而颁发的一种文件，这种文件记载了发明创造的内容，并在一定时期内对发明创造的内容产生一种受法律保护的状态，即获得专利的发明创造在一般情况下他人只有经专利权人许可才能予以实施。

2. 我国专利的种类及保护的客体

不同国家对专利种类的划分不尽相同。《中华人民共和国专利法》的立法宗旨是为了保护专利权人的合法权益，鼓励发明创造，推动发明创造的应用，提高创新能力，促进科学技术进步和经济社会发展。《专利法》第二条规定了我国可以授予专利的客体是发明、实用新型和外观设计三种专利；其中，发明和实用新型保护的客体主要是利用自然科学规律解决技术问题的技术方案，而外观设计保护的客体主要是工业产品的美学特征或装饰性特征。香港专利法规定有标准专利（相当于大陆的发明专利）、短期专利（相当于大陆的实用新型专利）和外观设计专利；部分发达国家的专利仅是指发明专利，实用新型和外观设计不称为专利，如美国没有实用新型专利，德国是实用新型证书，而外观设计在国际上称为"工业品外观设计"，依《海牙协定》保护。

在我国《专利法》第二条规定保护的客体是三种专利的同时，《专利法》

还规定了不能用专利保护的内容。

如《专利法》第五条规定了"对违反法律、社会公德或者妨害公共利益的发明创造，不授予专利权。对违反法律、行政法规的规定获取或者利用遗传资源，并依赖该遗传资源完成的发明创造，不授予专利权"。

另外，《专利法》第二十五条还规定了"科学发现、智力活动的规则和方法、疾病的诊断和治疗方法、动物和植物品种本身、原子核变换方法以及用原子核变换方法获得的物质、对平面印刷品的图案色彩或者二者的结合作出的主要起标识作用的设计"在我国不授予专利权。如"一种吸毒工具及其使用方法"的技术方案不授予专利权；单纯的棋牌的游戏规则、单纯的管理方法等，或仅印有公司名称或商标的瓶贴标签等也不能授予专利权；虽然动植物品种本身不是专利保护的客体，但植物或动物品种的生产方法，可以授予专利权。

《专利法》第二十条第一款的规定，申请专利和行使专利权应当遵循诚实信用原则。不得滥用专利权损害公共利益或者他人合法权益。因此，我国专利不保护的客体还包括《专利法实施细则》第十一条规定，即申请专利过程中，编造、伪造、抄袭、拼凑或者其他不正当行为属于违反《专利法》第二十条第一款的行为。诚实信用原则要求申请人秉持诚实、恪守承诺，申请专利时不得损害公共利益或者他人合法权益，不得扰乱专利申请和审查正常秩序。如果有证据证明或有充分理由表明申请人在专利申请过程中存在《专利法实施细则》第十一条规定的情形，则申请不应被授予专利权。例如：编造数据、技术效果等有关技术内容的，或以复杂结构实现简单功能等明显不符合技术改进常理的；伪造文件证明不丧失新颖性宽限期的；抄袭或拼凑现有技术、现有设计的；恶意提交多件内容明显相同申请的。

2.1 发明专利

2.1.1 发明的定义

发明，是指对产品、方法或者其改进所提出的新的技术方案。

所谓"技术方案"是对要解决的技术问题所采取的利用了自然规律的技术手段的集合。技术手段通常由技术特征来体现。产品技术方案的技术特征可以是零件、部件、材料、器具、设备、装置的形状、结构、连接关系、成分等；方法技术方案的技术特征可以是工艺、步骤、过程以及所采用的原料、设备、工具等。各个技术特征之间的连接关系或相互关系也是技术特征。

2.1.2 发明的特性

在我国，发明包括三方面的内容：

①发明必须是一种技术方案，发明必须利用自然规律，自然规律本身不是发明。如开拓性发明、组合发明、选择发明、转用发明、已知产品的新用途发明、要素变更的发明、要素关系改变的发明等；

②发明应当是一项创新的技术方案，应当具备新颖性、创造性和实用性。与现有技术相比，发明的技术方案必须是前所未有的；

③发明的技术方案必须解决具体的技术问题，并且相对于现有技术具有显著的进步。

2.2 实用新型专利

2.2.1 实用新型的定义

实用新型，是指对产品的形状、构造或者其结合所提出的适于实用的新的技术方案，实用新型应当同样具有发明专利的特性，也必须具有新颖性、创造性和实用性。

2.2.2 实用新型与发明的区别

与发明相比，实用新型专利也属于技术方案，因此在形式上二者基本相同。能够申请实用新型专利的，也可以申请发明专利。但两者仍存在较大的差异：

①所保护的客体不尽相同。实用新型只保护产品的形状、构造或其结合技术方案；

②实用新型的创造性要求低于发明；

③实用新型的审查程序比发明简单；

④实用新型的保护期限（10年）短于发明（20年）。

2.3 外观设计

2.3.1 外观设计的定义

外观设计，是指对产品的整体或者局部的形状、图案或者其结合以及色彩与形状、图案的结合所作出的富有美感并适于工业应用的新设计。

要求保护产品不能分割的局部的，应当以局部外观设计的方式提交申请。例如"座椅靠背雕花""汽车轮胎胎面"等。局部外观设计专利的产品名称应当是要求保护的局部及其所在的整体产品名称，例如"汽车的车门""手机的摄像头"等。

涉及图形用户界面的产品外观设计可以以产品整体外观设计方式和局部外观设计方式提交申请。产品名称中一般要有"图形用户界面"字样的关键词。

2.3.2 外观设计的特性

①外观设计属于工业设计，主要保护美学特征或装饰性特征，不是技术方案。因此，国际上不将工业品外观设计称为专利。

②我国自2021年6月1日起，外观设计的保护期从10年延长至15年，以适应《海牙协定》。

3. 专利的特点

专利属于知识产权，是一种无形财产，是开拓和保护市场的资本和武器，其具有如下特点：

（1）排他性

专利的排他性，也称独占性，是指在一定时间（专利权有效期间内）和区域（法律管辖区）内，任何单位或者个人未经专利权人许可，都不得实施其专利，即不得为生产经营目的制造、使用、许诺销售、销售、进口其（发明或实用新型）专利产品，或者使用其（发明）专利方法以及使用、许诺销售、销售、进口依照该（发明）专利方法直接获得的产品；不得为生产经营目的制造、许诺销售、销售、进口其外观设计专利产品。因此可以把专利看作是一种开拓和保护市场的资本或武器。

（2）地域性

专利的地域性是指专利权是一种有区域范围限制的权利，它只有在法律管辖地域内有效。除了依据保护知识产权的国际公约以及个别国家承认另一国批准的专利权以外，发明创造在哪个国家申请专利，哪个国家才可能授予其专利权，且只在专利授予国的法律管辖的地域内有效，对其他国家不具有法律约束力，其他国家不承担任何保护义务。但同一发明创造可同时在两个或两个以上的国家申请专利，获得授权后其发明创造便可以在该授权国的法律管辖范围内获得保护。

（3）时间性

专利的时间性是指专利只在法律规定的期限内才有效。专利权的有效保护期限终止后或者专利权丧失后，专利权人享有的排他权自动丧失，通常不能续展。发明创造随着保护期限的结束而成为社会的公有技术，其他人可以自由地使用该技术来制造产品。专利受法律保护期限的长短由有关国家的专利法或有关国际公约规定。世界各国的专利法对专利的保护期限的规定不太一致。

4. 授予专利权的实质性条件

4.1 发明及实用新型专利

授予发明专利或实用新型专利的实质性条件是发明或者实用新型必须具有新颖性、创造性和实用性。新颖性、创造性和实用性是行业内所称的专利的"三性"。

（1）新颖性

新颖性，是指该发明或者实用新型不属于现有技术（即申请日前在国内外公开或为公众所知的技术），也没有抵触申请。也就是说只要有相同的技术方案在专利申请日之前（不含申请当日）已经有任何形式的公开或者为他人所知，专利申请就失去新颖性。如果现有技术的技术领域、所解决的技术问题、技术方案和预期效果与申请专利的技术方案实质上相同，则可以认定专利申请不具备新颖性。

抵触申请是指任何单位或者个人就同样的发明或者实用新型在申请日以前在本国提出过申请,并记载在申请日以后公布的专利申请文件或者公告的专利文件中。抵触申请只用来判断发明或实用新型是否具有新颖性,确定是否存在抵触申请,不仅要查阅在先专利或专利申请的权利要求书,而且要查阅其说明书(包括附图),应当以其全文内容为准。

判断发明或者实用新型专利申请的新颖性适用单独对比的原则,即用一篇现有技术文件与专利申请的技术方案对比。

判断一篇专利申请现有技术的日期是该专利申请的申请日(专利申请要求了优先权的,是指优先权日)。申请日当天公开的技术内容不属于现有技术。所谓公开包括但不限于各种媒介的出版物公开、使用公开或以其他方式(包括口头)公开;保密的技术不是现有技术,但泄密的除外。

现有技术包括"公知常识"。所谓公知常识是指本领域中人人所知或所熟悉、解决该技术问题经常采用的或惯用的手段,或教科书或者工具书等已经披露的解决该技术问题的技术手段。

(2)创造性

创造性,是指与现有技术相比,该实用新型具有实质性特点和进步;该发明具有突出的实质性特点和显著的进步。

"突出的实质性特点"是指对所属技术领域的技术人员来说,发明相对于现有技术是"非显而易见"的。如果所属技术领域的技术人员在现有技术的基础上仅仅通过合乎逻辑的分析、推理或者有限的试验可以得到,则该发明是显而易见的,不具备"突出的实质性特点"。

"显著的进步"是指发明与现有技术相比能够产生有益的技术效果,即技术进步。例如,克服了现有技术中的某些缺点和不足,或为解决某一技术问题提供了一种不同思路的技术方案,或代表某种新的技术发展趋势等,都属于进步。

是否具备创造性,应当基于"所属技术领域的技术人员"的知识和能力进行评价。专利法中的"所属技术领域的技术人员",是一种假设的"人",假定他能获知申请日或者优先权日之前该领域中的所有现有技术,并且具有应用该日期之前常规实验手段的能力和技术能力，但他不具有创造能力。设定这一概念的目的，在于统一审查标准，尽量避免审查员主观因素的影响。

只有当发明专利申请具备新颖性时，再判断是否具备创造性。与新颖性"单独对比"的审查原则不同，审查创造性时，可将一份或者多份现有技术中的不同的技术内容组合在一起对发明的权利要求进行评价。如果一项独立权利要求具备创造性，则不再审查该独立权利要求的从属权利要求的创造性。

判断创造性，或者说是否"显而易见"，通常可按照以下三个步骤进行。

①确定最接近的现有技术

最接近的现有技术，一般首先考虑技术领域相同或相近的现有技术，所要解决的技术问题、技术效果或者用途最接近和/或公开的技术特征最多的现有技术，或者虽然技术领域不同，但能够实现相同的功能并且公开的技术特征最多的现有技术。

②确定发明的区别特征和发明实际解决的技术问题

在审查中应当客观分析并确定发明实际解决的技术问题。为此，首先应当分析要求保护的发明与最接近的现有技术相比有哪些区别特征，然后根据该区别特征所能达到的技术效果确定发明实际解决的技术问题。从这个意义上说，发明实际解决的技术问题，是指为获得更好的技术效果而需对最接近的现有技术进行改进的技术任务。

审查过程中，由于审查员所认定的最接近的现有技术可能不同于申请人在说明书中所描述的现有技术，因此，基于最接近的现有技术重新确定的该发明实际解决的技术问题，可能不同于说明书中所描述的技术问题；在这种情况下，应当根据审查员所认定的最接近的现有技术重新确定发明实际解决的技术问题。

重新确定的技术问题可能要依据每项发明的具体情况而定。作为一个原则，发明的任何技术效果都可以作为重新确定技术问题的基础，只要本领域的技术人员从该申请说明书中所记载的内容能够得知该技术效果即可。

③判断要求保护的发明对本领域的技术人员来说是否显而易见

在该步骤中，要从最接近的现有技术和发明实际解决的技术问题出发，判断要求保护的发明对本领域的技术人员来说是否显而易见。判断过程中，要确定的是现有技术整体上是否存在某种"技术启示"，即现有技术中是否给出将上述区别特征应用到该最接近的现有技术以解决其存在的技术问题（即发明实际解决的技术问题）的启示，这种启示会使本领域的技术人员在面对所述技术问题时，有动机改进该最接近的现有技术并获得要求保护的发明。如果现有技术存在这种技术启示，则发明是显而易见的，不具有突出的实质性特点。

如果用公知常识来评判一件专利（申请）的新颖性或者创造性，当事人应该举证。审查员使用所属技术领域的公知常识提出审查意见时，如果申请人未对此提出异议，则无需举证。对于众所周知的事实、自然规律及定理、根据法律规定或已知事实和日常生活经验法则能推定出的另一事实，无需举证。

（3）实用性

实用性，是指该发明或者实用新型能够制造或者使用，并且能够产生积极效果。本领域技术人员根据专利说明书公开的技术内容，能够重复实施专利申请中解决技术问题所采用的技术方案。

发明和实用新型应具备实用性，是授予其专利权的必要条件之一。也就是说，发明或者实用新型专利必须是能够解决技术问题并且能够应用到产业实际中，才可能获得授权。但是实用并不是说在现有条件下必须能够制造或者已经制造出产品，或者已经应用到实际生产中。所谓使用也不一定意味着必须使用这些发明的机器设备，或者制造一种物品，如能量的形式转换方法的专利，可能仅是用计算机程序解决技术问题，但只要该技术方案能够产生积极效果，能够产生所属技术领域的技术人员可以预料到的经济、技术和社会的效益，就应认为有实用性。

违背自然规律的技术方案不具有实用性，如永动机。利用独一无二的自然条件限定的产品，如利用特定的自然条件建造的自始至终都是不可移动的唯一产品不具备实用性；例如美容等非治疗目的的外科手术方法，由于是以有生命的人或者动物为实施对象，无法在产业上使用，因此不具备实用性。测量人体或者动物体在极限情况下的生理参数的方法，需要将被测对象置于极限环境中，这会对人或动物的生命构成威胁，因此这类方法无法在产业上使用，不具备实用性。明显无益、脱离社会需要的发明或者实用新型专利申请的技术方案不具备实用性。

4.2 外观设计专利

如前所述，外观设计是指对产品的整体或者局部的形状、图案或者其结合以及色彩与形状、图案的结合所作出的富有美感并适于工业应用的新设计。

外观设计授予专利权的条件是：与现有设计或者现有设计特征的组合相比，应当具有明显区别。即该工业品外观设计应当不属于现有设计，也不是抵触申请（即没有任何单位或者个人就同样的外观设计在申请日以前在中国提出过申请，并记载在申请日以后公告的专利文件中），同时不与他人在申请日以前已经取得的合法权利（如著作权）相冲突。

所谓现有设计，是指申请日以前在国内外公开的或为公众所知的设计。外观设计的特征有：

（1）新颖性

新颖性是外观设计获得专利权的基本条件。即，授予专利权的外观设计，应当不属于现有设计；也没有任何单位或者个人就同样的外观设计在申请日以前在中国提出过申请，并记载在申请日以后公告的专利文件中。

（2）独创性

授予专利权的外观设计与现有设计或者现有设计特征的组合相比，应当具有明显区别。

（3）富有美感

产品的外观给人的视觉感受应富有美感。外观设计是否富有美感，是指站在一般消费者的角度来判断。

（4）适于工业应用

外观设计专利可促进商品交流和经济发展，授予专利权的外观设计必须适于在工业上应用，即能够以工业生产的方式将外观设计用于产品之上。

5. 专利的单一性

我国专利法第三十一条规定"一件发明或者实用新型专利申请应当限于

一项发明或者实用新型""一件外观设计专利申请应当限于一项外观设计"。"属于一个总的发明构思的两项以上的发明或者实用新型,可以作为一件申请提出";"同一产品两项以上的相似外观设计(相似设计),或者用于同一类别并且成套出售或者使用的产品的两项以上外观设计(成套产品),可以作为一件申请提出"。

也就是说,一件发明或者实用新型专利申请只能包含一项发明创造,如果发明创造过程中形成了由一个总的发明构思而成的几种技术特征形成的不同技术方案,这些技术方案之间应当相互关联,并列的权利要求中应当共同包含一个或者多个相同或者相应的特定技术特征,这样才可以放在一件专利申请文件中。这就是专利申请的单一性要求。

所谓"特定技术特征"是指每一项发明或者实用新型作为整体,对现有技术作出贡献或者说与现有技术不同的技术特征,也就是使发明相对于现有技术具有新颖性和创造性的技术特征,并且应当从每一项独立权利要求保护的发明创造的整体上考虑后加以确定。

一件外观设计专利申请中的相似外观设计不得超过10项。对于外观设计专利,同一产品的整体设计与其任何局部设计,不能作为一件申请提出。成套产品中的各项外观设计应为产品的整体外观设计,而非产品的局部外观设计。成套产品外观设计专利申请中不应包含相似外观设计,例如,一项包含餐用杯和碟的成套产品外观设计专利申请中,不应再包括所述杯和碟的两项以上的相似外观设计。

专利的单一性只在审批过程中审查,审查员发现专利申请不具备单一性时,会要求申请人做分案申请。但缺乏单一性不作为请求专利无效的理由。

6. 专利的审批及管理机关

中华人民共和国国家知识产权局(China National Intellectual Property Administration,简称"CNIPA")是国务院直属机构,主管全国的专利工作,并统筹协调涉外知识产权事宜。2018年,国务院为深化机构改革,将国家知识产权局的职责、国家工商行政管理总局的商标管理职责、国家质量监督检验检疫总局的原产地地理标志管理职责整合，重新组建由国家市场监督管理总局管理下的国家知识产权局；2023年两会期间又将国家知识产权局划为国务院直属部门。国家知识产权局的主要职责是负责保护知识产权工作，推动知识产权保护体系建设，负责商标、专利、原产地地理标志的注册登记和行政裁决，指导商标、专利执法工作等。商标、专利执法职责由市场监管综合执法队伍承担。

各省、自治区、直辖市人民政府一般均设有知识产权局，负责本行政区域内的专利管理工作。

三、商标的概念

1. 商标的种类及定义

自然人、法人或者其他组织将文字、图形、字母、数字、三维标志、颜色组合、声音或其组合使用在商品或服务上，以区别于他人商品或服务的标志，称为商标。商标的作用主要是为了区别商品或服务的来源，以保证符合其品质。

经商标局核准注册的商标称为注册商标。我们所使用的商标中除注册商标外，还含有未注册的商标，我们一般情况所称的商标是指注册商标。在法律上把注册商标划分为四个基本类型：即商品商标、服务商标和集体商标、证明商标。

商品商标是指定使用在商品上的商标，服务商标是指定使用在服务上的商标。习惯上，我们把商品商标、服务商标称为一般商标。

集体商标是指以团体、协会或者其他组织名义注册，供该组织内的成员在商事活动中使用，以用来表明使用者是该组织中的成员资格的标志。

证明商标是指由对某种商品或者服务具有监督能力的组织所控制，而由该组织以外的单位或者个人使用于其商品或者服务，以证明该商品或者服务的原产地、原料、制造方法、质量或者其他特定品质的标志。

按照商标的构成要素不同还可以将商标划分为传统商标和非传统商标。传统商标通常是由文字、字母、数字、图形等要素或其组合构成。非传统商标构成要素以人的接触、感知为基础,按照构成要素不同可分为立体商标(三维标志)、听觉商标(声音商标)、味觉商标(气味商标)、触觉商标(接触性商标)、颜色组合商标等。

注册商标的注册人享有商标专用权,有效期为十年,自核准注册之日起计算。商标注册人可在期满前十二个月内办理续展手续,每次续展注册的有效期为十年。

2. 地理标志商标和驰名商标的概念

地理标志商标是指为保护地理标志产品而申请注册的商标,地理标志商标可以作为集体商标或证明商标提出注册申请。具体请参见本章第四节"4. 地理标志"和第四章第一节"2. 商标注册申请"。

驰名商标是商标局及商标评审委员会或人民法院在商标注册、商标无效、商标侵权纠纷等活动中,根据当事人的请求,为审查、处理案件需要而认定的广为人知的或者说是相关公众所熟知的商标。商标持有人认为其权利受到侵害时,可以依照商标法规定请求驰名商标保护。就相同或者类似商品申请注册的商标是复制、摹仿或者翻译他人未在中国注册的驰名商标,容易导致混淆的,商标局不予注册并禁止使用。就不相同或者不相类似商品申请注册的商标是复制、摹仿或者翻译他人已经在中国注册的驰名商标,误导公众,致使该驰名商标注册人的利益可能受到损害的,不予注册并禁止使用。驰名商标应当根据当事人的请求,作为处理涉及商标案件而需要认定的事实,由商标局、商标评审委员会或人民法院进行认定。认定驰名商标应当考虑下列因素:

①相关公众对该商标的知晓程度;
②该商标使用的持续时间;
③该商标的任何宣传工作的持续时间、程度和地理范围;
④该商标作为驰名商标受保护的记录;
⑤该商标驰名的其他因素。

在商标注册审查、工商行政管理部门查处商标违法案件过程中,当事人主张权利的，商标局根据审查、处理案件的需要，可以对商标驰名情况作出认定。

在商标争议处理过程中，当事人主张权利的，商标评审委员会可以根据处理案件的需要，对商标驰名情况作出认定。

在商标民事、行政案件审理过程中，当事人主张权利的，最高人民法院指定的人民法院根据审理案件的需要，可以对商标驰名情况作出认定。

驰名商标并非荣誉或称号，其仅可用于司法或者行政审理、处理活动中判断是否相近似或容易混淆，不得用在商品、商品容器或包装上，不得用于宣传、展览或者其他商业目的。

四、其他知识产权

1. 著作权

著作权俗称版权，著作权有广义与狭义之分。狭义的著作权是指作者就其创造的作品享有的权利。广义的著作权除了包括狭义的著作权之外，还包括了邻接权和与著作权相关的权利，即作品的表演者、录音录像制品制作者、广播电台电视台和出版者在传播作品的过程中就自己创造性劳动成果所享有的权利。

WIPO 管理下的《保护文学和艺术作品伯尔尼公约》是国际间的版权公约。该公约的宗旨是使其成员国国民的权利能在国际上得到保护，以对其创作作品的使用进行控制并收取报酬。这些创作作品的形式有：长篇小说、短篇小说、诗歌、戏剧、歌曲、歌剧、音乐作品、奏鸣曲和绘画、油画、雕塑、建筑作品等。

1.1 著作权的保护范围

著作权保护的权利包括人身权和财产权，保护范围比较宽泛，根据我国著作权法第十条第一款规定，著作权保护的人身权和财产权有下列几种：

①发表权，即决定作品是否公之于众的权利；

②署名权,即表明作者身份,在作品上署名的权利;

③修改权,即修改或者授权他人修改作品的权利;

④保护作品完整权,即保护作品不受歪曲、篡改的权利;

⑤复制权,即以印刷、复印、拓印、录音、录像、翻录、数字化等方式将作品制作一份或者多份的权利;

⑥发行权,即以出售或者赠与方式向公众提供作品的原件或者复制件的权利;

⑦出租权,即有偿许可他人临时使用视听作品、计算机软件的原件或复制件的权利,计算机软件不是出租的主要标的的除外;

⑧展览权,即公开陈列美术作品、摄影作品的原件或者复制件的权利;

⑨表演权,即公开表演作品,以及用各种手段公开播送作品的表演的权利;

⑩放映权,即通过放映机、幻灯机等技术设备公开再现美术、摄影、视听作品等的权利;

⑪广播权,即以有线或者无线方式公开传播或者转播作品,以及通过扩音器或者其他传送符号、声音、图像的类似工具向公众传播广播的作品的权利,但不包括本款第⑫规定的权利;

⑫信息网络传播权,即以有线或者无线方式向公众提供,使公众可以在其选定的时间和地点获得作品的权利;

⑬摄制权,即以摄制视听作品的方法将作品固定在载体上的权利;

⑭改编权,即改变作品,创作出具有独创性的新作品的权利;

⑮翻译权,即将作品从一种语言文字转换成另一种语言文字的权利;

⑯汇编权,即将作品或者作品的片段通过选择或者编排,汇集成新作品的权利;

⑰应当由著作权人享有的其他权利。

1.2 作品

著作权中所述的作品是指文学、艺术和科学领域内具有独创性并能以一定形式表现的智力成果,作品须具有三个特征:须是智力成果、须具有独创性、须可复制。一般所述的作品包括：

① 文字作品；

② 口述作品；

③ 音乐、戏剧、曲艺、舞蹈、杂技艺术作品；

④ 美术、建筑作品；

⑤ 摄影作品；

⑥ 视听作品；

⑦ 工程设计图、产品设计图、地图、示意图等图形作品和模型作品；

⑧ 计算机软件；

⑨ 符合作品特征的其他智力成果。

1.3 著作权的保护期

根据著作权所保护的不同其权利的保护期限不尽相同，不同的权利的保护期限如下。

作者的署名权、修改权、保护作品完整权的保护期不受限制。

自然人的作品，其发表权、财产权等的保护期为作者终生及其死亡后五十年，截止于作者死亡后第五十年的 12 月 31 日；如果是合作作品，截止于最后死亡的作者死亡后第五十年的 12 月 31 日。法人或者非法人组织的作品和著作权（署名权除外）、由法人或者非法人组织享有的职务作品，其发表权的保护期为五十年，截止于作品创作完成后第五十年的 12 月 31 日。

我国《著作权法》第十条第一款第⑤项至第⑰项（见本节 1.1）规定的权利的保护期为五十年，截止于作品首次发表后第五十年的 12 月 31 日，但作品自创作完成后五十年内未发表的，本法不再保护。

视听作品，其发表权的保护期为五十年，截止于作品创作完成后第五十年的 12 月 31 日；财产权等的保护期为五十年，截止于作品首次发表后第五十年的 12 月 31 日，但作品自创作完成后五十年内未发表的，不再保护。

2. 植物新品种

植物新品种指经过人工培育的或者对发现的野生植物加以开发，具备新颖性、特异性、一致性和稳定性，并有适当命名的植物品种。

我国的植物新品种的审批机关为国务院农业、林业行政部门（农业农村部）负责植物新品种权申请的受理和审查，并对符合规定的植物新品种授予植物新品种权。

目前，我国对植物新品种进行保护的法规主要包括：

① 《中华人民共和国种子法》；

② 《中华人民共和国植物新品种保护条例》；

③ 《中华人民共和国植物新品种保护条例实施细则（林业部分）》；

④ 《最高人民法院关于审理植物新品种纠纷案件若干问题的解释》；

⑤ 《最高人民法院关于审理植物新品种权纠纷案件具体应用法律问题的若干规定》；

⑥ 《林业植物新品种保护行政执法办法》。

3. 集成电路布图设计

集成电路指半导体集成的电路，即以半导体材料为基片，将至少有一个是有源元件的两个以上元件和部分或者全部互连线路集成在基片之中或者基片之上，以执行某种电子功能的中间产品或者最终产品。

集成电路布图设计指集成电路中至少有一个是有源元件的两个以上元件和部分或者全部互连线路的三维配置，或者为制造集成电路而准备的上述三维配置。

集成电路布图设计权利人指依照《集成电路布图设计保护条例》的规定，对布图设计享有专有权的自然人、法人或者其他组织。

集成电路布图设计复制指重复制作布图设计或者含有该布图设计的集成电路的行为。

集成电路布图设计商业利用指为商业目的进口、销售或者以其他方式提供受保护的布图设计、含有该布图设计的集成电路或者含有该集成电路的物品的行为。

集成电路布图设计专有权的保护期为10年，自布图设计登记申请之日或者在世界任何地方首次投入商业利用之日起计算，以较前日期为准。但是，无论是否登记或者投入商业利用，布图设计自创作完成之日起15年后，不再受《集成电路布图设计保护条例》保护。布图设计专有权属于自然人的，该自然人死亡后，其专有权在《集成电路布图设计保护条例》规定的保护期内依照继承法的规定转移。布图设计专有权属于法人或者其他组织的，法人或者其他组织变更、终止后，其专有权在《集成电路布图设计保护条例》规定的保护期内由承继其权利、义务的法人或者其他组织享有；没有承继其权利、义务的法人或者其他组织的，该布图设计进入公有领域。

4. 地理标志

根据2018年3月17日第十三届全国人民代表大会第一次会议通过的《国务院机构改革方案》和2018年6月5日国务院发布的《国务院关于国务院机构改革涉及行政法规规定的行政机关职责调整问题的决定》要求，我国的地理标志产品的保护管理工作与地理标志商标一起由国家知识产权局负责。在此之前，我国地理标志还曾有农业农村部、原国家质检总局根据各自制定的《农产品地理标志管理办法》《地理标志产品保护规定》及与之配套的《国外地理标志产品保护办法》，目前，原国家质检总局已经合并到国家市场监督管理总局，其地理标志管理职能以及农业部对农产品地理标志的管理职能均转移到了国家知识产权局。

我们日常所说的地理标志或俗称的地标一般含有地理标志产品和地理标志商标两种意义。

4.1 地理标志产品

4.1.1 地理标志产品的定义

地理标志产品指产自特定地域，该产品所具有的质量、声誉或其他特性本质上取决于该产地的自然因素和人文因素，经审核批准以地理名称进行命名的产品。地理标志产品包括：

（1）来自本地区的种植、养殖产品；

（2）原材料全部来自本地区或部分来自其他地区，并在本地区按照特定工艺生产和加工的产品。

4.1.2 《地理标志产品保护规定》

2020年执行的《地理标志产品保护规定》由原国家质检总局于2005年制定实施，与之配套的规范性文件《国外地理标志产品保护办法》于2016年发布（2019年国家知识产权局进行了修订），上述规章和规范性文件在有效保护地理标志产品、促进地方经济发展方面起到了重要作用。截至2020年底，获得批准的地理标志产品累计达2391个，核准地理标志专用标志使用企业达9479家。

4.1.3 《地理标志保护规定》

2020年9月24日，国家知识产权局发布了《地理标志保护规定（征求意见稿）》，主要修订条款如下：

（1）明确多方主体的权利义务

地理标志的申请主体为县级以上人民政府指定的生产者协会或者保护申请机构。地理标志获得保护后，申请人应当采取措施对地理标志产品名称和专用标志的使用、产品质量特色等进行管理。地理标志产品生产者有权使用地理标志产品名称和专用标志，并应当按照相应标准或者管理规范组织生产。

（2）调整地理标志行政管理机关

国家知识产权局（之前为国家质量监督检验检疫总局）负责全国地理标志产品以及专用标志和地理标志商标的管理和保护工作；统一受理和审查地理标志商标和专用标志的申请，依法认定地理标志产品。地方知识产权管理部门负责本行政区域内地理标志产品、商标以及专用标志的管理和保护工作。县级以上市场监督管理部门负责本行政区域内的地理标志产品、商标以及专用标志的行政执法工作。

（3）地理标志产品的禁止性规定

有下列情形之一的产品，不给予地理标志保护：

①产品或者产品名称违反法律、社会公德或者妨害公共利益的；

②产品名称仅为产品的通用名称的；

③产品名称为他人注册商标、未注册的驰名商标，误导公众的；

④产品名称与受保护地理标志的产品名称相同，导致公众对产品的地理来源产生误认的；

⑤产品名称与植物品种或者动物育种名称相同，导致公众对产品的地理来源产生误认的；

⑥产品违反安全、卫生、环保的要求，对环境、生态、资源可能产生危害的；

⑦外国地理标志产品在所属国或者地区被撤销保护的。

(4) 完善优化地理标志申请和审查程序

将地理标志申请和专用标志使用申请两个程序合二为一，规定申请人在提出地理标志申请时可以一并提交申请使用专用标志的生产者或者中国经销商列表，以减轻当事人负担；明确申请人对驳回申请的决定不服的可以请求复审，对复审决定不服的可以向人民法院起诉。

(5) 加强地理标志的保护

任何单位或者个人使用产品名称或者产品描述使公众对产品产地来源产生误认、未经批准擅自在产品上使用专用标志或者与专用标志相似的标志使公众产生误认的，依照《中华人民共和国产品质量法》进行处理；在产地范围之外的相同或者类似产品上使用受保护地理标志产品名称构成侵权的，由市场监督管理部门予以制止和罚款。

4.1.4 地理标志产品的申请人

地理标志产品保护申请，由当地县级以上人民政府指定的地理标志产品保护申请机构或人民政府认定的协会和企业提出，并征求相关部门意见。

申请保护的产品在县域范围内的，由县级人民政府提出产地范围的建议；跨县域范围的，由地市级人民政府提出产地范围的建议；跨地市范围的，由省级人民政府提出产地范围的建议。

4.1.5 地理标志产品的申请资料

地理标志产品的申请人应提交以下资料：

(一) 有关地方政府关于划定地理标志产品产地范围的建议。

（二）有关地方政府成立申请机构或认定协会、企业作为申请人的文件。

（三）地理标志产品的证明材料，包括：

①地理标志产品保护申请书；

②产品名称、类别、产地范围及地理特征的说明；

③产品的理化、感官等质量特色及其与产地的自然因素和人文因素之间关系的说明；

④产品生产技术规范（包括产品加工工艺、安全卫生要求、加工设备的技术要求等）；

⑤产品的知名度，产品生产、销售情况及历史渊源的说明。

（四）拟申请的地理标志产品的技术标准。

4.2 农产品地理标志

4.2.1 农产品

农产品地理标志登记的农产品是指在农业活动中获得的植物、动物、微生物及其产品。

4.2.2 农产品地理标志

农产品地理标志是指标示农产品来源于特定地域，产品品质和相关特征主要取决于该特定地域的自然生态环境和历史人文因素，并以地域名称冠名的特有农产品标志。

4.2.3 农产品地理标志登记申请人和认定机构

农产品地理标志登记的申请人为县级以上地方人民政府确定的农民专业合作经济组织、行业协会等组织。

由于机构改革，自2022年3月起，农业部已停止了农产品地理标志登记工作，包括受理、评审、公示和公告，改为由国家知识产权局构建地理标志统一认定制度。

4.2.4 农产品地理标志登记条件

国家对农产品地理标志实行登记制度。经登记的农产品地理标志受法律保护。符合农产品地理标志登记条件的申请人，可以向省级人民政府农业行政主管部门提出登记申请，并提交下列申请材料：

①登记申请书；

②产品典型特征特性描述和相应产品品质鉴定报告；

③产地环境条件、生产技术规范和产品质量安全技术规范；

④地域范围确定性文件和生产地域分布图；

⑤产品实物样品或者样品图片；

⑥其他必要的说明性或者证明性材料。

4.3　地理标志商标

地理标志商标可以作为集体商标、证明商标申请注册。申请事务具体请参见第四章第一节"2.4 集体商标、证明商标及地理标志商标注册申请"。

地理标志商标可以是该地理标志标示地区的名称，也可以是能够标示某商品来源于该地区的其他可视性标志。其中，所述地区无须与该地区的现行行政区划名称、范围完全一致。

由原国家工商行政管理总局发布，2003 年 6 月 1 日施行的《集体商标、证明商标注册和管理办法》规定了我国地理标志商标的注册和管理制度。

证明商标的注册人不得在自己提供的商品或服务上使用该证明商标。

5.　商业秘密

商业秘密指不为公众所知悉、具有商业价值并经权利人采取相应保密措施的技术信息、经营信息等商业信息。

（1）侵犯商业秘密行为

侵犯商业秘密行为指经营者以外的其他自然人、法人和非法人组织实施的下列违法行为：

①以盗窃、贿赂、欺诈、胁迫、电子侵入或者其他不正当手段获取权利人的商业秘密；

②披露、使用或者允许他人使用以前项手段获取的权利人的商业秘密；

③违反保密义务或者违反权利人有关保守商业秘密的要求，披露、使用或者允许他人使用其所掌握的商业秘密；

④教唆、引诱、帮助他人违反保密义务或者违反权利人有关保守商业秘密的要求，获取、披露、使用或者允许他人使用权利人的商业秘密。

（2）不为公众所知悉

《最高人民法院关于审理不正当竞争民事案件应用法律若干问题的解释》第九条规定，有关信息不为其所属领域的相关人员普遍知悉和容易获得，应当认定为"不为公众所知悉"。可以认定有关信息不构成不为公众所知悉的具体包括如下情形：

①该信息为其所属技术或者经济领域的人的一般常识或者行业惯例；

②该信息仅涉及产品的尺寸、结构、材料、部件的简单组合等内容，进入市场后相关公众通过观察产品即可直接获得；

③该信息已经在公开出版物或者其他媒体上公开披露；

④该信息已通过公开的报告会、展览等方式公开；

⑤该信息从其他公开渠道可以获得；

⑥该信息无须付出一定的代价而容易获得。

（3）商业秘密的法律保护

《反不正当竞争法》第二十一条规定：经营者以及其他自然人、法人和非法人组织违反本法第九条规定侵犯商业秘密的，由监督检查部门责令停止违法行为，没收违法所得，处十万元以上一百万元以下的罚款；情节严重的，处五十万元以上五百万元以下的罚款。

《刑法》第二百一十九条［侵犯商业秘密罪］规定：有下列侵犯商业秘密行为之一，情节严重的，处三年以下有期徒刑，并处或者单处罚金；情节特别严重的，处三年以上十年以下有期徒刑，并处罚金：

（一）以盗窃、贿赂、欺诈、胁迫、电子侵入或者其他不正当手段获取权利人的商业秘密的；

（二）披露、使用或者允许他人使用以前项手段获取的权利人的商业秘密的；

（三）违反保密义务或者违反权利人有关保守商业秘密的要求，披露、使用或者允许他人使用其所掌握的商业秘密的。

明知前款所列行为，获取、披露、使用或者允许他人使用该商业秘密的，以侵犯商业秘密论。

本条所称权利人，是指商业秘密的所有人和经商业秘密所有人许可的商业秘密使用人。

6. 不正当竞争

不正当竞争行为指经营者在生产经营活动中，违反本法规定，扰乱市场竞争秩序，损害其他经营者或者消费者的合法权益的行为。其中，经营者指从事商品生产、经营或者提供服务（以下所称商品包括服务）的自然人、法人和非法人组织。

2022年3月17日，《最高人民法院关于适用〈中华人民共和国反不正当竞争法〉若干问题的解释》发布，自2022年3月20日起施行。该《解释》用十一个条款，对反不正当竞争法第六条"仿冒混淆"的规定进行了细化。该《解释》强调经营者应遵守法律和商业道德，规定：经营者扰乱市场竞争秩序，损害其他经营者或者消费者合法权益，且属于违反反不正当竞争法第二章及专利法、商标法、著作权法等规定之外情形的，人民法院可以适用反不正当竞争法第二条予以认定。

2021年，全国各级法院共审结不正当竞争纠纷案件8654件，仿冒混淆行为案件数量占有很大比例。

第二章 专利信息分析利用

专利信息是专利制度运行的载体,包含独特的专利情报、市场情报与创新情报,已越来越体现出高附加值、不可替代性、支撑经济可持续发展的战略资源特征。

专利信息分析和利用在技术创新、知识产权创造、运用、保护和管理等各个环节中均具有重要意义;尤其在技术创新领域,充分利用专利信息资源,可以降低技术创新的成本,加速技术创新的进程,提高研究的起点,确定正确的研究方向,对中国这样一个科技资源紧缺的发展中国家来说尤为重要。专利信息的分析和利用的具体形式可以分为专利风险预警、专利导航等。

一、专利信息及分类

1. 专利信息的定义

随着信息社会的到来,专利文献也进入信息化时代。人们开始更多地谈论专利信息,研究专利信息的传播与利用。究竟什么是专利信息?或者说什么能称之为专利信息呢?有人曾经试图给专利信息下一个准确的定义,特别是要把专利文献与专利信息区分开来,说清楚,但总是难成其就。事实上,这两个概念辅车相依,从定义上泾渭分明地分开是不可能的,也没有现实意义。但是,从相互关系上加以说明却十分必要。从两者关系上说,专利信息是指以专利文献作为主要内容或以专利文献为依据，经分解、加工、标引、统计、分析、整合和转化等信息化手段处理，并通过各种信息化方式传播而形成的与专利有关的各种信息的总称。

2. 专利信息的种类

一篇专利中包含了技术信息、法律信息、著录信息、经济信息、战略信息等多种信息，它们有时是分不开的，需要通过阅读、研究专利文献进行分析得出。

（1）技术信息

技术信息是在专利说明书、权利要求书、附图和摘要等专利文献中披露的与该发明创造技术内容有关的信息，以及通过专利文献所附的检索报告或相关文献间接提供的与发明创造相关的信息。

（2）法律信息

法律信息是在权利要求书、专利公报及专利登记簿等专利文献中记载的与权利保护范围和权利有效性有关的信息。其中，权利要求书用于描述发明创造的技术特征，形成所要求限定的完整的技术方案，清楚、简要地表述请求保护的范围，是专利的核心法律信息，也是对专利实施进行法律保护的依据。其他法律信息包括：与专利的审查、复审、异议和无效等审批确权程序有关的信息，与专利权的授予、转让、许可、继承、变更、放弃、终止和恢复等法律状态有关的信息等。

（3）著录信息

著录信息是与专利文献中的著录项目有关的信息，著录项目源自图书情报学，用于概要性地表现文献的基本特征。专利文献著录项目既反映专利的技术信息，又传达专利的法律信息和经济信息。

著录信息包括专利文献著录项目中的申请人、专利权人和发明人或设计人信息，专利的申请号、文献号和国别信息，专利的申请日、公开日和/或授权日信息，专利的优先权项和专利分类号信息，以及专利的发明名称和摘要等信息。

(4) 经济信息

在专利文献中存在着一些与国家、行业或企业经济活动密切相关的信息，这些信息反映出专利申请人或专利权人的经济利益趋向和市场占有欲。例如，有关专利的申请国别范围和国际专利组织专利申请的指定国范围的信息，专利许可、专利权转让或受让等与技术贸易有关的信息等，与专利权质押、评估等经营活动有关的信息，这些信息都可以看作经济信息。

竞争对手可以通过对专利经济信息的监视分析，获悉对方经济实力及研发能力，掌握对手的经营发展策略，以及可能的潜在市场等。

(5) 战略信息

经过对上述四种信息进行检索、统计、分析、整合而产生的具有战略性特征的技术信息和/或经济信息。例如，通过对专利文献的基础信息进行统计、分析和研究所给出的技术评估与预测报告和"专利图"等。这些报告是最重要的专利战略信息之一，它是制定国家宏观经济、科技发展战略的重要保障，也是企业制定技术研发计划的可靠依据。

3. 专利分类

3.1 专利分类的概念

为建立有利于检索的专利申请文档，各国专利局需要按照分类号编排专利申请文献，向公众公布或公告。分类作为使专利文献获得统一国际分类的手段，首要目的是为各专利局和其他使用者创建一种用于获取专利文献的高效检索工具，用以确定和评价专利申请中技术公开的新颖性和创造性或非显而易见性（包含对技术先进性和有益结果或实用性的评价）；同时方便公众从专利文献中获取、统计技术、法律等专利信息。

发明专利申请和实用新型专利申请在专利撰写时要写明所属技术领域，在提交申请后也要首先进行专利分类处理。

3.2 主要专利分类体系简介

（1）IPC 分类

IPC 是指《国际专利分类表》（International Patent Classification），其类似于图书馆分类系统，它为公开的专利申请书、发明人证书、实用新型和实用新型证书在内的文献提供了一种共同的分类。国际专利分类体系是依据 1975 年 10 月 7 日生效的《关于国际专利分类斯特拉斯堡协定（1971）》建立的，为反映最新情况，国际专利分类被不断修订，IPC 修订工作由所有成员国的专家组成的 IPC 专家委员会负责，新版本于每年 1 月 1 日生效。虽然该协定仅有 64 个成员国，但采用国际专利分类的组织已超过一百个国家的专利局、四个地区专利局和管理《专利合作条约》的产权组织秘书处。

IPC 用英文和法文创建，依照《斯特拉斯堡协定》第 3 条第 2 款规定，也可以用其他文种出版分类表的正式文本。代表 IPC 官方出版物的网络版分类表可从 WIPO 的 IPC 网站（www.wipo.int/classifications/ipc）获得。

IPC 把技术分为八个部类，约 80000 个复分类。每个复分类都由一个阿拉伯数字和拉丁字母组成的分类号表示。

八个部类为：A－人类生活需要（农、轻、医）；B－作业、运输；C－化学、冶金；D－纺织、造纸；E－固定建筑物；F－机械工程、照明、加热、武器、爆破；G－物理；H－电学。

每个分类号包含了部、大类、小类、大组、小组。以分类号 B65C25/02 为例，B－部，B65－大类，B65C－小类，B65C25/00－大组，B65C25/02－小组。

有关 IPC 的结构、分类规则和原则的信息能在 IPC 指南中找到，IPC 指南可以从 www.wipo.int/classifications/ipc/en/guide/guide_ipc.pdf 获取。

（2）CPC 分类

CPC 分类体系称为联合专利分类。

最初，前"国际专利研究所（IIB）"使用一种名为"技术分类（IDT）"的分类体系，其由德国专利局开发，主要基于"德国专利分类（DPK）"。

自 1968 年第 1 版国际专利分类（IPC）生效后，国际专利研究所（IIB）决定将其检索文档从 IDT 体系转换为 IPC 体系。此后，IDT 体系发展成为"欧洲分类（ECLA）"体系。由于 IDT 和 IPC 两种体系之间存在巨大差异，为了保证体系的质量，决定以在某个日期（各技术领域有所不同）"关闭" IDT 并且在相同的时间"开放" ECLA 的方式，以便逐渐地转移文献。随后，则根据 ECLA 对新的文献进行分类，"过档文献（backfile）"的再分类则通过有组织或无组织的方式完成，如检索时开展再分类。从 1991 年开始，所有的文献仅根据 ECLA 通过 EC 码进行分类；同时，还开发了一种附加的索引系统"In computer Only 码（ICO 码）"。自 2013 年 1 月 1 日起，欧洲专利局（EPO）将其 EC 和 ICO 类号的内部分类表替换为与美国专利商标局（USPTO）共有的联合分类体系，该分类体系称为联合专利分类或者 CPC。

CPC 系统包括分类表以及对其进行补充的分类定义。在 CPC 使用概念文档（CPC OPS）中讲一步对 CPC 使用方面进行了明确，CPC-OPS 仅和 USPTO 共享，其链接为：http://main07.internal.epo.org/projects/babylon/cl.nsf。

CPC 分类规则和原则与 IPC 相同，CPC 分类表的结构和分类定义总体上与 IPC 类似，但是其具有更加详细的层级结构。

（3）FI/F-TERM 分类

往往同一份专利文献，不同人员会有不同的分类方式，甚至同一个人在不同的时候分法也不一样。因而，按照 IPC、USPC、ECLA 等单一分类体系针对专利内容进行分类标引无法满足实际需求。同时，如果依靠技术人员将全部专利文献进行人工解读和分类标引，将花费大量的时间、人力和物力。为了解决上述问题，产生了 FI/F-TERM。

FI（FileIndexing）分类是日本专利局将国际专利分类表（IPC）进行进一步细分和扩展所得到的，用于扩展 IPC 在某些技术领域的功能。其最大的优势在于对同一主题的多个 FI 组成技术主题可以从多个角度（观点）标引发明特征，使得 F-Term 针对同一篇专利文献中的同一技术内容尽可能地从不同角度给出分类号，增强信息冗余度；同时，F-Term 分类系统不仅从整体考虑提取分类号，而且还从具体权利要求的技术特征中进一步提炼分类号，使得一篇文献可能有十几个甚至上百个 F-Term 分类号。F-Term 分类体系如此细致和立体多角度的分类方式，为专利信息分析人员利用其进行专利技术/功效矩阵的制作提供了极大的可行性和便利性。

FI/F-TERM 独具的分类特色，使得其在全球专利分类体系中有着重要的借鉴意义，尤其在 IPC 的 B 部、G 部和 H 部的众多领域中具有强大的检索优势。目前，FI 分类已有大约 2 万个 FI 细分类目，F-term 分类大约有 34 万个细分类目，可以称为是世界上分类最细的系统。

二、TISC 推广专利信息检索利用

TISC（技术与创新支持中心）是世界知识产权组织发展议程框架下的合作项目，旨在帮助发展中国家的知识产权和创新用户以及市场主体提升专利等技术信息检索、利用能力，使其更快地掌握行业动态和新技术信息，以促进全球创新。TISC 作为知识产权信息公共服务体系的重要组成部分，是知识产权信息公共服务体系的骨干力量。

TISC 接受世界知识产权组织和国家知识产权局的指导和考核，为用户提供全球范围内的专利、商标以及其他技术和知识产权信息支持。TISC 在专利信息利用中发挥了重要的作用，其依托利用丰富的专利信息资源和优秀的智力人才资源优势，为科技创新主体、市场主体和知识产权用户提供便捷、优质的专利信息服务和有力支撑，可以为用户免费提供信息资源服务、检索服务、咨询服务等。

世界知识产权组织组建了一个名为"WIPO GREEN"的数据库，以便在寻求共享创新和环境友好型技术以应对气候变化的各群体间建立联系。该数据库提供范围广泛的绿色技术产品、服务和知识产权资产，并允许个人和企业挂牌公示绿色技术需求。其技术来自中小企业、跨国公司、创新者和全球高等院校等诸多机构。该数据库可免费查询，已有 35 个合作伙伴。世界知识产权组织称，新数据库将新技术的所有者与寻求将绿色技术商业化或以其他方式传播绿色技术的个人或企业建立联系，旨在加快绿色技术的创新和传播，推动发展中

国家应对气候变化。

有关 TISC 的服务内容参见第八章第一节 "3. 技术与创新支持中心（TISC）"。

三、专利信息利用概述

1. 信息分析

信息分析是指利用专利、商标、著作权等知识产权信息、科技文献信息、技术标准信息、相关产品或技术的商业信息和市场信息等多种信息源，利用现代化情报分析手段，对相关产品、技术、科技创新主体或市场主体等的发展历史、发展现状、发展潜力或趋势等进行综合分析、判断，进而为相关技术领域的科技研发、知识产权保护、市场竞争、产业政策制定、区域发展策略制定或人才战略制定等提供建议和指引服务的信息利用工作。

2. 专利信息利用现状

发达国家和领先企业、高校、科研组织的专利战略取得成功的重要因素之一，是利用了丰富的公共专利信息服务渠道和服务内容。管理专利信息的机构都以提供便捷、有效的专利信息服务作为其重要的职责之一，基本上都构建了电子化、网络化、专业化的公共专利信息服务体系，并且都有针对企业创新力的政策及平台。

2000 年，国家知识产权局在《企业专利工作管理办法（试行）》中提出企业要建立适合企业的专利信息利用机制。在国家知识产权局主页上开设文献服务子栏，提供专利文献信息公共服务、专利信息研究交流、专利信息利用促进、全国专利信息人才培养与交流等信息，出台《专利文献信息服务指引 (2016)》和《企业专利信息利用工作指南（试行）》等文件帮助企事业单位开展专利信息利用工作，在各地建设专利信息服务站，为全面贯彻落实《国家创新驱动发展战略纲要》，充分发挥专利信息对企业创新发展的推动作用，国家知识产权局一直在深化开展企业专利信息利用能力建设试点工作，TISC、高校信息服务中心、信息服务网点建设就是其中一部分。

3. 专利信息利用的重要意义

目前，我国的很多企业存在如下问题：缺乏完善的研发创新体系、缺乏核心技术、产品在产业链中附加值较低，易受市场影响。

知识产权对于创新活动具有重要的作用。自 2008 年《国家知识产权战略纲要》颁布十几年来，我国的知识产权工作上升到一个新高度。国内、国际市场竞争环境愈发激烈，只有坚持技术创新才是企业可持续发展之路。企业实施知识产权战略，能否运用好知识产权是关键，而利用好专利信息是关键中的关键。专利信息利用在技术创新、知识产权创造、运用、保护和管理等各个环节中均具有重要意义。

4. 专利信息分析的作用

企业必须利用知识产权走自主创新之路。那些追赶行业领先者的企业，为了实现赶超目标，会加大研发力度，使自己的产品技术不至于落后，挖空心思开拓产品的新应用，在本领域研发新产品，在新产品的专利技术方面形成自己的藩篱，以此逼迫或超越对手。企业应从科研立项、产品开发、技术贸易、市场销售、侵权纠纷、进出口贸易等各个方面制定各类专利信息利用策略，利用专利信息应对可能发生的风险，提高创新能力。

（1）指导制定专利技术创新策略

企业在新产品开发或科研立项之前，通过专利检索及分析，可以了解现有技术状况和发展趋势，科学合理立项，避免重复研究和低水平开发，节约经费，缩短研发时间，开发出具有市场竞争力的产品，通过改良的新工艺，形成自主知识产权。通过对专利信息的跟踪检索，随时检测技术发展动态，不断调整创新的方向。

（2）指导制定专利产品市场策略

通过专利信息深入分析可以寻找潜在的合作者，挖掘有实力的研发人员，不断优化企业研发水平,从而以持续的研究开发优势,取得技术研发成果,形成产品,占领市场。产品上市前还要进行防侵权风险分析,其后的销售、参展、广告、宣传、进口、出口等均需要针对目标地的法律和知识产权状态进行产品可自由实施分析(FTO报告)。产品上市后要不断搜集市场信息及客户反馈,关注竞争对手的同类品信息,发现仿制产品,应及时主张权利,不断扩大市场。

(3) 指导制定专利保护运用策略

有的企业不重视知识产权,对申请之后的专利不进行管理和运用。通过专利信息的检索分析,可以掌握竞争对手在产品、技术方面的研发现状,通过对自身专利分层管理,构建专利池,不断进行专利布局,参与行业标准制定,用专利保护来扩大市场,为企业创造更大价值。

(4) 指导制定专利法律保护策略

专利制度以公开换保护,经过审查获得授权的专利,以专利文献的形式公开发明创造的权利保护范围及法律效力。专利申请之前进行专利信息检索,能够预判专利性,布局专利技术的保护范围,减少申请过程中的风险,提高申请质量和获权的可能性,有效保护企业发明创造。被控侵权时进行专利信息检索,检索涉案专利申请日之前已公开的破坏其专利性的专利文献,以此为证据启动无效程序或不侵权抗辩,保护企业合法权益。

(5) 指导制定专利价值评估策略

专利价值评估是企业专利信息利用的重要内容,是企业盘活专利资产,特别是专利转让、许可、出资、运营、质押融资及证券化、企业重组和并购、评奖筛选中都要开展的一项工作。企业应该加强对知识产权的重视程度,通过对企业知识产权进行评估,能够初步判断潜在的市场价值和使用价值,专利价值评估涉及自身专利及他方专利,企业应设定维度,构建价值评估模型,为企业投资提供决策参考。

(6) 构建企业专利信息利用体系

不同企业或同一企业在不同的发展阶段,特别是根据企业所处的技术领域、研发进展、市场占有率等的不同,其专利信息利用工作的目的和工作重点应有所不同。在利用专利信息服务科研立项、技术研发、人才引进、市场开拓或风险规避等方面，企业提前进行准确、恰当的筛选和定位，对提高专利信息利用工作的价值和效率具有重要意义。企业确定好专利信息利用工作的定位后，就需要构建适合于自身的专利信息利用体系。完善的制度与流程是企业应对风险的有力抓手。

根据世界知识产权组织的调查显示，善于利用专利信息，可以缩短60%的研发时间，节省40%的研发经费。由此可见，构建适合于本企业的专利信息利用体系，完善的制度与流程是企业应对研发、创新风险的有力抓手。

（7）建立知识产权管理机制

企业应根据当前知识产权状况和掌握的知识产权信息，结合发展情况设立知识产权管理部门，配备知识产权管理人员，将知识产权作为企业资产进行管理，核算一定比例经费作为知识产权管理投入，设置知识产权工作管理制度，建立知识产权部门与研发部门、管理部门协同决策机制。

（8）建立知识产权管理平台

知识产权管理平台包含政策信息、行业动态、知识产权动态、竞争对手情报、产业导航等模块，对企业自身知识产权按照类型进行动态监测，并进行分层管理，建立内部评价机制，能够掌握企业知识产权状况，平台将各类信息在定期跟踪后应将有价值信息归类，如重要的行业动态及竞争对手技术情报等，应及时推送给决策部门及研发部门。

（9）分阶段开展专利信息利用工作

企业建立初期，为建立知识产权体系，充实专利数量，专利信息利用工作应以为研发提供参考为主；企业处在发展阶段，为寻求技术创新，专利信息利用工作应以避免重复研发，做好专利布局为主；企业处在平稳阶段，为规避风险，专利信息利用工作应以侵权预警为主；企业进行重组、上市、并购等商业活动，专利信息利用工作为价值评估。总之，专利信息利用工作围绕解决与企业发展阶段所面临的最密切问题，应该将专利信息利用工作融入企业日常业务经营全流程。

四、专利信息检索和分析方法简介

有效利用专利信息的首要任务就是做好专利检索。专利检索是一项复杂的工作,通过具体检索式和检索策略从海量数据中获取有价值的专利信息。但有价值的专利信息是很难全面检索或准确检索到的,有时是一种可遇而不可求的事情。

1. 影响专利信息检索的因素

专利检索系统如专利数据库和专利检索软件是进行专利检索的基础。另外,专利检索还取决于检索者的技术知识、能力及经验,检索者能否明确检索目的,能否熟练使用专利检索系统,能否精确构建检索策略等都是影响检索结果的因素。在某些企业中,负责专利检索的通常为知识产权管理人员,其检索能力普遍欠缺,企业应该开展普及性及专业类培训,提高企业人员尤其是专利信息利用人员的检索能力。

2. 检索方法简介

专利检索可根据目的不同分成诸多类型,需根据实际需求确定,常见的类型见下表。根据不同检索类型确定检索主题,如产品、方法、设备,之后再确定检索入口及要素。检索入口根据不同检索类型确定,检索要素通常包含关键词、分类号、化学结构式等,结合数据库特点选定检索系统及数据库,组合运用检索要素,不断调整检索策略,达到快速检索到目标信息的目的。

不同检索类型适用对比

检索类型	检索目的	适用情形
技术信息检索	找到某一技术主题相关的专利文献	1. 定量分析 2. 洞察技术发展趋势,预测技术发展动向 3. 避免重复研究和开发 4. 寻求技术解决方案

(续表)

检索类型	检索目的	适用情形
查新检索	对已申请专利但尚未授权的技术或尚未申请专利的技术进行世界范围的专利检索和非专利文献检索,评价该技术的新颖性和创造性,确定授权前景及改进的方向	1. 预判授权前景 2. 立项 3. 申请优先审查 4. 评奖
授权专利检索	对已经授权的专利进行检索,评价该专利的新颖性和创造性	1. 评估专利的稳定性 2. 发起侵权诉讼,提出专利权无效宣告
同族专利检索	查找具有相同主题的技术在哪些国家或地区申请了专利	1. 确定某一技术的区域保护范围 2. 产品出口决策
法律状态检索	查询某一专利或专利申请的法律状态,得到专利目前是否真实有效、失效日期、专利权人变更及保护期限等信息	1. 专利许可、转让、资产评估等 2. 专利侵权诉讼
相关人检索	查找某一申请人、专利权人或发明人的全部专利	1. 竞争情报 2. 人才引进 3. 技术引进
跟踪检索	对某技术、某企业的国内外专利进行定期检索	了解相关技术的发展动向

3. 分析方法及工作流程

专利检索更适用于具体技术方案的检索,如避免侵权、避免重复研发、查看授权前景、立项等,目的性较强,实际过程中,企业往往需要获知所处技术领域的全局情况、领域内技术更迭情况,寻找替代技术,布局领域空白,涉足新领域前预判等,解决这些问题单一检索无法实现,需要通过对专利信息进行分析处理得出某些结论。如果把专利检索看成是发现一点一点的信息,而专利信息分析则是把这些星星点点信息串联、归纳总结起来,找出内在本质,即通过这些散乱的信息,总结出有价值的情报。因此,专利信息分析也叫情报分析。

专利分析是通过对数据进行专业分析,或利用特定分析工具和专业的信息分析人员,将专利信息中蕴含的法律、经济、技术等信息进行统计或透视、抽象后,形成相应的图表或模型,透过图表或模型发现特定视角的关联,由表及里地挖掘出现象背后的商业情报，形成对企业的生产经营决策有参考意义的报告，这是专利信息分析工作的目的所在，也是专利信息利用价值的体现。

3.1 专利信息分析方法

详细的专利分析是保障企业技术竞争领先的有效措施和得力手段，成为企业技术创新的重要内容，是企业获取竞争优势的重要手段。专利信息分析通过对来自专利说明书、专利公报中大量的、个别的专利信息进行加工及组合，并利用统计方法或技术手段使这些信息具有纵览全局及预测的功能，并且通过分析将原始的专利信息从量变到质变，使它们由普通的信息上升为企业经营活动中有价值的情报。

专利信息分析方法是以文献计量学为基础、借助于其他学科的知识和有关工具而进行的。以前，专利信息分析主要是手工从专利文献中抽取大量的专利信息，利用有关统计方法，结合行业经验进行分析处理、探索隐藏在专利文献背后的情报，来为企业技术创新管理的决策服务。因此当时的主要分析方法有原文分析法、简单统计分析法、以简单统计为基础的图表法、动态矢量法等。

(1) 原文分析法

通过检索竞争对手企业的专利说明书，对其进行仔细阅读，认真分析来掌握竞争对手新产品新技术的开发特点，包括寻找空隙法、技术改进法、技术综合法和专利技术原理法。

(2) 简单统计分析

按照专利发明人、专利申请人、专利分类号和专利文献的数量分别进行统计分析。通过对相关情况的统计分析，能够了解各国科技进步的现状、技术研究兴趣或热点的转移情况、能在一定程度上摸清当前技术发明人的注意力以及该项技术领域发展的趋向、可以看出在某一技术领域的竞争情况，甚至可以判断出最活跃的领域。

(3) 组配统计分析

通过对专利统计中专利分类号、专利权人、专利申请日（授权公布日）和专利申请国进行组配统计，由此获得各种统计信息，然后对这些统计信息进行分析。

(4) 关键词频统计

①删除重复申请的专利，然后从专利权项、摘要和标题中抽取若干带有技术概念的关键词；②对关键词的频数进行统计；③对出现概率比较高的关键词进行逻辑组配，进行技术概念的再理解。

(5) 技术细分后再统计

按等级树原则对某一技术进行技术细分展开，对其下位概念逐项进行统计。

(6) 指标变化图表和技术动态及特性比较表

技术动态及特性表主要用来从技术领域、产品的某些功能等角度，反映不同年度和不同企业申请专利的技术动态和特性，从而比较诸企业的技术开发趋势和方向，主要形式有：企业在不同年度、不同技术领域中技术开发比较，不同科研选题的比较、不同企业不同科研选题比较，各种因素之间的回归分析。

(7) 矢量动态模型法

专利文献除反映科学技术的量变关系外，还隐含着科技发展的方向。因此借用矢量的概念来加以表示。应用矢量模型法就是把统计的动态数据实行矢量模型化，尔后对科学发展动向加以评价和预测。

(8) 专利引文分析法

对专利文献引用参考文献的现象进行分析研究，揭示其数量特征和内存规律，并据此进行技术发展趋势的评价。

(9) 专题资料分析法

所谓"专题资料分析法"，就是根据专利文献在国际发明分类表中的分散性，对某专题文献资料的地理分布、研究内容等进行排列组合和分析研究，从中预测世界上创造发明活动最活跃的国家以及侧重研究的领域等。

3.2 专利信息分析工作流程

首先，进行背景调研，了解技术发展历程，掌握技术发展现状，综合政策、市场、行业信息等,确定整体分析方向。调研方式有资料收集、实地调研、问卷调查、专家咨询,调研内容有技术发展历程、行业发展历史与现状、产业链构成、国内外市场、国内外主要企业、政策信息等。

其次,进行技术分解、数据检索,对技术进一步细化和分类,界定专利分析范围,决定专利分析研究框架。检索是一个反复的过程,需要不断对检索结果进行评估,调整检索策略及去噪处理。

再次,进行数据处理,数据标引的规范性对后续分析结论准确性至关重要。这个阶段通常要针对申请人进行合并处理,对数据进行清洗。

最后,进行统计分析,根据具体分析目的选择多种分析维度,通过对专利的申请数量和年代的统计分析得出该领域技术的总体发展历程和发展趋势。

经过以上分析,基本上完成了宏观分析流程。而微观分析的目的通常是具体化的,要在宏观分析基础上继续分析。如解决技术瓶颈,需要通过分析技术路线,比较各主要申请人对于解决技术瓶颈所采取的方法,以及是否存在可替代方案等,才能得出相应结论,需要领域内具备专业技术的人员进行专业分析。

专利分析的成果通常以报告的形式体现,报告需要结合市场产业信息进行撰写,专利信息分析能够让复杂的信息简单化,能够形象、动态地呈现信息之间的关联,有利于企业进行决策。

4. 检索用的数据资源

4.1 公共资源

专利信息的公共资源很多,包括各国公开的专利数据。常用的公共资源一般有下述几种。

①国家知识产权局

国家知识产权局的网址为:www.cnipa.gov.cn。可以通过主页政务服务平台进入专利检索及分析系统。国家知识产权局的专利检索及分析系统支持7种语言版本,专利检索子系统基于丰富的专利数据资源提供多种检索模式和浏览模式。专利分析子系统针对不同层次的用户提供专业化、智能化的分析方式。

该系统主要功能有常规检索、表格检索、药物专题检索、检索历史、检索结果浏览、文献浏览、批量下载等；分析功能包括快速分析、定制分析、高级分析、生成分析报告等。该系统需要注册后才能使用专利检索、专利分析的基本功能。

②美国专利商标局

美国专利商标局的网址为：www.uspto.gov，其收录了美国专利说明书、专利公报、专利分类、专利法律状态及其他信息，数据库繁多。包括如下几个主要数据库：

授权专利数据库可检索和浏览自1790年到最近一周公开日公开的美国专利文献，其可通过55种检索入口检索。

专利申请公开数据库可以查询自2001年3月15日美国专利商标局开始公开专利申请文献，包括发明专利申请及植物专利申请，可通过38种检索入口检索。

专利权转移数据库可以查询1980年以来的美国专利出让与授让信息。

美国法律状态数据库可以查询申请案数据、法律程序、继续申请数据、刊载文献情况、缴费查询、代理人/代理机构联系地址等。

③欧洲专利局

欧洲专利局的网址为：www.epo.org。欧洲专利局（EPO）网站上提供的专利信息资源包括本局、其他国家及组织出版的专利文献。包括Espacenet数据检索系统、European Patent Register欧洲专利申请公布信息数据库、IPscore专利组合评估管理数据库及各类服务平台。Espacenet数据检索系统中worldwide数据库收录了世界范围内超过100个国家的1.1亿件专利文献，时间跨度从19世纪至今，可以进行智能检索、高级检索，辅助有检索样例，便于检索人员快速使用该系统。European Patent Register欧洲专利申请公布信息数据库可以查询欧洲专利数据的审查信息、同族信息、法律状态等。

④韩国专利局

韩国专利局的网址为：eng.kipris.or.kr。该网站由韩国知识产权信息中心建立，可以检索专利、外观设计、商标，收录1948年至今的专利及外观数据，收录 1950 年至今的商标数据，韩国专利局制作操作视频提供详细的检索帮助，检索界面友好。

⑤日本专利局

日本专利局的网址为：www.jpo.go.jp。其可以检索到 1885 年以来公布的日本专利、实用新型和外观设计电子文献，检索系统提供英文和日文两种版本，可以进行号码检索、分类检索、文本检索等，可以进行日本专利法律状态的查询，检索时注意进行年代换算，同时注意日本专利局为使用计算机检索而建立的独特的 FI/F-term 分类体系。

⑥世界知识产权组织（WIPO）

WIPO 专利数据库的网址为：patentscope2.wipo.int。通过该 PATENTSCOPE 数据库，可以检索到从《专利合作条约》国际申请公布之日起的专利全文信息，也可以对国家和地区参与专利局的专利文献进行查询。PATENTSCOPE 数据库的检索入口较多，在检索信息时，可以使用多种文字输入关键字以及申请人名称、国际专利分类号等许多其他检索条件。

4.2 商业资源

商业资源是指商业数据库，需要付费使用，国外开展商业数据库资源建设较早。例如，德温特世界专利索引数据库，始创于 1963 年，数据涵盖来自全球 48 个专利授权机构及 2 个防御性公开的非专利文献，通过对标题、摘要进行改写，对重要著录项目信息进行校正，遵循一致的分类原则，以实现准确、具有相关性的信息检索，这也是该数据库费用较高的原因。

随着对专利数据应用的发展，国内不少公司也进行了数据库系统的开发，通过购买账号的形式进行使用，收费标准不同，服务体验、使用方法、包含数据资源各不同，能够满足各类检索要求的程度也不相同，企业可以根据使用需求、自身目的及购买数据资源的经费情况加以采购，也可采取多种数据库互相补充的方式。

企业可以根据所处的行业定制数据库，也可以根据关注的技术领域定制技术分支数据库。技术分支可以是行业内成熟的技术分支划分体系，也可以是企业研发人员对技术的分支划分。数据库服务方应该具有数据标引的能力，装入的数据需全部经过筛选，然后再呈现出来。这样，才能够节省使用者选择数据的时间，使检索到的数据更加准确。同时数据库可以开发个性化功能，如检索、分析、统计、数据合并更新等功能。

4.3 专利信息服务

目前市场上多数的资深专利服务机构能够提供专利信息服务，另外，还有世界知识产权组织和国家知识产权局设立的技术与创新支持中心（WIPO-TISC）、国家知识产权局或各省知识产权局设立的高校信息服务中心、信息服务网点等均能够提供专业的信息服务。这些信息服务机构可以根据企业需求定制相关服务，一些专业的服务机构具备各类相关专业数据库，针对客户需求能够匹配完善的咨询服务方案，并且能够联系相关法律资源，为企业提供专业化的服务。

专利代理机构早期介入科技创新研发进程，对把握科技创新方向，促进创新研发进程，提高专利文件质量，拓宽专利保护范围，提高专利保护水平，提高专利转化效率等具有重要的现实意义。具体地讲，专利代理机构早期介入科技创新研发进程，有助于科技创新主体更早地确定和评价研发方向、研发策略；能够更早地厘清专利保护与技术秘密的关系；对于采用专利保护不是最佳方案的科技创新成果，更早地采取针对性的保护措施，如对相关人员、设施设备、技术资料等采取更恰当的保密处置措施；更有助于科技创新主体及时地调整研发策略、研发路径，更恰当地选择研发合作伙伴，以及及时地对研发成果选择恰当的保护方式等；能够有助于科技创新主体及时地评估科技创新成果；能够更及时地确定专利保护的方式，如保护地域、保护时间、保护范围等；能够更有效地进行专利转化行为，如专利权利转让、专利技术实施许可、专利技术产业化等。

五、常用专利分析利用的类型

1. 预警类分析

1.1 专利预警的作用

专利预警是指在全面、准确的专利信息检索工作基础上，对相关产品或技术的研发、生产（使用）、上市交易等行为可能存在的重复研发风险、投资风险、侵权风险等进行警示，并提供可能的规避或实施建议的专利信息分析利用工作。专利预警的类型主要包括：研发风险预警、生产风险预警和市场风险预警等。

专利风险预警可以帮助企业分析竞争对手的关键专利，了解自身产品上市或出口是否可能侵权，从而为企业规避风险和损失。通过分析竞争对手专利及产品信息，了解自身专利被侵权的可能，进而通过防御、许可、转让、诉讼等方式实现自身专利潜在价值。

1.2 狭义专利预警

专利风险落实到微观层面，具体到利益主体，最主要的就是专利侵权风险，日常所说的专利侵权风险预警通常是狭义专利预警。是否侵权，是技术实施运用主体最关心和最直接的利益问题。从这个角度就产生了对专利预警最基本、最朴素、其实也是最核心的分析，即对产品或方法是否存在侵犯专利权的风险进行预警。专利侵权预警具有明确的指向性，它仅仅以分析和预测具体的市场行为涉及的技术实施或产品销售等一系列行为是否存在侵犯他人专利权的风险为目标，其一般由企业等微观市场主体在具体的生产、销售、出口、参展等产业化阶段实施，不涉及对其他阶段或方面专利风险的预警。这种专利预警的结果往往只以避免损失为目标，一般不会带来额外的附加信息价值。而从理论上来说，凡将专利预警理解为对某一种或有限的几种特定风险类型的预警都属于狭义专利预警。

1.3 广义专利预警

从上面的分析可见，狭义专利预警主要从微观层面上分析具体的侵权风险，而这种风险仅仅是众多专利风险类型中的一种。如果将预警工作囿于这样的小范围，则难以发挥专利预警在技术创新、市场拓展中对不同层面、不同类型的主体的作用。为此，应当从系统论的角度全面理解和阐释专利预警的内涵。

专利风险的首要特征就是其普遍性，这种普遍性无论表现在宏观层面上

（国家、区域、行业等）还是微观层面上（企业、科研院所、使用者、销售者等）都会面临专利风险，而这种风险也广泛存在于专利技术的创造、专利申请布局、专利实施和运用以及专利管理等环节；而且，风险不仅来自外部，也来自内部，也就是说，在时间空间和技术等不同纬度上，国家、地区、行业和企业、使用者、销售者等都面临着侵权专利风险。

专利风险的这种普遍性特征决定了专利预警工作应当立足专利信息分析，同时敏锐地捕捉相关信息，并将专利信息置于技术创新、市场演变和产业革新的广阔背景之中，以全面而宽广的视角，从最广泛的角度去分析和预测专利风险，并以系统、科学的方法对风险进行评估，进而提出抗御风险、化解危机的对策，尽力使各种专利风险处于可防、可控的状态，并不断以内生力量扭转专利风险态势，化危为机。这就是广义的专利预警。

2. 导航类分析

专利一端连接着技术，另一端连接着市场，专利是利用法律把技术和市场连接起来。在专利权控制着市场的同时，专利文献传递着权利人的技术信息、法律信息和市场信息。专利导航（也可以更广泛地称为专利信息分析）通过对这些信息的深度挖掘，全景式地揭示出产业的发展状况，系统化地指引产业的发展方向、特定企业的技术研发、专利布局和运营等。因此，专利导航在充分发挥专利制度功能的基础上，可以实现对产业及企业更高层次的、更系统化的创新创业指引，是高级专利运营所必备的技术手段。

2021 年 6 月 1 日，国家市场监督管理总局、国家标准化管理委员会联合发布的推荐性国家标准《专利导航指南》（GB/T 39551—2020）指出，专利导航是在我国深化创新驱动发展中，基于产业发展和技术创新的需求，在充分运用专利信息资源方面总结出的一系列新理念、新机制、新方法和新模式。

2.1 专利导航的定义

专利导航，是指在宏观决策、产业规划、企业经营和创新活动中，以专利数据为核心深度融合各类数据资源，全景式分析区域发展定位、产业竞争格局、企业经营决策和技术创新方向，服务创新资源有效配置，提高决策精准度和科学性的新型专利信息应用模式。

根据不同的应用区域、应用领域、服务内容等，专利导航可被划分为区域规划类专利导航、产业规划类专利导航、企业经营类专利导航、研发活动类专利导航和人才管理类专利导航。实际工作中，前两种导航聚焦产业或区域经济发展，可以统称为产业规划类专利导航；后者聚焦企业专利资产的获取和价值实现，以及由此实现创新创业，可以统称为企业运营类专利导航。

2.2 产业规划类专利导航

产业规划类专利导航，是指支撑产业创新发展规划决策的专利导航，具体的导航内容可分为：产业发展方向分析、区域的产业发展定位分析和区域的产业发展路径导航分析。

2.3 企业经营类专利导航

企业经营类专利导航，是指支撑企业投资并购、上市、技术创新、产品开发等经营活动决策的专利导航。具体的导航项目可分为：以投资并购对象遴选为目标的专利导航、以投资并购对象评估为目标的专利导航、以企业上市准备为目标的专利导航、以技术合作开发为目标的专利导航、以技术引进为目标的专利导航和以企业产品开发为目标的专利导航。

2.4 研发活动类专利导航

研发活动类专利导航，是指支撑研发立项评价、辅助研发过程决策的专利导航。具体的导航项目可分为：评价研发立项的专利导航和辅助研发过程的专利导航。

2.5 人才管理类专利导航

人才管理类专利导航，是指支撑人才遴选、人才评价等人才管理决策的专利导航。具体的导航项目可分为：以人才遴选为目标的专利导航和以人才评价为目标的专利导航。

第三章　专利权的形成

一、专利的创造

在以知识经济为核心的 21 世纪，我国的科技与经济发展正处在一个转折点上，科技创新和产业结构的调整与优化已经成为我国市场经济进一步发展的重要主题。以 2008 年国务院办公厅印发的《国家知识产权战略纲要》、2021 年中共中央、国务院印发的《知识产权强国建设纲要（2021—2035 年）》及 2021 年国务院印发的《"十四五"国家知识产权保护和运用规划》为重要标志，我国以专利保护为核心的知识产权保护水平达到了前所未有的新高度。

科技创新是专利保护的前提，是专利事业发展的根基。专利创造是利用专利制度保护科技创新成果的基础。专利保护是科技创新的推动力量，是科技创新成果市场价值实现的优选途径。

1. 用好专利制度开拓国内外市场

专利制度是市场经济的产物，专利权是法律赋予的保护技术创新者独占市场的权利，因此申请专利的终极目的是保护扩大市场占有率，获得较多的利益或利润，从而才能进一步促进专利权人和整个社会的科技创新。因此，不但要进行技术创新，而且要申请专利，并使申请的专利要能够保护相应的技术，进而巩固扩大市场。不以保护技术创新、不以通过保护技术创新去巩固开拓市场为目的的专利，都违背了专利制度的初衷。

目前，世界经济正朝着全球化竞争加速前进，因而在将自己的技术创新成果申请中国专利保护的同时，还应在该技术或产品的预出口国家或其他有市场前景的国家申请专利保护。因为专利文献是世界范围内公开的，而专利保护是有地域性的，在哪个国家获得专利授权只能在该国家法律管辖地域内受到保护，所以申请国外专利对于取得国际市场竞争的主动权是非常重要的。

市场风云变幻，技术日新月异；只有创新产品才能够经得住市场考验，其背后相关的专利才能实现价值，市场是衡量专利价值的试金石。不为市场保护而盲目地进行专利申请，专利只会沦为束之高阁的文件档案。尊重市场，分析预判市场发展方向，根据市场需求，主动进行专利开发，有规划地进行专利申请和市场保护，才能发挥专利的最大价值，获取市场竞争优势。

2. 利用专利信息促进技术创新

专利制度具有两大功能：一是通过公开技术内容换取法律保护，即所谓的以"公开换保护"；二是公开并传播专利信息，通过促进专利信息的有效传播和利用来不断提升创新水平，进而促进经济发展。

专利信息是专利制度运行的载体。信息经济学大师肯尼思·阿罗指出，信息的作用正在改变经济的性质。如今，知识资源与信息资源是最主要的智力资源，尤其是基于创新、体现产权的专利信息资源，包含独特的"专利情报""市场情报"与"创新情报"，已越来越体现出高附加值、不可替代、支撑经济可持续发展的战略资源特征。

世界知识产权组织的研究结果表明，全世界最新的发明创新信息，90%以上首先是通过专利文献反映出来的。在新技术、新产品研究开发工作中，应首先进行专利文献检索，目的就是防止侵犯他人专利权，对于已有专利在先的技术应当避开；根据检索出的对比文献，可以清楚地了解本领域技术发展现状及最新发展趋势，以便在高起点上确定研究课题和产品开发方向，防止低水平重复研究，造成科研资金和资源的浪费。实践证明，在创新研究、开发的过程中，用好专利文献，可节约40%的科研开发经费和60%的研究开发时间，这是一条捷径。专利信息是个巨大的信息资源宝库，等待着我们的科研人员去挖掘、去利用。有条件的企事业单位，都应当根据自己所从事的技术领域或专业，建立起自己的专利文献数据库，跟踪国内外技术发展的最新动态，使科研人员能够随时检索到所需要的技术信息，抢占本领域技术创新的制高点。

3. 正确选择创新成果保护方式、及时申请专利

科技研发人员的创新成果如何得到恰当的专利保护，是关系科技创新价值实现的重要问题，技术秘密和专利是科技创新成果的主要保护方式。

技术秘密具有不必公开技术内容、无需缴纳费用、无地域限制、永不过期等特点，但也具有法律保护要求的标准较高（必须采取保密措施且技术内容必须能够保密）、界定难度大、法律保护难度较大等缺点，通常也不能通过技术贸易等方式实现创新成果的经济价值。

专利制度为保护科技创新成果提供了明确、有力的法律保证。但通过专利保护，也存在诸多限制，如：必须将技术内容向社会公众公开、每年支付专利维持费用，有保护地域、有保护期限（我国的发明、实用新型和外观设计专利的保护期分别为20年、10年和15年）等限制，而且专利申请还存在最终不被授予专利权的风险。

搞技术创新、进行产品开发要投入资金、人力和设备等，高新技术开发更需要有大量的投入和承担多次不成功的高风险。因此，只有申请专利等知识产权保护，才能享有对自己的技术创新成果的独占权，收回研发成本，实现用技术创新创造经济价值。当技术创新成果或新产品开发进行到形成可实施的技术方案时，就应及时申请专利，并取得专利授权，只有在这时，专利的主体才具有了市场竞争的主动权。如果是技术水平较高的技术创新成果（如拓荒型专利技术），除应申请基础专利外，还应将基础专利技术周围的相关技术申请一系列的相关专利，以形成专利保护网。如果一项产品专利是基本的核心技术，那么对该产品的加工工艺、制造该产品的新材料、生产该产品的专用设备、甚至检验方法及设备等都应申请专利保护，形成专利保护网，这样才会对技术对市场形成严密的、强有力的保护。

对于科技创新成果,是采取技术秘密保护,还是采用专利保护,可由创新主体根据创新成果的性质以及上述两种保护方式的特点自主选择。

4. 做好专利布局

4.1 专利布局的层次

专利布局就是专利的排兵布阵,包括单个专利的权利要求布局(质量布局)和专利数量布局两种布局方式,好的专利布局应该是两种方式的结合。

单个专利的权利要求布局我们也可以称为专利质量布局,是指申请某件专利时,要充分研究吃透技术方案,挖掘出多个创新点,围绕这些创新点进行专利的权利要求布局。一个国家内没有两篇完全相同的专利,申请专利时,要牢记一点,专利是通过保护技术而占领市场的,而不是仅仅公开技术本身,因此单个专利的权利要求布局对保护技术方案非常重要。如是否有一个创新点是实施该技术方案不可能绕开的技术特征,或者研究这些创新点能否可以作为单独的必要技术特征形成不同的技术方案,而进行单项独权或多项独权的权利布局。

专利数量布局是指用多项专利进行布阵,包括利用同族专利进行国际专利布局。申请人可以综合产业、市场和法律等因素,将不同的专利进行有机结合,以涵盖利害相关的时间、地域、技术和产品等维度,构建严密高效的专利保护网,最终形成对自身有利的专利组合格局。作为专利数量布局的成果,企业的专利组合应该具备一定的数量规模,保护层级分明、范围交连、功效齐备,使竞争对手不能逾越,从而获得在特定领域的专利竞争优势。

专利布局时,主要要考虑自己是跟随者还是领跑者。笔者认为技术创新与专利,可以分成几个层次,第一层次是拓荒型专利,这种专利可遇不可求,往往是科学家们的科研成果,它们是开拓性的,前所未有的,像是在荒漠中开出的一片新天地。但此时的发明可能仅仅是一个想法或实验室的学术研究,它可能还远离实际应用。这种专利一旦形成,其威力应该堪比核弹,其权利要求必须进行全面覆盖,让侵权者难逃法网。

第二个层次是在上述专利思想的基础上进行的工业化实现,这种工业化的实现虽然不再是可遇不可求的科学研究，但同样需要大量的研发投入和高端的研发人员，所以也不是一般企业能够做到的。此时的专利属于实现型专利，它把科学想法变成工业应用，此时的产品将引领一个时代。如个人计算机的出现，改变了人类的工作和生活，其出现的前些年的专利价值最高，利润最大。这种专利也必须全面地保护这种实现的方案，需要用多种多个专利布局把这种方案严格保护，甚至还需要用其他专利布局把其他路径堵死。如果堵不死，就可能有他人在您投产的同时，另辟蹊径，形成不同标准的竞争。

第三个层次是在第二层次已经工业化的基础上进行的优化，笔者认为我国较为领先的技术如高铁、手机等都属于这个层次。此时不应该算是另辟蹊径，而是对产品进行优化或者完善，即使有另辟蹊径，也可能是在别人优化的基础上的另有优化方案。此时，已有大批企业开始进入市场，并且会纷纷申请专利，这些企业都是跟随型的企业，创新是跟随型创新，此时会有大批量专利产生。如华为在2010年前后的一段时间内，还属于智能手机的跟随型企业，他们的年专利申请量比河北全省的年专利申请量还多。这个时候的专利布局必须是有则申请、能申请则申请。

到第四个层次时，更需要大量专利，但此时较大创新的专利已经很难产生。此层次针对市场来说，供应已经基本饱和，但人们都已对这种产品有了高度认知和认同，在一段时期之内或者在未出现替代品之前，市场需求量是巨大的，此时还会有大批企业为逐利而进入市场，但产生的专利的保护水平已经不高，或者很容易绕开或者能够用其他已有或未知路径实现。但此时仍需大量申请专利，即使是小改小革型的专利也要申请，因为此时市场竞争已非常激烈。我们周围的企业有好多属于此种类型的企业，因此只能用蚂蚁战术与先行者抗争。

第五个层次属于衰落期，或者有新的替代品或技术革命出现，此时供应市场的企业会难以为继或苦苦挣扎，此时利润已经很薄，有远见或有实力的企业已经转战其他产品市场。此时专利数量会大幅度减少，竞争对手之间会用手中已有的专利来打击限制竞争对手，此时的专利维权诉讼可能会很多。此时如果有革新，也必须要申请专利，否则下一个倒下退出市场的就可能是你。

企业进行专利布局通常会涉及四个主要的部门或内部主体，包括知识产权管理部门、公司管理层、市场部门和技术研发部门。其中，知识产权管理部门是管理层决策的参谋，是市场部门和技术研发部门的向导，在整个专利布局过程中起着重要的主导和推动作用。

4.2 拓展创新成果保护范围

通常情况下，科技创新研发人员更擅长在自身熟知的技术领域或技术分支进行日常的研发工作，而对于相关技术领域、相关产业链配套、创新成果保护种类和保护方式等却相对缺乏认知和了解。而以专利代理师为代表的专利从业者更擅长在专利布局、专利挖掘、专利文件撰写、审查意见答复、专利复审、专利权无效宣告、专利诉讼、专利转化等过程中发挥作用。从业时间长、有经验的专利师往往不仅了解一个专业、一个领域的技术，而是了解多个领域的技术。因此，专利师对专利布局的研究和经验更多，往往考虑得更加全面。在以创新成果价值实现为目标的专利布局思想指导下，科技创新的方向、角度、路径等均可能得以获得极大的拓展，并可能据此得到更多的、质量更高的、更可能获得法律保护的技术创新成果。

例如，在机械制造领域，研发人员常常想到的是对特定机械部件结构的研发成果进行专利保护，如果在专利布局思想指导下，专利师和研发人员、高层经营管理人员、市场人员一起对技术进行深度挖掘开发，使科技创新有可能拓展至其他技术领域或进行更高水平的创新。如，该部件是否可利用特定材料制作进而具有特定功能，不同的制造工艺是否可能对该部件产生影响，该部件的特定功能是否可通过相似结构的部件实现，该部件在其他技术领域或技术分支是否具有其他功能，是否可用于制造具有其他功能的机械，这些研发方向可能获得的创新成果均属于专利保护的对象，进而可能获得具有潜在市场价值的科技创新成果和专利技术。

又如，在生物医药领域，研发人员常常想到对特定药物结构、制备工艺等研发成果进行专利保护，但如果在专利布局思想指导下，研发人员的科技创新成果则可能在药物结构、制备工艺、原材料及其制备工艺、相关设备、检测方法、医药和食品领域新用途等方面进行适当的拓展，基于一次科技创新活动可能会获得更多的专利权。

4.3 做好专利布局维护市场核心竞争力

为了市场开拓、维护市场核心竞争力等目的，科技创新主体和市场主体可从专利保护时间、专利保护地域、专利组合等角度进行专利布局。另外，专利布局应根据整个市场的专利状况、自身的专利状况，包括自身财力、人力以及相关因素的综合考虑。

（1）专利保护时间布局

根据作为科技创新成果的专利产品或专利技术进入市场的时机，有机会、分批次地进行专利保护，可为相关专利产品或专利技术更持久地占领市场提供可能。例如，专利延迟公开、延迟授权时间的专利布局策略可尽量拖延相关技术方案被竞争对手获知的时间，推迟竞争对手在相关专利中获得技术启示等，进而在市场竞争中处于更加主动的地位。又如，为使科技创新成果尽快获得有效的专利保护，专利申请人也可以寻求提前公开、专利预审、优先审查等缩短专利审查时间的保护策略。在专利申请、授权时间方面进行合理规划，可以满足不同技术领域的技术发展特点以及各类型科技创新成果不同层次的保护需求。

（2）专利保护地域布局

根据专利产品或专利技术预期可能进入的目标国家分布情况及各个国家或地区的专利审批、保护实际，合理利用巴黎公约途径、PCT途径将相关专利或专利组合选择进入各个目标国家或地区，可为相关专利产品或专利技术开拓和占领国际市场提供良好的知识产权保护环境。

（3）专利组合布局

根据科技创新成果数量、关联程度、后续开发难度等，尽可能为相关产品或技术主动布局多项专利，为防止竞争对手规避专利技术方案、延长专利保护时间等提供解决方案。

4.4 专利布局的模式举例

专利布局没有固定模式或套路可循。好的专利布局需要专利师和发明人、市场人员、高层经营人员仔细研究，预测未来的技术发展方向、市场变化情况、侵权时可能发生的情况等等，从而在未来之路上尽可能着子布雷，构筑堡垒，从战略高度和具体战术方法方面形成用技术占领市场的格局。下面说到的这些用多个专利布局的模式，是专利界前辈提出的一些专利布局方式（有bilibili的网络文章《业内今日报》，说是瑞典Ove Granstrand教授提出的），我们解释后供各位读者参考。

① 路障式布局

路障式布局是指将实现某一技术目标之必需的一种或几种技术解决方案申请专利，形成路障式专利的布局模式。

路障式布局的优点是申请与维护成本较低，但缺点是会给竞争者绕过己方所设置的障碍留下了一定的空间，竞争者有机会通过回避设计突破障碍，而且在己方专利的启发下，竞争者研发成本较低。因此，只有当技术解决方案是实现某一技术主题目标所必需的，竞争者很难绕开，规避设计必须投入大量的人力财力时，才适宜用这种模式。因此，申请专利时，仔细研究技术方案，找到不可逾越或绕开的创新点和技术方案是进行专利保护或阻挡通道的前提。

采用这种模式进行布局的申请人还必须对某特定技术领域的创新状况有比较全面、准确地把握，特别是对竞争者的创新能力有较多的了解和认识。该模式的布局策略较为适合技术领先型企业在阻击竞争对手或跟随者时所使用。

② 篱笆式布局

篱笆式布局是指在核心专利周围、将实现该专利技术目标的所有设计方案全部申请专利，包括可能规避最佳方案的其他方案，形成篱笆式系列专利的布局模式。

篱笆式布局可以抵御竞争者侵入自己的技术领地，不给竞争者进行规避设计和寻找替代方案的任何空间。

当围绕某一个技术主题有多种不同的技术解决方案，每种方案都能够达到类似的功能和效果时，就可以使用这种布局模式形成一道围墙，不给竞争者留下任何可通过的缝隙。但这种布局模式需要花费较高的专利申请及维护成本。

③ 地毯式布局

地毯式布局是指将实现某一技术目标的所有技术解决方案全部申请专利，

形成地毯式专利网的布局模式。这种专利布局，可能更适用于对他人的核心专利的围攻，利用狼群战术，密集布雷，使核心专利的持有者没法实施自己的技术，逼迫其专利许可。

这是一种"宁可错置一千，不可漏过一件"的布局模式。采用这种布局时，往往需要深度的专利挖掘，尽量获得大量的专利，围绕某一技术主题形成密集的专利网，因而能够有效地保护自己的技术，阻止或者妨碍竞争者进入。一旦竞争者进入，即可以通过专利诉讼、交叉许可等方式逼其就范。但是，这种布局模式的缺点是需要大量资金以及研发人力的配合，投入成本高，并且在缺乏系统的布局策略时容易演变成为专利而专利，容易出现专利泛滥却无法发挥预期效果的情形。

这种专利布局模式比较适合在某一技术领域内拥有较强的研发实力，各种研发方向都有研发成果产生，且期望快速与技术领先企业相抗衡的企业在专利网策略中使用，也适用于专利产出较多的电子或半导体行业，但不太适用于医药、生物或化工类行业。

④丛林式专利布局

丛林式专利布局也有人称为糖衣式，就像糖衣一样与基础专利如影随形，就像大树周围的丛林一样环绕在基础专利的四周，进不来也出不去。此种布局可以分成两种情况：一是基础性专利掌握在竞争对手的手中，那么就可以针对该专利技术申请大量的外围专利，用多个外围专利来包围竞争对手的基础专利，就像大树周围的灌木丛一样。这样就可以有效地阻遏竞争对手的基础专利向四周拓展，从而极大地削弱对手基础专利的价值。必要的时候，还可以通过与竞争对手的专利交叉许可来换取对手的基础专利的授权。二是当基础专利掌握在我们手中的时候，就不要忘了在自己的基础专利周围抢先布置丛林专利，把自己的基础专利严密地保护起来，不给对手实施这种专利布局的机会。这种布局方式可以是路障式布局的变形，或者严密的路障就形成了丛林布局。

至于如何进行专利布局，是要根据整个市场的专利状况、自身的专利状况，包括自身财力、人力以及相关因素综合考虑。前述各种专利布局之间可以进行各种组合或变形，从而形成一个专利防护网。但无论如何，专利布局是

"没有最好,只有更好"。优质的专利防护网应该具有严密、有层次感且性能价格比优越的特点。所谓严密就是不给对手以可乘之机,这不是说专利越多就越严密,更重要的是质量的把握,以及对技术研发方向的正确研判。否则,可能是虽然一大堆专利,但大部分属于垃圾专利,如同一群散兵游勇、一触即溃,那就起不到防护或遏制的作用;所谓有层次感就是要有战略纵深,形成一种多层次的防护网,需要将各种专利布局策略有效地组合起来;专利布局的性价比越高越好,以同样的费用与投入,能够获得更好的保护,获得更大的利益,这无疑是非常考验人的智慧的。优秀的防护网应该有两个功能,一个是防护自身的专利或非专利技术不受侵犯,二是能够成为攻击竞争对手的武器。这个网做得越好,其发挥的功效就越大。

二、国内专利事务

办理专利申请等专利事务时,申请人(当事人)可以委托专利代理机构代理,对于国内专利事务也可以自行办理。自行办理包括委托申请人(当事人)的近亲属或者本单位的工作人员代为办理。委托近亲属或者工作人员办理的,除应当提交授权委托书外,还应当提交能够证明办理人与当事人身份关系或人事关系的证明材料。办理专利事务时除专利代理机构、近亲属或者本单位的工作人员以外的其他人没有专利代理权限。

1. 国内专利申请需要提交的文件

1.1 申请发明专利提交的文件

申请发明专利时,申请文件应当包括:发明专利请求书、说明书摘要(必要时应当提交摘要附图)、权利要求书、说明书(必要时应当提交说明书附图)。发明专利请求书中应正确填写相关著录事项信息。

涉及核苷酸或者氨基酸序列的申请,应当将该序列表作为说明书的一个单独部分,并单独编写页码。申请人应当在申请的同时提交与该序列表相一致的计算机可读形式的副本,如提交记载有该序列表的符合国家知识产权局专利局规定的光盘或者软盘。

依赖遗传资源完成的发明创造申请专利的，申请人应当在请求书中对于遗传资源的来源予以说明，并填写遗传资源来源披露登记表，写明该遗传资源的直接来源和原始来源。

对于涉及生物材料的申请，申请人还应当在申请日前或者最迟在申请日（有优先权的，指优先权日），将该生物材料样品提交至国家知识产权局认可的生物材料样品国际保藏单位保藏；在请求书和说明书中注明保藏该生物材料样品的单位名称、地址、保藏日期和编号，以及该生物材料的分类命名；在申请文件中提供有关生物材料特征的资料，以及自申请日起4个月内提交保藏单位出具的保藏证明和存活证明。

1.2　申请实用新型专利提交的文件

申请实用新型专利时，申请文件应当包括：实用新型专利请求书、说明书摘要及其摘要附图、权利要求书、说明书、说明书附图。

在递交实用新型专利申请时，需要填写《实用新型专利请求书》及相关的著录项目信息。

1.3　申请外观设计专利提交的文件

申请外观设计专利时，申请文件应当包括：外观设计专利请求书、外观设计图片或者照片、外观设计简要说明。

在递交外观设计专利申请时，需要填写《外观设计专利请求书》及相关的著录项目信息。

1.4　专利申请文件的形式要求

专利申请文件是最重要的法律文件，是一切后续法律行为的基础，也是专利财产价值的最重要体现，尤其是专利文件的五书（权利要求书、说明书、说明书附图、说明书摘要、摘要附图）是互相关联相辅相成的文件，应该根据技术方案和保护的要求撰写，没有也不能有统一要求，这里仅能就法律对专利文件的形式要求进行说明。

1.4.1 提交申请时如何排列申请文件

发明或者实用新型专利申请文件应当按照下列顺序排列：请求书、说明书摘要、摘要附图、权利要求书、说明书（含氨基酸或核苷酸序列表）、说明书附图。

外观设计专利申请文件应当按照下列顺序排列：请求书、图片或照片、简要说明。

1.4.2 请求书

在递交专利申请时，需要填写递交请求书，请求书中需要填写相关的著录项目信息，包括：发明创造名称、优先权事项（包括在先申请的申请号、申请日和原受理机构的名称）、申请人事项（包括申请人的姓名或者名称、国籍或者注册的国家或地区、地址、邮政编码、组织机构代码或者居民身份证件号码）、发明人姓名、专利代理事项（包括专利代理机构的名称、机构代码、地址、邮政编码、专利代理人姓名、执业证号码、联系电话）、联系人事项（包括姓名、地址、邮政编码、联系电话）以及代表人等。请求书样本及其他书式样本可以从国家知识产权局网址（http://www.cnipa.gov.cn/col/col192/index.html）中下载。

申请专利时，申请人应尽量委托正规的专利代理机构办理。未委托专利代理机构的，应当在请求书中填写该专利的联系人，并提供联系人属于本单位工作人员的证明材料。如果未委托专利代理机构，专利申请是用电子申请方式提交的，提交人视为代表人。

1.4.3 说明书摘要及摘要附图

（1）说明书摘要应当写明专利的名称和所属的技术领域，清楚反映所要解决的技术问题，解决该问题的技术方案的要点以及主要用途，不得使用商业性宣传用语。实用新型专利应当写明反映该实用新型相对于背景技术在形状和构造上作出改进的技术特征，不得写成广告或者单纯功能性的产品介绍。

（2）说明书摘要不得使用标题，文字部分（包括标点符号）不得超过300个字。

（3）说明书摘要可以有化学式或数学式。

（4）说明书有附图的，申请人应当提交一幅最能说明该发明技术方案主要技术特征的附图作为摘要附图。摘要附图应当是说明书附图中的一幅。

（5）摘要附图的大小及清晰度应当保证在该图缩小到 4 厘米 ×6 厘米时，仍能清楚地分辨出图中的各个细节。

1.4.4　权利要求书

（1）每一项权利要求仅允许在权利要求的结尾处使用句号；一项权利要求可以用一个自然段表述，也可以在一个自然段中分行或者分小段表述，分行和分小段处也只可用分号或逗号，必要时可在分行或小段前给出其排序的序号。

（2）权利要求书不得加标题。

（3）权利要求书中有几项权利要求的，应当用阿拉伯数字顺序编号，编号前不得冠以"权利要求"或者"权项"等词。

（4）权利要求中可以有化学式或者数学式，但不得有插图，通常也不得有表格。除绝对必要外，不得使用"如说明书……部分所述"或者"如图……所示"的用语。

（5）权利要求中的技术特征可以引用说明书附图中相应的标记，以帮助理解权利要求所记载的技术方案。但是，这些标记应当用括号括起来，并放在相应的技术特征后面，权利要求中使用的附图标记，应当与说明书附图标记一致。

（6）从属权利要求只能引用在前的权利要求。引用两项以上权利要求的多项从属权利要求只能以择一方式引用在前的权利要求，并不得作为被另一项多项从属权利要求引用的基础，即在后的多项从属权利要求不得引用在前的多项从属权利要求。

（7）权利要求书应当用阿拉伯数字顺序编写页码。

1.4.5　说明书

（1）说明书第一页第一行应当写明发明或实用新型名称，该名称应当与请求书中的名称一致，并左右居中。发明或实用新型名称前面不得冠以"发明名称"或者"名称"等字样。发明或实用新型名称与说明书正文之间应当空一行。

(2) 说明书的格式应当包括以下各部分,并在每一部分前面写明标题:技术领域、背景技术、发明内容或实用新型内容、附图说明、具体实施方式。说明书无附图的,说明书文字部分不包括附图说明及其相应的标题。说明书有附图的,说明书中应当写明各幅附图的图名,并且对图示的内容作简要说明。附图不止一幅的,应当对所有附图作出图面说明。

(3) 说明书文字部分可以有化学式、数学式或者表格,但不得有插图,此所谓插图包括流程图、方框图、曲线图、相图等,它们只可以作为说明书的附图。

(4) 说明书文字部分写有附图说明的,说明书应当有附图,说明书有附图的,说明书文字部分应当有附图说明。

(5) 说明书应当用词规范、语句清楚,用技术术语准确地表达技术方案,并不得使用"如权利要求……所述的……"一类的引用语,也不得使用商业性宣传用语及贬低他人或者他人产品的词句。

(6) 说明书应当用阿拉伯数字顺序编写页码。

1.4.6 说明书附图

(1) 说明书附图应当使用包括计算机在内的制图工具和黑色墨水绘制,线条应当均匀清晰、足够深,不得着色和涂改,不得使用工程蓝图。

(2) 剖面图中的剖面线不得妨碍附图标记线和主线条的清楚识别。

(3) 几幅附图可以绘制在一张图纸上。一幅总体图可以绘制在几张图纸上,但应当保证每一张上的图都是独立的,而且当全部图纸组合起来构成一幅完整总体图时又不互相影响其清晰程度。附图的周围不得有与图无关的框线。附图应当使用阿拉伯数字顺序编号,并在编号前冠以"图"字,例如图1、图2。该编号应当标注在相应附图的正下方。

(4) 附图应当尽量竖向绘制在图纸上,彼此明显分开。当零件横向尺寸明显大于竖向尺寸必须水平布置时,应当将附图的顶部置于图纸的左边。一页图纸上有两幅以上的附图,且有一幅已经水平布置时,该页上其他附图也应当水平布置。

（5）附图标记应当使用阿拉伯数字编号，说明书文字部分中未提及的附图标记不得在附图中出现，附图中未出现的附图标记不得在说明书文字部分中提及。申请文件中表示同一组成部分的附图标记应当一致。

（6）附图的大小及清晰度，应当保证在该图缩小到三分之二时仍能清晰地分辨出图中各个细节，以能够满足复印、扫描的要求为准。

（7）同一附图中应当采用相同比例绘制，为使其中某一组成部分清楚显示，可以另外增加一幅局部放大图。附图中除必需的词语外，不得含有其他注释。附图中的词语应当使用中文，必要时，可以在其后的括号里注明原文。

（8）流程图、框图应当作为附图，并应当在其框内给出必要的文字和符号。一般不得使用照片作为附图，但特殊情况下，例如，显示金相结构、组织细胞或者电泳图谱时，可以使用照片贴在图纸上作为附图。

（9）实用新型专利必须有说明书附图，附图中应当有表示要求保护的产品的形状、构造或者其结合的附图，不得仅有表示现有技术的附图，也不得仅有表示产品效果、性能的附图，例如温度变化曲线图等。

（10）说明书附图应当用阿拉伯数字顺序编写页码。

1.4.7 外观设计图片或照片

（1）就立体产品的外观设计而言，产品设计要点涉及六个面的，应当提交六面正投影视图；产品设计要点仅涉及一个或几个面的，应当至少提交所涉及面的正投影视图和立体图，并应当在简要说明中写明省略视图的原因。

（2）就平面产品的外观设计而言，产品设计要点涉及一个面的，可以仅提交该面正投影视图；产品设计要点涉及两个面的，应当提交两面正投影视图。

（3）必要时，申请人还应当提交该外观设计产品的展开图、剖视图、剖面图、放大图以及变化状态图。此外，申请人可以提交参考图，参考图通常用于表明使用外观设计的产品的用途、使用方法或者使用场所等。

（4）色彩包括黑白灰系列和彩色系列。对于简要说明中声明请求保护色彩的外观设计专利申请，图片的颜色应当着色牢固、不易褪色。

(5) 六面正投影视图的视图名称，是指主视图、后视图、左视图、右视图、俯视图和仰视图。其中主视图所对应的面应当是使用时通常朝向消费者的面或者最大程度反映产品的整体设计的面。例如，带杯把的杯子的主视图应是杯把在侧边的视图。

(6) 各视图的视图名称应当标注在相应视图的正下方。

(7) 对于成套产品，应当在其中每件产品的视图名称前以阿拉伯数字顺序编号标注，并在编号前加"套件"字样。例如，对于成套产品中的第4套件的主视图，其视图名称为：套件4主视图。

(8) 对于同一产品的相似外观设计，应当在每个设计的视图名称前以阿拉伯数字顺序编号标注，并在编号前加"设计"字样。例如，设计1主视图。

(9) 组件产品，是指由多个构件相结合构成的一件产品。分为无组装关系、组装关系唯一或者组装关系不唯一的组件产品。对于组装关系唯一的组件产品，应当提交组合状态的产品视图；对于无组装关系或者组装关系不唯一的组件产品，应当提交各构件的视图，并在每个构件的视图名称前以阿拉伯数字顺序编号标注，并在编号前加"组件"字样。例如，对于组件产品中的第3组件的左视图，其视图名称为：组件3左视图。对于有多种变化状态的产品的外观设计，应当在其显示变化状态的视图名称后，以阿拉伯数字顺序编号标注。

(10) 图片的绘制：图片应当参照我国技术制图和机械制图国家标准中有关正投影关系、线条宽度以及剖切标记的规定绘制，并应当以粗细均匀的实线表达外观设计的形状。不得以阴影线、指示线、虚线、中心线、尺寸线、点划线等线条表达外观设计的形状。可以用两条平行的双点划线或自然断裂线表示细长物品的省略部分。图面上可以用指示线表示剖切位置和方向、放大部位、透明部位等，但不得有不必要的线条或标记。图片应当清楚地表达外观设计。图片可以使用包括计算机在内的制图工具绘制，但不得使用铅笔、蜡笔、圆珠笔绘制，也不得使用蓝图、草图、油印件。对于使用计算机绘制的外观设计图片，图面分辨率应当满足清晰的要求。

(11) 照片的拍摄：照片应当清晰，避免因对焦等原因导致产品的外观设计无法清楚地显示。照片背景应当单一，避免出现该外观设计产品以外的其他内容。产品和背景应有适当的明度差，以清楚地显示产品的外观设计。照片的拍摄通常应当遵循正投影规则，避免因透视产生的变形影响产品的外观设计的表达，照片应当避免因强光、反光、阴影、倒影等影响产品的外观设计的表达。照片中的产品通常应当避免包含内装物或者衬托物，但对于必须依靠内装物或者衬托物才能清楚地显示产品的外观设计时，则允许保留内装物或者衬托物。

（12）对于局部外观设计专利申请，应当提交整体产品的视图，并用虚线与实线相结合或者其他方式表明所需要保护的内容，提交的视图应当能够明确区分要求保护的局部与其他部分，实线表示需要保护的局部，虚线表示其他部分。采用其他方式表明所需要保护的内容，例如用单一颜色的半透明层覆盖不需要保护的部分。必要时，应当用点划线表示局部外观设计中要求保护的局部与其他部分之间的分界线。整体产品的视图应当清楚地显示要求专利保护的产品的局部外观设计及其在整体产品中的位置和比例关系。要求保护的局部包含立体形状的，提交的视图中应当包括能清楚显示该局部的立体图。

1.4.8 外观设计简要说明

（1）简要说明应当包括下列内容：外观设计产品的名称、外观设计产品的用途、外观设计的设计要点、指定一幅最能表明设计要点的图片或者照片。

（2）如果外观设计专利申请请求保护色彩，应当在简要说明中声明。

（3）如果外观设计专利申请省略了视图，申请人通常应当写明省略视图的具体原因，例如因对称或者相同而省略；如果难以写明的，也可仅写明省略某视图，例如大型设备缺少仰视图，可以写为"省略仰视图"。

（4）对同一产品的多项相似外观设计提出一件外观设计专利申请的，应当在简要说明中指定其中一项作为基本设计。

（5）对于花布、壁纸等平面产品，必要时应当描述平面产品中的单元图案两方连续或者四方连续等无限定边界的情况；对于细长物品，必要时应当写明细长物品的长度采用省略画法；如果产品的外观设计由透明材料或者具有特殊视觉效果的新材料制成，必要时应当在简要说明中写明。

(6) 如果外观设计产品属于成套产品，必要时应当写明各套件所对应的产品名称。

(7) 简要说明不得使用商业性宣传用语，也不能用来说明产品的性能和内部结构。

(8) 申请局部外观设计专利的，简要说明应当符合下列规定：

①用实线与虚线相结合以外的方式表示要求保护的局部外观设计的，应当在简要说明中写明要求保护的局部。

②用点划线表示要求保护的局部与其他部分之间分界线的，必要时应当在简要说明中写明。

③必要时应当写明要求保护的局部外观设计的用途，并与产品名称中体现的用途相对应。

④指定的最能表明设计要点的图片或照片中应当包含要求保护的局部外观设计。

1.4.9 涉及图形用户界面的产品外观设计的特别说明

涉及图形用户界面的产品外观设计是指产品设计要点包括图形用户界面的设计。涉及图形用户界面的外观设计除满足外观设计专利申请的通用要求外，还有一些特殊要求。

图形用户界面的产品外观设计名称还应当写明图形用户界面的主要用途和其所应用的产品，一般要有"图形用户界面"字样的关键词，例如："带有温控图形用户界面的冰箱""手机的移动支付图形用户界面"。不应笼统仅以"图形用户界面"名称作为产品名称，例如："软件图形用户界面""操作图形用户界面"。简要说明还应当清楚说明图形用户界面的用途，且应当与产品名称中体现的用途相对应。设计要点应当包含图形用户界面。必要时说明图形用户界面在产品中的区域、人机交互方式以及变化过程等。

涉及图形用户界面的外观设计，申请人可以以产品整体外观设计方式和局部外观设计方式提交申请，涉及"动态"图形用户界面的产品应符合相关要求。

（1）以整体外观设计方式提交申请

以产品整体外观设计方式提交申请时，设计要点包含图形用户界面设计和其所应用产品设计的，所提交的视图应满足本章本节"1.4.7"的要求。设计要点仅在于图形用户界面设计的，申请人至少应当提交图形用户界面所涉及面的产品正投影视图，必要时还应当提交图形用户界面的视图。简要说明应当写明设计要点仅在于图形用户界面。

（2）以局部外观设计方式提交申请

对于设计要点仅在于图形用户界面的产品外观设计，申请人可以以局部外观设计方式提交申请。简要说明应当写明设计要点仅在于图形用户界面或者图形用户界面中的局部。

局部外观设计方式包括视图带有或不带有图形用户界面所应用产品两种方式。

①以带有图形用户界面所应用产品的方式提交申请

如果需要清楚地显示图形用户界面设计在最终产品中的位置和比例关系，申请人应当以带有图形用户界面所应用产品的方式提交申请，即申请外观设计专利的图片或者照片是带有图形用户界面的产品，申请人提交的外观设计图片或者照片应当是产品中带有图形用户界面那一或那些面的产品的正投影视图，必要时还应当提交图形用户界面的视图。

此图形用户界面"局部"外观设计专利申请，产品名称还应当写明要求保护的局部，例如"手机的移动支付图形用户界面的搜索栏"。简要说明中还应当写明要求保护的局部外观设计的用途。

②以不带有图形用户界面所应用产品的方式提交申请

对于可应用于"任何电子设备"的图形用户界面，申请人可以以"不带有图形用户界面的产品"的方式提交申请。此种方式提交时，外观设计的图片或者照片可以仅提交图形用户界面的视图。产品名称中要有"电子设备"字样的关键词，例如"用于电子设备的视屏点播图形用户界面""用于电子设备的道路导航图形用户界面"。简要说明中产品的用途可以概括为一种电子设备。

申请人以图形用户界面中的"局部"申请外观设计专利的，产品名称还应当写明要求保护的局部，例如"电子设备的移动支付图形用户界面的搜索栏"。简要说明中还应当写明要求保护的局部外观设计的用途。

(3) 动态图形用户界面外观设计专利的特别注意事项

对于含有"动态"的图形用户界面的外观设计专利申请，产品名称要有"动态"字样的关键词，例如"手机的天气预报动态图形用户界面"。外观设计的图片或者照片应当将图形用户界面起始状态所涉及面的视图作为主视图；其余状态可提交图形用户界面关键帧的视图作为变化状态图，所提交的视图应能唯一确定动态图形用户界面完整的变化过程。变化状态图的视图名称，应根据动态变化过程的先后顺序标注。必要时，专利局可以要求申请人提交表明动态图形用户界面变化过程的视频类文件。

1.4.10 申请文件签字或者盖章

向专利局提交的专利申请文件或者其他文件，应当按照规定签字或者盖章。其中未委托专利代理机构的申请，应当由申请人（或专利权人）、其他利害关系人或者其代表人签字或者盖章，办理直接涉及共有权利的手续，应当由全体权利人签字或者盖章；委托了专利代理机构的，应当由专利代理机构盖章，必要时还应当由申请人（或专利权人）、其他利害关系人或者其代表人签字或者盖章。

2. 专利申请文件的提交及受理

2.1 专利申请的提交方式

专利申请手续应当以纸件形式或者电子文件形式办理。但现在不再提倡用纸件申请，并且纸件申请的审查速度会明显慢于电子申请。

(1) 纸件形式

以纸件形式申请专利的，申请人可以当面提交申请文件至专利局业务受理大厅、专利局各代办处受理窗口，或将申请文件邮寄到专利局受理处、专利局各代办处。目前专利局在北京、沈阳、济南、长沙、成都、南京、上海、广州、西安、武汉、郑州、天津、石家庄、哈尔滨、长春、昆明、贵阳、杭州、重庆、深圳、福州、南宁、乌鲁木齐、南昌、银川、合肥、苏州、海口、兰州、太原等城市设立代办处。查询专利局代办处信息可登录 http：//www.cnipa.gov.cn/ 。

申请文件是邮寄的，应当用挂号信函。无法用挂号信邮寄的，可以用特快专递邮寄，不得用包裹邮寄申请文件。挂号信函上除写明专利局或者专利局代办处的详细地址（包括邮政编码）外，还应当标有"申请文件"及"国家知识产权局专利局受理处收"或"国家知识产权局专利局××代办处收"的字样。申请文件通过快递公司递交的，以专利局受理处以及各专利局代办处实际收到日为申请日。一封挂号信内应当只装同一件申请的文件。邮寄后，申请人应当妥善保管好挂号收据存根。

（2）电子形式

以电子形式申请专利的，应当事先办理专利业务办理系统（http：//cponline.cnipa.gov.cn）注册手续，通过专利业务办理系统以电子文件形式提交相关专利申请文件及手续。

国防知识产权局专门受理国防专利申请。

2.2 专利申请的受理

专利局受理处或专利局代办处收到专利申请后，对符合受理条件的申请，将确定申请日，给予申请号，发出受理通知书和缴费通知书（或费用减缴审批通知书）。不符合受理条件的，将发出文件不受理通知书。

申请日的确定：采用电子文件形式向专利局提交的专利申请及各种文件，以专利局专利电子申请系统收到电子文件之日为递交日。向专利局受理处或者代办处窗口直接递交的专利申请，以收到日为申请日；通过邮局邮寄递交到专利局受理处或者代办处的专利申请，以信封上的寄出邮戳日为申请日；寄出的邮戳不清晰无法辨认的，以专利局受理处或者代办处收到日为申请日。通过速递公司递交到专利局受理处或者代办处的专利申请，以收到日为申请日；邮寄或者递交到专利局非受理部门或者个人的专利申请，其邮寄日或者递交日不具有确定申请日的效力，以受理处或者代办处实际收到日为申请日。

申请人应当自申请日起 2 个月内或在收到受理通知书之日起 15 日内缴纳

申请费。缴纳申请费需写明相应的申请号及必要的缴费信息。

3. 国内专利事务的费用

申请专利的费用分为缴纳到国家知识产权局的官方费用（简称官费或者规费）和委托专利代理机构的代理费（委托了专利代理机构代理的）。办理专利事务需要缴纳相应的官费，委托代理机构办理的，还应该支付代理费。

代理费是委托专利代理师（国外称为专利律师）代为办理专利申请等事务而支付给专利代理机构的费用。代理费的收费没有统一标准，目前我国的专利代理机构和专利师的能力水平和代理质量也参差不齐，正规的专利代理机构往往根据专利师能力水平和所花费的时间成本进行收费。如众志华清事务所就将专利案件分为若干等级，不同等级的案件不但指派的专利师的水平和审核组的人数不同，而且所用的时间、代理时检索的内容、和申请人接洽交流人的级别、布局及对抗策划级别均有不同，当然收费多少也相差很大。

选择专利代理机构和专利师时，申请人应该考虑自身所要申请的发明创造的技术高度、专利未来的市场范围、市场价值、自身预期保护的重要程度，申请专利的目的或用途，期望专利师所付出的精力和能力，从而选择合适的专利代理机构和专利师。

官费不是一成不变的，各国均会根据情况时常对官费进行调整，具体收费数额应以缴纳时国家公布的收费标准为准。下表是2022年7月执行的国家官费缴纳标准。

3.1 官方收费项目及（减免）标准

发明专利费用标准　　　　　　　　　　　　（人民币：元）

费用种类	简称	发明专利	减缴比例	
			85%	70%
申请费	申	900	135	270
公布印刷费	公布	50	不予减缴	
说明书附加费从第31页起每页	说附	50	不予减缴	
从第301页起每页		100		

(续表)

费用种类	简称	发明专利	减缴比例	
			85%	70%
权利要求附加费从第11项起每项	权附	150	不予减缴	
优先权要求费每项	优	80	不予减缴	
发明专利申请实质审查费	审	2500	375	750
复审费	复	1000	150	300
著录事项变更费	变	200	不予减缴	
恢复权利请求费	恢	1000	不予减缴	
无效宣告请求费	无	3000	不予减缴	
第一次延长期限请求费每月	延	300	不予减缴	
再次延长期限请求费每月		2000		
专利文件副本证明费	副证	30	不予减缴	
第1—3年年费	年	900	135	270
第4—6年年费	年	1200	180	360
第7—9年年费	年	2000	300	600
第10—12年年费	年	4000	600	1200
第13—15年年费	年	6000	900	1800
第16—20年年费	年	8000	1200	2400

实用新型及外观设计专利费用标准 (人民币：元)

费用种类	简称	实用新型	外观设计	减缴比例	
				85%	70%
申请费	申	500	500	75	150
权利要求附加费从第11项起每项	权附	150		不予减缴	
说明书附加费从第31页起每页	说附	50		不予减缴	
从第301页起每页		100			
优先权要求费每项	优	80	80	不予减缴	
复审费	复	300	300	45	90
著录事项变更费	变	200	200	不予减缴	
恢复权利请求费	恢	1000	1000	不予减缴	

(续表)

费用种类	简称	实用新型	外观设计	减缴比例 85%	减缴比例 70%
无效宣告请求费	无	1500	1500	不予减缴	
第一次延长期限请求费每月	延	300	300	不予减缴	
再次延长期限请求费每月		2000	2000		
专利文件副本证明费	副证	30	30	不予减缴	
专利权评价报告请求费	评价	2400	2400	不予减缴	
第1—3年年费	年	600	600	90	180
第4—5年年费	年	900	900	135	270
第6—8年年费	年	1200	1200	180	360
第9—10年年费	年	2000	2000	300	600
第11—15年年费	年		3000	450	900

优先权要求费是指申请人要求外国优先权或者本国优先权时，需要缴纳的费用，该项费用的数额以作为优先权基础的在先申请的项数计算。

申请附加费是指申请文件的说明书（包括附图、序列表）页数超过30页或者权利要求超过10项时需要缴纳的费用，该项费用的数额以页数或者项数计算。

公布印刷费是指发明专利申请公布需要缴纳的费用。

未在规定的期限内缴纳或者缴足申请费（含公布印刷费、申请附加费）的，该申请被视为撤回。未在规定的期限内缴纳或者缴足优先权要求费的，视为未要求优先权。

根据2022年7月1日起施行的《中华人民共和国印花税法》，国家知识产权局自2022年7月1日起已终止印花税代征业务，专利授权后办理登记手续时不需要缴纳的印花税。

3.2 官费缴纳的期限

（1）申请费的缴纳期限是自申请日起两个月内，或者自收到受理通知书之日起15日内。需要在该期限内缴纳的费用还有优先权要求费和申请附加费以及发明专利申请的公布印刷费。

（2）实质审查费的缴纳期限是自申请日（有优先权要求的，自最早的优先权日）起3年内。该项费用仅适用于发明专利申请。

（3）延长期限请求费的缴纳期限是在相应期限届满之日前。该项费用以要求延长的期限长短（以月为单位）计算。

（4）恢复权利请求费的缴纳期限是自当事人收到专利局确认权利丧失通知之日起两个月内。

（5）复审费的缴纳期限是自申请人收到专利局作出的驳回决定之日起3个月内。

（6）授予专利权当年的年费应当在办理登记手续的同时缴纳，缴纳期限是自申请人收到专利局作出的授予专利权通知书和办理登记手续通知书之日起两个月内。以后的年费应当在上一年度期满前缴纳，各年度年费按照收费表中规定的数额缴纳。缴费期限届满日是申请日在该年的相应日。专利年度从申请日起算，与优先权日、授权日无关，与自然年度也没有必然联系。例如，一件专利申请的申请日是2010年6月1日，该专利申请的第一年度是2010年6月1日至2011年6月1日，第二年度是2011年6月1日至2012年6月1日，以此类推，每年度的年费应该在每年的6月1日前缴纳到国家知识产权局。

专利权人未按时缴纳年费（不包括授予专利权当年的年费）或者缴纳的数额不足的，可以在年费期满之日起6个月内补缴，补缴时间超过规定期限（申请日）但超过不足一个月时，不缴纳滞纳金。补缴时间超过规定时间一个月或以上的，缴纳按照下述计算方法算出的相应数额的滞纳金：

超过规定期限一个月（不含一整月）至两个月（含两个整月）的，缴纳数额为全额年费的5%；

超过规定期限两个月至三个月（含三个整月）的，缴纳数额为全额年费的10%；

超过规定期限三个月至四个月（含四个整月）的，缴纳数额为全额年费的15%；

超过规定期限四个月至五个月（含五个整月）的，缴纳数额为全额年费的20%；

超过规定期限五个月至六个月的，缴纳数额为全额年费的25%。

凡在六个月的滞纳期内补缴年费或者滞纳金不足需要再次补缴的，应当依照再次补缴年费或者滞纳金时所在滞纳金时段内的滞纳金标准，补足应当缴纳的全部年费和滞纳金。凡因年费和/或滞纳金缴纳逾期或者不足而造成专利权终止的，在恢复程序中，除补缴年费之外，还应当缴纳或者补足全额年费25%的滞纳金。

（7）著录事项变更费、专利权评价报告请求费、无效宣告请求费的缴纳期限是自提出相应请求之日起一个月内。

3.3 官费的减免

按照现行的国家政策，申请人（或专利权人）缴纳专利费用有困难的，可以根据专利费用减缓办法向专利局提出费用减缓的请求。

3.3.1 可以减缓的费用种类

（1）申请费（不包括公布印刷费、申请附加费）；

（2）发明专利申请实质审查费；

（3）复审费；

（4）年费（自授予专利权当年起10年内的年费）。

3.3.2 可以减缓的条件

根据现行的费减政策，专利申请人或者专利权人符合下列条件之一的，可以向国家知识产权局请求减缴上述收费：

（1）上年度月均收入低于5000元（年6万元）的个人；

（2）上年度企业应纳税所得额低于100万元的企业；

（3）事业单位、社会团体、非营利性科研机构；

（4）实施专利开放许可并办理专利开放许可实施合同备案。

专利申请人或者专利权人为个人或者单位的，减缴标准费用的85%。两个或者两个以上的个人或者单位为共同专利申请人或者共有专利权人的，应当分别符合可以减缓的条件，可以减缴标准费用的70%。

享受费用减免是应请求启动，专利申请人或者专利权人请求减缴专利收费的，应当提交费用减缴请求书及相关证明材料。专利申请人或者专利权人通过专利业务办理系统网页版（http：//cponline.cnipa.gov.cn/）中的专利事务服务提交费减备案请求并经审核批准备案的，在一个自然年度内再次请求减缴专利收费，仅需提交费用减缴请求书，无需再提交相关证明材料。

个人请求减缴专利收费的，应当在费用减缴请求书中如实填写本人上年度收入情况，同时提交所在单位出具的年度收入证明；无固定工作的，提交户籍所在地或者经常居住地县级民政部门或者乡镇人民政府（街道办事处）出具的关于其经济困难情况证明。

企业请求减缴专利收费的，应当在费用减缴请求书中如实填写经济困难情况，同时提交上年度企业所得税年度纳税申报表复印件。在汇算清缴期内，企业提交上上年度企业所得税年度纳税申报表复印件。

事业单位、社会团体、非营利性科研机构请求减缴专利收费的，应当提交法人证明材料复印件。

3.3.3 提出费用减缓请求的时间

专利申请人或者专利权人只能请求减缴尚未到期的收费。减缴申请费的请求应当与专利申请同时提出，减缴其他收费的请求可以与专利申请同时提出，也可以在相关收费缴纳期限届满日两个半月之前提出。未按规定时限提交减缴请求的，不予减缴。

专利开放许可实施合同被准予备案的，在有请求人办理专利开放许可实施合同备案时，视为专利权人同时提出专利年费减缴请求；可以在专利开放许可实施期间享有自备案日起尚未到期的专利年费的减缴。专利权人同时符合两项专利年费减缴条件的，按照其中减缴比例较高的一项条件予以减缴。

3.4 官费缴费方式及查询途径

3.4.1 缴费方式

（1）网上缴费

缴费人可登录专利业务办理系统使用专利缴费服务缴纳专利费用。使用网上缴费的，需先注册电子申请注册用户。其中个人用户可使用银行卡支付方式，专利代理机构和企事业单位用户可以使用对公账户支付方式。网上缴费的缴费日以网上缴费系统收到的支付平台反馈的实际支付时间所对应的日期来确定。网上缴费方式方便快捷，缴费信息完整准确，建议缴费人采用该缴费方式进行缴费。

自 2023 年 1 月 26 日起，当事人办理网上缴费时，可以使用银行卡、微信、支付宝或者对公账户方式缴纳费用，无需缴纳手续费。

（2）银行/邮局汇款

通过银行或邮局汇款的，缴费人可按属地就近汇至全国 34 个专利代办处银行账户或邮局地址。各代办处地址信息，银行、邮局账户信息以及联系电话等信息可登录国家知识产权局官方网站相关链接中的代办处页面进行查看（https：//www.cnipa.gov.cn/col/col245/index.html）。

国家知识产权局专利局银行账户信息如下：

开户银行：中信银行北京知春路支行

银行账号：7111 7101 8260 0166 032

专利收费户名：国家知识产权局专利局

通过银行或邮局汇付专利费用时，应当在汇款单附言栏中写明正确的申请号（或专利号）及费用名称（或简称）。缴费人通过银行或邮局汇付的，如果未在汇款时注明上述必要信息，可以在汇款当天最迟不超过汇款次日补充缴费信息，补充缴费信息的方式：登录专利业务办理系统网页版中的缴费清单填写页面进行缴费信息的补充，网址为 http：//cponline.cnipa.gov.cn/。费用汇至代办处的，应选择向相应代办处补充缴费信息。补充完整缴费信息的，以补充完整缴费信息日为缴费日。因汇款时缺少必要缴费信息、逾期补充缴费信息或补充信息不符合规定的，造成汇款被退回或因款项无法退回而暂时存入专利收费账户（以下简称暂存）的，视为未缴纳费用。

费用不得直接邮寄到专利局受理处或者专利局其他部门或者审查员个人。

（3）面交

缴费人可根据属地就近前往各专利代办处或专利局受理服务大厅的收费窗口缴纳专利费用，面交费用的，以缴费当天的日期为缴费日。

特别说明的是，PCT 国际阶段费用的缴费方式有网上缴费、银行汇款至专利局银行账户和专利局面交三种方式。不接受邮局汇款、银行汇款至代办处银行账户和代办处面交等其他方式。

3.4.2　官费缴纳情况的查询途径

（1）网络查询

缴费人可以登录国家知识产权局政府网站（www.cnipa.gov.cn），在"政务服务"栏目中"专利"板块点击"专利审查信息查询"，进入"中国及多国专利审查信息查询"，使用电子申请注册用户查询入口或公众查询入口查询应缴费用和已缴费用情况。

（2）电话查询

查询电话为：010—62356655，电话查询时应提供申请号或专利号。

（3）现场查询

国家知识产权局专利局受理大厅及各地方代办处设有费用查询服务台，可为缴费人在缴费当天现场查询应缴费用种类、金额和缴费期限，查询时应现场填写或提前准备缴费清单。

3.5　专利官费的电子票据

3.5.1　官方收费的电子票据抬头

目前专利收费开具电子票据，电子票据的效力与纸质票据的效力相同。

（1）窗口面交现金和刷卡缴费的，依据缴费人在缴费清单或补充缴费信息订单上填写的票据抬头开具；窗口面交支票缴费的，依据支票上财务专用章所列单位名称开具；

（2）银行汇款缴费的，依据汇款人账户名称开具，若缴费人提供补充缴费信息的，以补充缴费信息中指明的票据抬头开具；

（3）邮局汇款缴费的，依据汇款人姓名开具，若缴费人提供补充缴费信息的，以补充缴费信息中指明的票据抬头开具；

（4）网上缴费系统缴费的，依据缴费人填写的票据抬头开具。

按照相关财务管理规定，票据一经开具，除专利局或代办处采集错误的情形外，票据抬头原则上不予修改。

3.5.2 收费电子票据的查询和获取

缴费人可通过以下两种方式获取电子票据。

（1）专利业务办理系统网页版

缴费人可登录专利业务办理系统网页版（http://cponline.cnipa.gov.cn），在专利缴费服务模块的票据服务中的电子票据查询页面，通过取票码查询取票，也可根据不同缴费方式的查询条件查询后取票；通过网上缴费、电子缴费清单页面查到的电子票据，会自动带入取票码并自动查询到对应的票据，对应的票据会自动归集到电子票夹中。另外，还可查看由于更正、退款等原因开具的新票、冲红票等关联票据。

（2）电子票夹小程序

缴费人可在支付宝、微信电子票夹小程序中使用取票码查询、下载电子票据；缴费人以缴费时填写的手机号码为账号登录支付宝、微信电子票夹小程序时，可在"我的票夹"中直接获取相关电子票据。

3.6 退款

3.6.1 审查部门退款

缴费人多缴、重缴、错缴的专利费用，可以自缴费之日起三年内，提出退款请求。提出退款请求的，应提交《意见陈述书（关于费用）》，并提交国家知识产权局收费电子票据或收费收据复印件、邮局或银行出具的汇款凭证等证明文件。提供邮局或银行的证明应当是原件，不能提供原件的，应当提供经出具部门加盖公章确认的或经公证的复印件。

按照现行的国家政策，对进入实质审查阶段的发明专利申请，在第一次审查意见通知书答复期限届满前（已提交答复意见的除外），主动申请撤回的，可以请求退还50%的专利申请实质审查费。

3.6.2 出暂存退款或确认收入

缴费人所缴款项因费用汇单字迹不清或者缺少必要缴费信息造成既不能开

出票据又不能退款的,该款项将入暂存。经缴费人补充必要缴费信息的,专利费用管理处(或代办处)做出暂存处理,开出票据,确认收入。缴费人要求退款的,可通过邮件或信函提供退款信息和缴款凭证复印件,出暂存退款请求应当自缴费日起三年内提出。

3.6.3 未成功提供申请号(或专利号)汇款的原路退回

费用通过邮局或银行汇付,未成功提供申请号(或专利号)的,费用原路退回。费用退回的,视为未办理缴费手续。邮局汇付原路退回周期较长,缴费人可耐心等待,必要时可拨打咨询电话 010 – 62356655 进行查询。

4. 保密专利申请及保密审查

4.1 国防专利

国防专利是指涉及国防利益以及对国防建设有潜在作用需要保密的发明专利。申请国防专利的,国防专利申请人应当按照国防知识产权局规定的要求和统一格式撰写申请文件,并亲自送交或者经过机要通信以及其他保密方式转交国防知识产权局,不得按普通函件邮寄。

国防专利申请由国防知识产权局受理并进行审查,国家知识产权局专利局受理的涉及国防利益需要保密的专利申请应转交国防知识产权局进行审查。

国防专利申请经审查认为没有驳回理由或者驳回后经过复审认为不应当驳回的,由国家知识产权局专利局根据国防知识产权局的审查意见作出授予国防专利权的决定,并委托国防知识产权局颁发国防专利证书,同时在国家知识产权局专利局出版的专利公报上公告该国防专利的申请日、授权公告日和专利号,其他内容不予公布。国防知识产权局将该国防专利的有关事项予以登记,并在《国防专利内部通报》上刊登。

国防专利权的保护期限为 20 年,自申请日起计算。国防专利在保护期内,因情况变化需要变更密级、解密或者国防专利权终止后需要延长保密期限的,国防知识产权局会作出变更密级、解密或者延长保密期限的决定;但是对在申请国防专利前已被确定为国家秘密的,应当征得原确定密级和保密期限的机关、单位或者其上级机关的同意。

被授予国防专利权的单位或者个人可以向国防知识产权局提出变更密级、解密或者延长保密期限的书面申请；属于国有企业事业单位或者军队单位的，应当附送原确定密级和保密期限的机关、单位或者其上级机关的意见。

国防知识产权局的变更密级、解密或者延长保密期限的决定，会在《国防专利内部通报》上刊登，并通知国防专利权人，同时将解密的国防专利报送国家知识产权局转为普通专利。国家知识产权局会将解密的国防专利向社会公告。

4.2 保密专利

保密专利是指涉及国防利益以外的国家安全或者重大利益需要保密的发明或者实用新型专利。专利局可以自行确定保密专利，或者依申请人申请经审查后确定。

专利局可以自行进行的保密确定是在对发明或者实用新型专利申请进行分类时，由分类审查员将发明内容可能涉及国家安全或者重大利益，但申请人未提出保密请求的发明或者实用新型专利申请挑选出来。

申请人认为其发明或者实用新型专利申请涉及国防利益以外的国家安全或者重大利益需要保密的，应当在提出专利申请的同时，在请求书上作出要求保密的表示，其申请文件应当以纸件形式提交。申请人也可以在发明专利申请进入公布准备之前，或者实用新型专利申请进入授权公告准备之前，提出保密请求。申请人在提出保密请求之前已确定其申请的内容涉及国家安全或者重大利益需要保密的，应当提交有关部门确定密级的相关文件。

保密专利申请由国家知识产权局进行受理和审查。对于已确定为保密专利申请的电子申请，专利局审查员会将该专利申请转为纸件形式继续审查，申请人此后应当以纸件形式向专利局递交各种文件，不得通过电子专利申请系统提交文件。

保密专利申请的初步审查和实质审查均由专利局指定的审查员进行。对于发明专利申请，初步审查和实质审查按照与一般发明专利申请相同的基准进行。初步审查合格的保密专利申请不予公布，实质审查请求符合规定的，直接进入实质审查程序。经实质审查没有发现驳回理由的，作出授予保密发明专利权的决定,并发出授予发明专利权通知书和办理登记手续通知书。对于实用新型专利申请,初步审查按照与一般实用新型专利申请相同的基准进行。经初步审查没有发现驳回理由的,作出授予保密实用新型专利权的决定,并发出授予实用新型专利权通知书和办理登记手续通知书。保密专利申请的授权公告仅公布专利号、申请日和授权公告日。

保密专利(申请)的解密程序:

(1) 申请人(或专利权人)提出解密请求

保密专利申请的申请人或者保密专利的专利权人可以书面提出解密请求。提出保密请求时提交了有关部门确定密级的相关文件的,申请人(或专利权人)提出解密请求时,应当附具原确定密级的部门同意解密的证明文件。专利局对提出解密请求的保密专利申请(或专利)进行解密确定,并将结果通知申请人。

(2) 专利局定期解密

专利局每两年对保密专利申请(或专利)进行一次复查,经复查认为不需要继续保密的,通知申请人予以解密。

(3) 解密后的处理

发明专利申请解密后,尚未被授予专利权的,按照一般发明专利申请进行审查和管理,符合公布条件的,应当予以公布,并出版发明专利申请单行本;实用新型专利申请解密后,尚未被授予专利权的,按照一般实用新型专利申请进行审查和管理。发明或者实用新型专利解密后,应当进行解密公告、出版发明或者实用新型专利单行本,并按照一般专利进行管理。

4.3 向国外申请专利的保密审查

《专利法》第十九条第一款规定,任何单位或者个人将在中国完成的发明或者实用新型向外国申请专利的,应当向专利局请求保密审查。

(1) 直接向外国申请专利或者向有关国外机构提交专利国际申请的,应当事先向专利局提出请求,并详细说明其技术方案。

请求书和技术方案说明书应当使用中文,请求人可以同时提交相应的外文文本供审查员参考。技术方案说明书应当与向外国申请专利的内容一致。

审查员对文件形式等进行初步保密审查，如果文件形式不符合规定，将被视为未提出，请求人需要重新提交请求。技术方案明显不需要保密的，审查员会发出通知可以就该技术方案向外国申请专利。技术方案可能需要保密的，审查员会在请求文件递交日起 4 个月内发出审查意见通知书，然后进一步审查，并会在 6 个月内发出向外国申请专利保密审查决定。请求人未在其请求递交日起 4 个月内或者未在 6 个月内（均为推定收到日）收到向外国申请专利保密审查意见通知书或审查决定，可以就该技术方案向外国申请专利。

（2）向专利局申请专利后拟向外国申请专利或者向有关国外机构提交专利国际申请的，应当在向外国申请专利或者向有关国外机构提交专利国际申请前向专利局提出请求，也可以在提交本国专利申请的同时提出。国知局会按照上述（1）的方式进行审查。

（3）向专利局提交 PCT 专利国际申请的，视为同时提出了保密审查请求。专利局将自动启动保密审查。

国际申请不需要保密的，审查员应当按照正常国际阶段程序进行处理。国际申请需要保密的，审查员应当自申请日起 3 个月内发出因国家安全原因不再传送登记本和检索本的通知书，通知申请人和国际局该申请将不再作为国际申请处理，终止国际阶段程序。申请人收到上述通知的，不得就该申请的内容向外国申请专利。

5. 国内专利的审批及授权

5.1 专利申请的审批流程

发明专利申请的审批程序包括受理、初审、公布、实审以及授权（或驳回）五个阶段。

实用新型或者外观设计专利申请在审批中不进行早期公布和实质审查，只有受理、初审和授权（或驳回）三个阶段。

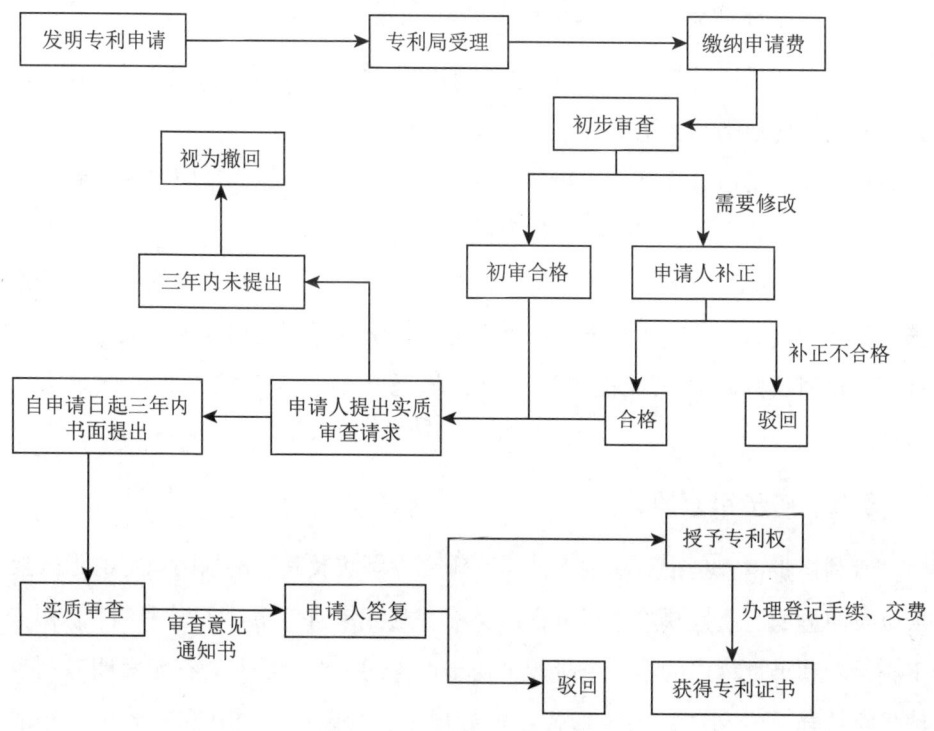

发明专利申请审批流程图

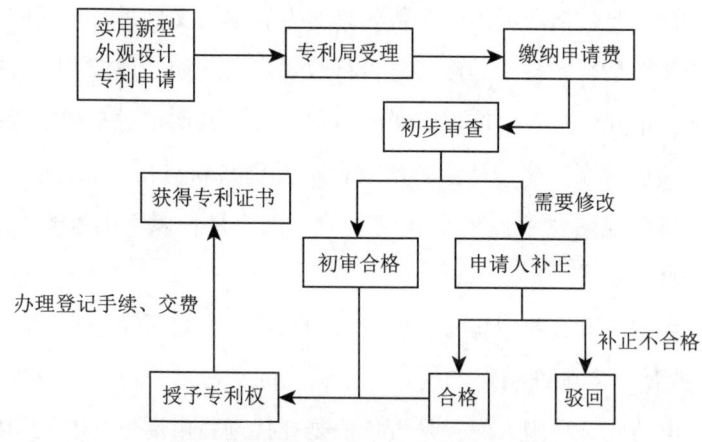

实用新型及外观设计专利申请审批流程图

5.2 各种通知和决定的送达日的确定

对于专利局通过邮寄、直接送交的通知和决定，自发文日起满15日推定为当事人收到通知和决定之日。

对于专利局通过邮寄的通知和决定，当事人提供证据，证明实际收到日在推定收到日之后的，以实际收到日为送达日。

对于专利局通过电子形式送达的通知和决定，以进入当事人认可的电子系统的日期为送达日。进入当事人认可的电子系统的日期与通知书和决定的发文日不一致时，除申请人能提供证据外，该通知书和决定的发文日推定为送达日。

5.3 初步审查阶段

专利初步审查是指对专利申请是否符合专利法及其实施细则规定的形式要求以及明显的实质性缺陷进行审查。又称"形式审查"和"格式审查"。初步审查是专利审批程序的第一个阶段，初步审查的主要目的，是查明发明专利申请是否符合《专利法》关于形式要求的规定，为以后的公开和实质审查作准备；查明实用新型和外观设计专利申请是否符合《专利法》关于授予专利权的规定，对符合授权条件的实用新型和外观设计依法授予专利权。

初步审查主要包括两项内容，首先是对专利申请文件进行格式的审查：核对专利申请文件是否齐备，其格式是否符合规定，例如：请求书中各栏目填写得是否齐全、正确，是否已按规定缴纳申请费等。其次是对专利申请内容的审查：是否"违反国家法律、社会公德或者妨害公共利益"；是否明显属于专利法第二十五条规定的"不授予专利权"的范围，是否属于国家安全或者重大利益而要保密等。

发明专利初步审查的内容有：申请人的申请文件是否完备，撰写是否符合《专利法》及其《实施细则》的规定；申请人的身份是否合法，各种证明文件是否齐全。申请人是外国人的，是否依法委托代理；申请专利的发明创造是否属于违反国家法律、社会公德或者妨害公共利益及属于不授予专利权的对象；申请人是否缴纳了申请费等。

实用新型专利和外观设计专利初步审查的主要内容有：申请文件的撰写是否符合要求；对文件的修改是否超越了法定限制；申请人的资格是否合法，外国申请人是否委托了法定的代理机构办理专利申请；实用新型或外观设计是否违反法律、社会公德或妨害公共利益，是否属于不给予专利保护的发明创造；申请是否符合单一性要求；有无重复授权的可能；是否为两个相同实用新型或外观设计专利申请的后申请人；是否明显不具有新颖性或创造性；是否属于违反诚实信用原则的申请等。由以上可见，对实用新型和外观设计的初步审查既有格式审查，也包含了部分必要的实质性审查。

5.4 发明专利申请的公布阶段

发明专利申请从发出初审合格通知书起就进入等待公布阶段，如果申请人没有提出提前公布的要求，要等到申请日起满18个月公布。如果申请人请求提前公布的，则申请立即进入公布准备程序，经过格式复核、编辑校对、计算机处理和排版印刷，大约3个月之后，在专利公报上公布其说明书摘要并出版说明书单行本。

申请人请求提前公开发明专利，可以在提出专利申请的同时，在发明专利请求书中勾选"请求早日公布该专利申请"。请求提前公布后，专利申请文件将在申请日起的3—6个月公布；提前公布的请求也可以在申请日之后提交，在申请日起至专利申请公布之前向专利局提交发明专利请求提前公布声明。

提前公布的好处在于：一是发明专利申请公布后才会启动实质审查程序，所以提前公开意味着提前开始审查，缩短审查周期，以期尽快获得授权；二是申请公布之后，申请人就获得了临时保护的权利，从而尽早保障申请人的利益；三是专利技术的提前公开，可以起到警示竞争对手的作用。

但是提前公开也意味着缩短了专利申请的技术保密期，意味着过早地让专利技术为公众所知，对其他专利申请形成已有技术，可能会影响申请人后续的专利布局；同时也让竞争对手更早地了解申请人的研发进展和研发方向，方便竞争对手及时调整研发策略或进行围追堵截；另外，在专利申请正式进入公开程序之前，申请人还有机会对专利申请进行撤回，阻止专利申请的公开，撤回后申请人还可以对撤回后的专利申请文件进行修改及更正，或是将相应技术方案作为技术秘密予以保留和利用,如果选择提前公开可能会影响这一策略的使用。由于请求提前公开后,在很短的时间内国知局就做好了公开的准备,因此请求提前公开后又仓促撤回时,还可能会导致虽然提交了撤回专利的申请却无法阻止公开程序,因此给申请人造成很大的损害。

申请人要综合考虑专利申请的目的和用途以及专利技术的成熟度等因素来决定是否提前公开专利申请。

5.5 发明专利申请的实质审查阶段

专利实质审查是指专利局对发明专利的新颖性、创造性、实用性等实质性内容所作的审查。实质审查是针对发明专利的申请而言的,实用新型专利和外观设计专利申请没有实质审查程序。

5.5.1 实质审查的启动

发明专利的实质审查程序的启动条件一般是已请求启动,并缴纳费用。国家知识产权局也可以对认为有必要开始实审的专利进行主动审查,但几乎没有使用过。

发明专利申请公布以后,如果申请人已经提出实质审查请求并已缴纳了实质审查费,申请将进入实审待审阶段,专利局会发给申请人"进入实质审查阶段通知书"。自申请日起满3年,未提出实审请求的或者实审请求未生效的,申请即被视为撤回。

进入实审程序的申请将按照进入实审程序的先后顺序等待实审。需要多久才能被审查员提案审查与所属领域案件积压的情况有关。

实审审查员提案以后,一般会进行对比文件检索,看是否存在可以影响本申请新创性的专利、论文、产品以及书籍等对比文件,审查员认为不符合授权条件的,或者存在各种缺陷的,会发出《审查意见通知书》通知申请人在规定的时间内陈述意见或进行修改。

申请人收到审查意见通知书后,应在指定期限内答复,如未答复,申请被视为撤回。国知局收到申请人答复的意见陈述后,审查员会根据意见陈述的内容再次进行审查,如此往复,直至审查员认为符合专利法的要求,审查员会发送授权通知书;如果审查员认为答复审查意见后还是不能符合专利法的要求,会对申请进行驳回。

5.5.2 公众意见

发明专利申请公布后,任何人发现该专利申请不符合专利法规定,可以向专利局提出意见,公众意见将存入该专利申请文档中供审查员在实质审查时考虑。如果公众的意见是在审查员发出授予专利权的通知之后收到的,将不予考虑。专利局对公众意见的处理情况,不会通知提出意见的公众。

5.5.3 检索报告

国家知识产权局在实质审查过程中,通常会发出审查意见通知书,并附具审查检索报告。检索报告用于记载专利审查过程中的检索结果,特别是记载构成相关现有技术的文件。检索报告采用专利局规定的表格。

在检索报告中,审查员采用下列符号来表示检索到的对比文件与权利要求的关系:X – 单独影响权利要求的新颖性或创造性的文件;Y – 与检索报告中其他Y类文件组合后影响权利要求的创造性的文件;A – 背景技术文件,即反映权利要求的部分技术特征或者有关的现有技术的文件;R – 任何单位或个人在申请日向专利局提交的、属于同样的发明创造的专利或专利申请文件;P – 中间文件,其公开日在申请的申请日与所要求的优先权日之间的文件,或者会导致需要核实该申请优先权的文件;E – 单独影响权利要求新颖性的抵触申请文件。

除上述类型的文献外,审查意见通知书中引用的其他文献也应当填写在检索报告中,但不填写文献类型和/或所涉及的权利要求。

5.6 授权阶段

发明专利申请经实质审查、实用新型和外观设计专利申请经初步审查,没有发现驳回理由的,专利局发出授予专利权的通知,申请人应当自收到通知之日起2个月内办理登记手续。申请人办理登记手续时,应当缴纳授予专利权当年的年费,期满未缴纳或者未缴足的,视为未办理登记手续,视为放弃取得专利权的权利。申请人按期办理登记手续的,专利局应当授予专利权,颁发专利证书,并予以公告。

对于授权公告日在 2020 年 3 月 3 日（含当日）之后的专利电子申请，国家知识产权局将通过专利电子申请系统颁发电子专利证书，不再颁发纸质专利证书，如有需要，电子申请注册用户可以通过专利电子申请网站提出请求，获取一份纸质专利证书；并自 2022 年 3 月 1 日（含当日）起，国家知识产权局不再接收专利电子申请的纸质专利证书请求，相关专利证书仅通过电子专利申请系统发放。

专利证书主要记载专利名称、专利号、申请日、发明人或设计人的姓名、专利权人的名称、授权公告日等。专利证书仅可以证明专利局对此专利授予过专利权，仅代表专利在授权当年的有效性。获得了专利证书也不能高枕无忧，只有在专利有效期内没有人提出无效宣告或者经无效宣告程序后专利权仍维持有效，而且每年按期缴纳年费，专利权才能维持有效。专利管理是专利持有人的重要工作内容之一，一般需要专门人员负责。没有专职人员管理和缴纳年费的，可以托管给专利代理机构管理。

6. 专利复审

复审程序是因申请人对驳回决定不服而启动的救济程序，同时也是专利审查程序的延续。对专利局作出的驳回决定不服的，专利申请人可以提出复审请求。

6.1 专利复审请求的提出

复审请求人资格：被驳回申请的申请人可以提出复审请求。复审请求人不是被驳回申请的申请人的，其复审请求不予受理。被驳回申请的申请人属于共同申请人的，如果复审请求人不是全部申请人，复审请求人应当在指定期限内补正；期满未补正的，其复审请求视为未提出。

期限：在收到专利局作出的驳回决定之日起 3 个月内，专利申请人可以提出复审请求。因不可抗拒事由或者有正当理由而延误此期限的，可以在障碍消除之日起两个月内提出恢复权利请求。

文件：复审请求人应当提交复审请求书，说明理由，必要时还应当附具有关证据。

费用：复审费的缴纳期限是自申请人收到专利局作出的驳回决定之日起3个月内。复审请求人在收到驳回决定之日起3个月内提出了复审请求，但在此期限内未缴纳或者未缴足复审费的，其复审请求视为未提出。有请求恢复权利的还应该缴纳恢复权利请求费。委托代理机构的还会有复审代理费。

6.2 复审的审查程序及审理方式

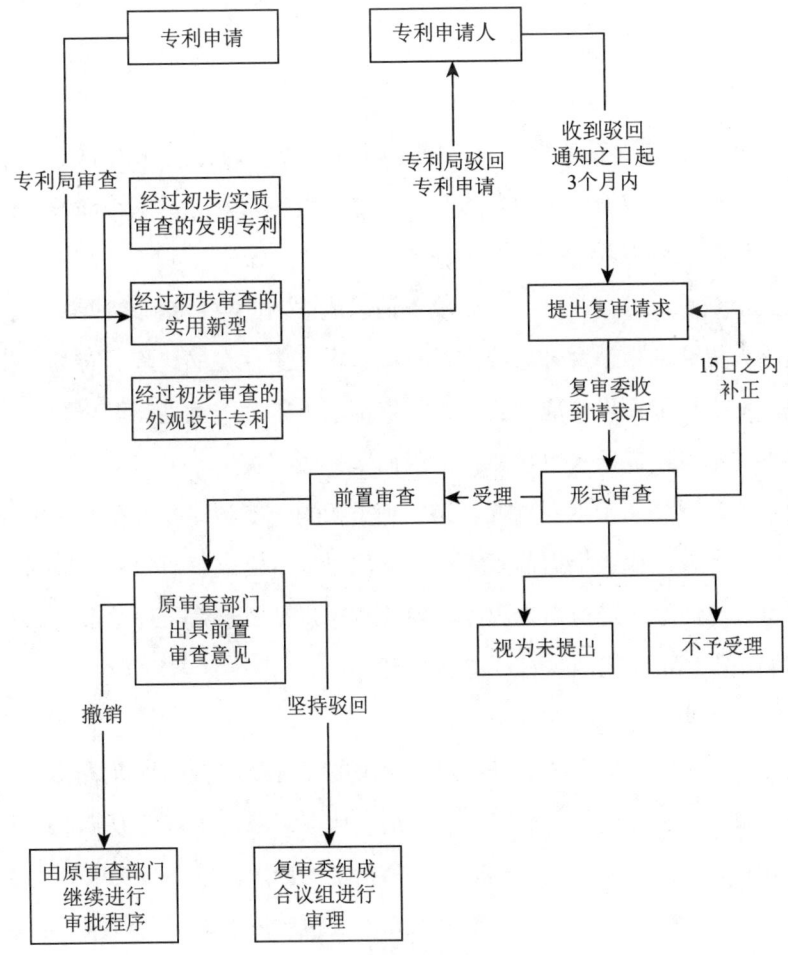

复审审查程序流程图

（1）专利局复审和无效审理部收到复审请求后，首先进行形式审查。形式审查主要是对是否有主体资格、复审请求书是否按规定的格式填写以及期限等其他对复审请求的要求是否符合规定进行审查。

(2）经形式审查，可能产生三种结果：

一是符合相关要求，专利局复审和无效审理部决定受理，发"复审请求受理通知书"。

二是不符合要求，也未按复审"补正通知书"要求在收到通知书之日起15天内进行补正的，被视为未提出过复审请求，发"复审请求视为未提出通知书"。

三是不符合相关规定的，专利局复审和无效审理部不予受理，发"复审请求不予受理通知书"。

（3）被受理的复审请求，进入前置审查阶段。即先由作出驳回决定的原审查部门进行重新审查。前置审查后，出具前置审查意见。除特殊情况外，前置审查应当在收到案卷后一个月内完成。

前置审查意见共分三种：一是复审请求成立，同意撤销原驳回决定；二是复审请求人提交的申请文件修改文本克服了申请中存在的缺陷，同意在修改文本的基础上撤销驳回申请决定；三是复审请求人陈述的意见和提交的申请文件修改文本都不足以驳回决定被撤销，因而坚持驳回决定。

前置审查意见属于第一种或者第二种类型的，专利局复审和无效审理部不再进行合议审查，应当根据前置审查意见作出复审决定，通知复审请求人，并且由原审查部门继续进行审批程序。前置审查意见属于第三种类型的，专利局复审和无效审理部将组成合议组进行审理。

（4）口头审理

在复审程序中，确定需要进行口头审理的，合议组会向复审请求人发出口头审理通知书，通知进行口头审理的日期、地点以及口头审理拟调查的事项。

复审请求人需要在口头审理通知书中指定的期限内准备口头审理的答辩意见或者书面意见陈述，提交口头审理通知书回执；逾期未提交回执的，视为不参加口头审理。

口头审理通知书中已经告知该专利申请不符合专利法及其实施细则和审查指南有关规定的具体事实、理由和证据的，如果复审请求人既未出席口头审理，也未在指定的期限内进行书面意见陈述，其复审请求视为撤回。

合议组可以使用笔录、录音或者录像等方式进行记录。笔录中应当记录重要的审理事项，并应当将笔录交当事人阅读，核实无误后，当事人应当签字，当事人拒绝签字的，由合议组在口头审理笔录中注明。

参加口头审理的当事人及其代理人的数量不得超过四人，不足四人时，可以在口头审理开始前指定其他人参加口头审理；不止一人参加口头审理的，应当指定第一发言人。当事人委托专利代理机构代理的，该机构应当指派专利代理师参加口头审理。

（5）复审请求的合议审查：针对一项复审请求，合议组可以采取书面审理、口头审理或者书面审理与口头审理相结合的方式进行审查。

有下列情形之一的，合议组将发出复审通知书（包括复审请求口头审理通知书）或者进行口头审理：复审决定将维持驳回决定；需要复审请求人依照专利法及其实施细则和审查指南有关规定修改申请文件，才有可能撤销驳回决定；需要复审请求人进一步提供证据或者对有关问题予以说明；需要引入驳回决定未提出的理由或者证据。

针对合议组发出的复审通知书，复审请求人应当在收到该通知书之日起一个月内针对通知书指出的缺陷进行书面答复；期满未进行书面答复的，其复审请求视为撤回，复审请求人提交无具体答复内容的意见陈述书的，视为对复审通知书中的审查意见无反对意见。针对合议组发出的复审请求口头审理通知书，复审请求人应当参加口头审理或者在收到该通知书之日起一个月内针对通知书指出的缺陷进行书面答复；如果该通知书已指出申请不符合专利法及其实施细则和审查指南有关规定的事实、理由和证据，复审请求人未参加口头审理且期满未进行书面答复的，其复审请求视为撤回。

复审请求审查决定（简称复审决定）分为下列三种类型：

①复审请求不成立，维持驳回决定；

②复审请求成立，撤销驳回决定；

③专利申请文件经复审请求人修改，克服了驳回决定所指出的缺陷，在修改文本的基础上撤销驳回决定。

复审决定撤销原审查部门作出的决定的，专利局复审和无效审理部应当将有关的案卷返回原审查部门,由原审查部门继续审批程序。原审查部门应当执行专利局复审和无效审理部的决定,不得以同样的事实、理由和证据作出与该复审决定意见相反的决定。

(6) 复审决定作出后,复审和无效审理部将复审决定送达请求人,并在发出复审决定后会及时在国家知识产权局网站上公开。复审请求人不服该决定的,可以在收到复审决定之日起 3 个月内向人民法院起诉,在规定的期限内未起诉或者人民法院的生效判决维持该复审决定的,复审程序终止。

7. 加快审查程序

7.1 优先审查

7.1.1 优先审查的适用范围

①实质审查阶段的发明专利申请。

②实用新型和外观设计专利申请。

③发明、实用新型和外观设计专利申请的复审。

④发明、实用新型和外观设计专利的无效宣告。

请求优先审查的专利申请或者专利复审案件应当采用电子申请方式。如果专利申请是纸件申请,则应当将纸件申请转成电子申请。

有下列情形之一的专利申请或者专利复审案件,可以请求优先审查:

①涉及节能环保、新一代信息技术、生物、高端装备制造、新能源、新材料、新能源汽车、智能制造等国家重点发展产业。

②涉及各省级和设区的市级人民政府重点鼓励的产业。

③涉及互联网、大数据、云计算等领域且技术或者产品更新速度快。

④专利申请人或者复审请求人已经做好实施准备或者已经开始实施,或者有证据证明他人正在实施其发明创造。

⑤就相同主题首次在中国提出专利申请又向其他国家或者地区提出申请的该中国首次申请。

⑥其他对国家利益或者公共利益具有重大意义需要优先审查的。

有下列情形之一的无效宣告案件,可以请求优先审查:

①针对无效宣告案件涉及的专利发生侵权纠纷，当事人已请求地方知识产权局处理、向人民法院起诉或者请求仲裁调解组织仲裁调解。

②无效宣告案件涉及的专利对国家利益或者公共利益具有重大意义。

7.1.2 办理优先审查所需的材料

申请人提出发明、实用新型、外观设计专利申请优先审查请求的，应当提交优先审查请求书、全体申请人身份证明、现有技术或者现有设计信息材料和其他相关证明文件；优先审查请求书应当由国务院相关部门或者省级知识产权局签署推荐意见。

当事人提出专利复审、无效宣告案件优先审查请求的，应当提交优先审查请求书和相关证明文件；除在实质审查或者初步审查程序中已经进行优先审查的专利复审案件外，优先审查请求书应当由国务院相关部门或者省级知识产权局签署推荐意见。

地方知识产权局、人民法院、仲裁调解组织提出无效宣告案件优先审查请求的，应当提交优先审查请求书并说明理由。

7.1.3 优先审查案件的期限要求

对于优先审查的专利申请，申请人应当尽快作出答复或者补正。申请人答复发明专利审查意见通知书的期限为通知书发文日起两个月，申请人答复实用新型和外观设计专利审查意见通知书的期限为通知书发文日起15日。

国家知识产权局同意进行优先审查的，应当自同意之日起，在以下期限内结案：

①发明专利申请在45日内发出第一次审查意见通知书，并在一年内结案。

②实用新型和外观设计专利申请在两个月内结案。

③专利复审案件在7个月内结案。

④发明和实用新型专利无效宣告案件在5个月内结案，外观设计专利无效宣告案件在4个月内结案。

7.1.4 停止优先审查程序的情形

对于优先审查的专利申请，有下列情形之一的，国家知识产权局可以停止优先审查程序，按普通程序处理：

①优先审查请求获得同意后，申请人根据《专利法实施细则》第五十一条第一、二款对申请文件提出主动修改。

②申请人答复期限超过上述优先审查专利申请审查意见的答复期限。

③申请人提交虚假材料。

④在审查过程中发现为非正常专利申请。

对于优先审查的专利复审或者无效宣告案件，有下列情形之一的，专利局复审和无效审理部可以停止优先审查程序，按普通程序处理，并及时通知优先审查请求人：

①复审请求人延期答复。

②优先审查请求获得同意后，无效宣告请求人补充证据和理由。

③优先审查请求获得同意后，专利权人以删除以外的方式修改权利要求书。

④专利复审或者无效宣告程序被中止。

⑤案件审理依赖于其他案件的审查结论。

⑥疑难案件，并经专利局复审和无效审理部主任批准。

7.2 快速预审

专利快速预审是指各地知识产权保护中心面向相关产业提供发明、实用新型、外观设计的预审服务，辖区内相应产业的企事业单位可自愿进行备案，备案的企事业单位的专利申请经保护中心预审合格后，提交至专利局即可进入快速审查通道。通过快速预审的专利申请，其授权周期会大大缩短。发明专利的授权周期可缩短到3个月；实用新型专利授权周期为1个月；外观设计专利授权周期为1周。

专利预审是以服务地方产业发展为目标，围绕地域重点产业培育高价值核心专利，所以每个地区的专利预审技术领域有所不同。截至2022年11月，全国已布局建设62家知识产权保护中心，分布在26个省（市、区），全国知识产权保护中心快速预审领域范围汇总表参见第六章第一节"3.6维权援助"部分。

7.2.1 申请主体备案

保护中心应当对拟进入快速审查通道的企业、高校、科研院所等创新主体进行备案管理,并将名单上报国家知识产权局。未备案的企事业单位,不得通过保护中心快速审查通道将其专利申请提交至国家知识产权局。

备案条件应满足:

①备案主体应为在当地进行登记注册的企事业单位;

②备案主体的主要生产、研发或经营方向,属于保护中心所服务的产业领域;

③自提交备案申请一年之内,存在"非正常"申请的企业事业单位,不可备案;一年以上的,需提交申请质量承诺书,方可备案。

备案材料:

①企业营业执照复印件或事业法人证书复印件(加盖公章);

②专利快速审查确权业务备案申请表(加盖公章)。

已备案申请主体出现如下情形的,取消备案:

①提交虚假材料;

②违反国家知识产权局《关于规范专利申请行为的若干规定(2017)》(局令第75号)和《关于规范申请专利行为的办法》(国家局公告第411号)有关规定,并被国家知识产权局标记有非正常申请案件的;

③经预审合格、进入快速审查通道后,多次违反知识产权保护中心专利申请须知及承诺书要求,导致专利快速审查无法顺利进行的;

④申请材料质量不高、经过反复多次修改仍达不到预期要求,半年内此类预审材料占其提交的专利预审申请的50%以上的;

⑤专利申请获得授权后,一年内专利权转让超过5件且未报备或报备理由明显不充分的;

⑥从事非法知识产权运营,利用快速审查通道不当得利的情形;

⑦出现重复专利侵权、不依法执行、专利代理严重违法等行为;

⑧有不良信用记录的,或其他违反国家知识产权局或保护中心规定的情况。

7.2.2 专利申请快速预审流程

计划通过快速预审加快审查的专利申请，在提交到专利局之前，要先提交到当地知识产权保护中心进行预审。

申报专利申请快速预审，需具备以下条件：

①申请主体为在保护中心完成备案的单位；

②拟提交的专利申请属于保护中心服务的技术领域；

③申请人申报专利申请快速预审时须提交《快速预审服务申请表》和《承诺书》，并确保专利申请符合承诺书中的相关要求；

④已备案申请主体（须作为第一申请人）与未备案的申请主体作为共同专利申请人提出预审服务申请，需提交相应说明材料（共同研发合同等），且每个已备案申请主体每年此类专利申请不得超过5件。

不得提交预审的情形：

①按照PCT提出的专利国际申请；

②进入中国国家阶段的PCT专利国际申请；

③同一申请人同日对同样的发明创造所申请实用新型专利和发明专利；

④根据《专利法实施细则》第七条所规定的需要进行保密审查的申请；

⑤分案申请。

预审的主要内容包括：

对拟提交的专利申请进行初步分类，判定是否属于保护中心服务的技术领域范围；对拟提交的专利申请文件的形式和明显的实质性缺陷审查进行审查；拟提交的专利申请是否存在涉及国家安全或者重大利益；拟提交的专利申请是否存在低质量问题；对拟提交的发明专利申请的三性、单一性等进行审查。根据预审情况，形成保护中心预审结论，如存在缺陷，将缺陷告知申请人并要求申请人对申请文件进行修改以消除缺陷。

对于保护中心预审合格的，申请人可以向国家知识产权局专利局正式提交该专利申请，专利申请提交到专利局的日期为本专利申请的申请日。申请人获得专利申请号后应立即完成网上缴费并于当日内将专利申请号提交至保护中心。保护中心预审未通过的专利申请，申请人可按照普通程序向国家知识产权局专利局提交申请。

保护中心对已正式向国家知识产权局专利局提交的专利申请（已获得专利申请号）进行审核，审核合格后，在专利审查系统中对专利申请号进行标注并提交。

7.2.3 通过快速预审的专利申请正式向专利局提交申请时的注意事项

（1）正式提交至国家知识产权局的专利申请文本应当与保护中心预审合格的专利申请文本相一致；在提交发明专利申请的同时提交实质审查请求书。

（2）提交通道及格式要求：申请人必须通过专利业务办理系统提交，提交的专利申请文件必须符合 XML 格式要求。

（3）关于费用：申请人须获得专利申请号后应立即完成网上缴费并于当日内将专利申请号提交至保护中心。发明需交申请费、实审费、公布印刷费 3 项费用；实用新型和外观设计需要交申请费 1 项费用。收到授权通知书后应尽快缴纳授权相关费用。

（4）关于修改：申请人须自愿放弃《专利法实施细则》第五十一条第一款和第二款所规定的对专利申请进行主动修改的权利。

（5）关于答复审查意见：发明专利申请在 10 个工作日内答复第一次审查意见、5 个工作日内答复第二次审查意见；否则自动转为普通申请程序，按照国家知识产权局正常审查流程继续进行审查。

审查过程中，针对国家知识产权局发出的审查意见通知书，也应提交 XML 格式的答复意见。

专利申请在国家知识产权局初步审查阶段如发出补正通知书，自动转为普通申请程序审查。

发明专利申请答复第二次审查意见通知书后仍未授权的、实用新型和外观设计专利在初步审查中发出审查意见通知书的，自动转为普通申请程序审查。

（6）关于公开：对于发明专利申请，申请人应当在请求书中选择"请求早日公布该专利申请"。

(7) 关于变更：专利申请若需著录项目变更，应在专利申请授权公告后再进行。

(8) 关于委托书：如有委托代理机构，每件专利均需提交委托书（单件专利委托书或总委托书）。

7.3 专利审查高速路（PPH）

专利审查高速路（Patent Prosecution Highway），简称 PPH，是不同国家或地区的专利审查机构之间开展的审查结果共享的业务合作，旨在帮助申请人的海外申请早日获得专利权。具体是指当申请人在首次申请受理局（OFF）提交的专利申请中所包含的至少一项或多项权利要求被确定为可授权时，便可以此为基础向后续申请受理局（OSF）提出加快审查请求。

PPH 并非是各国在实体问题上相互承认审查结果的机制，而仅仅是一种便利申请人的加快审查机制。各国仍旧要对具体的专利申请按照本国专利法进行实质审查或者履行其他的审查程序。

截至目前，中国已经与德国、英国、瑞典、加拿大、新加坡、俄罗斯、挪威、以色列、巴西、冰岛、奥地利、波兰、阿根廷、埃及、葡萄牙、西班牙、捷克、智利、匈牙利、马来西亚、墨西哥、丹麦、芬兰、沙特等国家签署了 PPH 协议。欧洲专利局（EPO）、日本特许厅（JPO）、韩国特许厅（KIPO）、中国国家知识产权局（CNIPA）和美国专利商标局（USPTO）五局（简称 IP5 试点项目）于 2013 年 9 月启动一项全面的五局专利审查高速路（IP5 PPH）试点项目，以更好地加快处理在这些局提出的专利申请。

PPH 加快途径只适用于需要进行实质审查的申请，只是一个实审阶段的加快，在我国，PPH 请求只适用于发明专利申请，并且只加快实质审查阶段，实用新型和外观设计不进行实质审查，所以不适用于 PPH。

7.3.1 PPH 的类型

通常所说的 PPH 包括两种类型，即常规 PPH 和 PCT-PPH。

（1）常规 PPH，是指巴黎公约途径的 PPH，即申请人在首次受理局（OFF）提交专利申请后，在优先权期限内，以该申请为优先权在二次受理局（OSF）提出相应申请后，若 OFF 审查确定申请具有可专利性/可授权，申请人可向 OSF 对相应申请提出加快审查请求。目前已经有不少国家与中国开通了 PPH 试点，在满足相应要求的情况下。在这些国家先授权的专利，可用来加速与其相关的中国专利申请的审查。

常规 PPH 依据国家或地区的审查结果。另外，在常规 PPH 的基础上扩展了 PPH 受理条件，增加了首次申请源于其他局或后续申请受理局率先作出审查结果等情形，此途径称为 PPH-MOTTAINAI（再利用型 PPH 项目）。

（2）PCT-PPH，是指 PCT 申请在国际阶段得到具有可专利性的肯定书面意见或国际初步审查报告后，申请人可在 PCT 申请进入国家阶段后请求加快审查相应申请。

7.3.2 PPH 的办理条件

申请人在首次申请受理局（IP5-PPH 试点项目下指首次审查局）提交的专利申请（以下简称：对应申请）中所包含的至少一项或多项权利要求被确定为可授权/具有可专利性时，可以向后续申请受理局（IP5-PPH 试点项目下指后续审查局）提出 PPH 请求，以加快后续申请的审查。中国专利申请作为后续申请，当满足下列条件时，申请人可以针对该中国专利申请提出 PPH 请求：

（1）提出 PPH 请求所针对的中国申请应当是发明专利申请（包括 PCT 国家阶段发明专利申请），且该中国申请必须是电子申请。

（2）提出 PPH 请求的时机必须同时满足以下条件：

①申请人在提出 PPH 请求之前或之时必须已经收到 CNIPA 作出的发明专利申请公布通知书；

②申请人在提出 PPH 请求之前或之时必须已经收到 CNIPA 作出的发明专利申请进入实质审查阶段通知书；注意，这里有一个允许的例外情形是，申请人可以在提出实质审查请求的同时提出 PPH 请求；

③申请人在提出 PPH 请求之前及之时尚未收到 CNIPA 实质审查部门作出的审查意见通知书；

④同一申请最多有两次提交 PPH 请求的机会。

（3）中国申请与对应申请之间的关系要符合 PPH 项目流程的要求。

（4）对应申请中具有一项或多项被该对应申请审查局认定为可授权/具有

可专利性的权利要求。

（5）中国申请的所有权利要求（在试点项目下请求加快审查），无论是原始提交的或者是修改后的，必须与对应申请审查局认定为可授权/具有可专利性的一个或多个权利要求充分对应。

7.3.3 PPH 申请材料

申请人提出 PPH 请求，应当提交"参与专利审查高速路（PPH）试点项目请求表"，并且，以下文件必须随付上表一并提交。

（1）对于常规 PPH，应提交对应申请审查局就对应申请作出的所有审查意见通知书（与对应申请审查局关于可专利性的实质审查相关，包括任何形式的检索报告、检索意见）的副本及其中文或英文译文；对于 PCT-PPH，应提交认为权利要求具有可专利性的最新国际工作结果（国际检索单位的书面意见 WO/ISA、国际初审单位的书面意见 WO/IPEA 或国际初步审查报告 IPER）的副本及其中文或英义译义。

（2）对于常规 PPH，应提交对应申请中被对应申请审查局认定为可授权/具有可专利性的所有权利要求的副本及其中文或英文译文；对于 PCT-PPH，应提交被最新国际工作结果认为具有可专利性的权利要求的副本及其中文或英文译文。

（3）提交对应申请审查局审查员引用文件的副本或者对应的国际申请的最新国际工作结果中引用文件的副本。

注意，某些情形下，上述（1）—（3）所要求的文件可以不必提交，具体参见 PPH 项目流程（https://www.cnipa.gov.cn/col/col341/index.html）。但是，即使某些文件不必提交，其文件名称亦必须列入"参与专利审查高速路（PPH）试点项目请求表"中。

7.3.4 PPH 办理基本流程

（1）提交 PPH 请求前相关文件的准备：申请人应当按照 PPH 项目流程的要求，准备 PPH 请求相关文件。申请人应当根据中国专利申请和对应申请的实际情况填写"参与专利审查高速路（PPH）试点项目请求表"，并准备相关必要附加文件。其中必要附加文件包括：对应申请权利要求副本及译文；对应申请审查意见通知书副本及译文；对应申请审查意见引用文件副本。

由于参与 PPH 试点项目需要中国申请的权利要求和对应申请中被认定为可授权/具有可专利性的权利要求充分对应，在提出 PPH 请求之前，有些中国申请权利要求需要通过修改才能满足上述条件，此时申请人需要注意修改的时机。申请人在中国提出实质审查请求时以及在收到国家知识产权局作出的发明专利申请进入实质审查阶段通知书之日起的 3 个月内，可以对包括权利要求在内的申请文件主动提出修改。在满足上述时机要求的修改文件提交之后或者同时，申请人提出的 PPH 请求将以修改后的文件作为审查基础。

申请人应当通过专利业务办理系统提交 PPH 请求文件，国家知识产权局专利局通过专利业务办理系统接收 PPH 请求。

（2）《PPH 请求补正通知书》的答复：国家知识产权局对申请人提交的 PPH 请求进行审查后，若发现该请求存在 PPH 项目流程中规定可以通过补正方式进行修改的缺陷时，将发出《PPH 请求补正通知书》，申请人需要在指定的期限内对此通知书进行答复。

申请人答复《PPH 请求补正通知书》时，应当使用专用的"PPH 请求补正书"，同补正文件一起提交。《PPH 请求补正通知书》中指定的期限不可延长，若由于申请人未在指定期限内进行答复而导致该申请不能参与 PPH 项目，申请人也无法通过恢复程序得到救济。

（3）PPH 请求审批结论的接收及后续处理：国家知识产权局对申请人提交的 PPH 请求进行审查后，若发现该请求不符合 PPH 项目流程的要求，将作出 PPH 请求不予批准的决定，并发出《PPH 请求审批决定通知书》，告知申请人结果以及请求存在的缺陷。若 PPH 请求未被批准，申请人可再次提交请求，但至多一次。若再次提交的请求仍不符合要求，申请人将被告知结果，该中国申请将按照正常程序等待审查。国家知识产权局对申请人提交的 PPH 请求进行审查后，若发现该请求符合 PPH 项目流程的要求，将作出 PPH 请求予以批准的决定，并发出《PPH 请求审批决定通知书》告知申请人。同时该中国申请将被给予 PPH 下加快审查的特殊状态，先于普通申请尽快实质审查。

参与 PPH 试点项目的请求获得批准后，申请人在收到有关实质审查的审查意见通知书之前对权利要求进行修改的，任何修改或新增的权利要求均需要与对应申请中被认定为可授权/具有可专利性的权利要求充分对应；否则国家知识产权局将撤回之前所作出的 PPH 请求予以批准的审查结论，重新作出 PPH 请求不予批准的决定，该中国申请也将作为普通申请按照正常程序等待审查。

参与 PPH 试点项目的请求获得批准后，申请人为克服实审审查员提出的审查意见对权利要求进行修改的，任何修改或新增的权利要求不需要与对应申请中被认定为具有可专利性/可授权的权利要求充分对应；任何超出权利要求对应性的修改或变更由实审审查员裁量决定是否允许。

8. 延迟审查程序

目前申请人可以对发明、实用新型和外观设计专利申请提出延迟审查请求。

延迟审查制度给申请人提供更多的审查模式选择，可以使审查周期更好地与专利的市场化运作相协调、相匹配，满足创新主体多样化需求。通过延迟审查，申请人可以获得更多时间考虑调整专利权利要求的布局与保护范围，决定发明创造公开的时间，以及是否采取撤回措施以使发明创造的技术内容不被公开而避免被竞争者或同行获取，这样更有利于市场竞争。实用新型和外观设计专利的审查周期较短，对一些研制周期较长的产品来说，专利公告的时间经常早于产品上市的时间，由于实用新型和外观设计专利具有直观、"所见即所得"的特点，很容易被抄袭，如果在权利人没有完全准备好商业应用的情况下，不请求延迟审查会在提交专利申请后的几个月内即被披露，权利人的商业利益可能会受到损失。

发明专利延迟审查请求，由申请人在提出实质审查请求的同时提出，但发明专利申请延迟审查请求自实质审查请求生效之日起生效。实用新型专利延迟审查请求，应当由申请人在提交实用新型专利申请的同时提出。发明专利和实用新型专利的延迟期限为自提出延迟审查请求生效日起可以是 1 年、2 年、3 年。

外观设计延迟审查请求，由申请人在提交外观设计申请的同时提出。延迟期限以月为单位，最长延迟期限为自提出延迟请求生效之日起36个月。

延迟期限届满前，申请人可以请求撤回延迟审查请求，符合规定的，延迟期限终止，专利申请将按照顺序待审。

延迟期限届满后，该申请将按顺序待审。必要时，专利局可以自行启动审查程序并通知申请人，申请人请求的延迟审查期限终止。

9. 专利授权后的相关程序和其他手续

9.1 专利的保护期限及期限补偿

9.1.1 三种专利的保护期限

我国专利法规定，发明专利权的法定保护期限为20年，实用新型专利权的期限为10年，外观设计专利权的期限为15年［申请日为2021年5月31日（含该日）之前的外观设计专利权的保护期限为10年］，均自申请日起计算；专利权自授权公告日开始生效；对专利审查授权过程中因专利局原因造成的不合理延迟可以给予专利权期限补偿（申请人引起的延迟除外）。

9.1.2 发明专利保护期限的补偿

由于在专利审查到授权的过程中，有可能因专利局审查原因，而延误授权时间，因此我国专利法规定，对发明专利审查授权过程中因专利局原因造成的不合理延迟可以给予专利权期限补偿。

根据专利法第四十二条第二款规定，自发明专利申请日起满4年，且自实质审查请求之日起满3年后才授予发明专利权的，专利局应专利权人的请求，就发明专利在授权过程中不合理延迟的时间可以给予专利权期限补偿。

同一申请人同日对同样的发明创造既申请实用新型专利又申请发明专利，被授予实用新型专利权后又被授予发明专利权的，该发明专利授权期限不适用专利法第四十二条第二款的规定。

专利权期限补偿应当由专利权人自专利授权公告之日起3个月内提出请求并缴纳相应费用，才可能被批准。专利权属于多个专利权人共有的，专利权期限补偿请求应当由代表人办理；已委托专利代理机构的，专利权期限补偿请求应当由专利代理机构办理。

发明专利的授权公告日晚于发明专利申请日后4年且超过实质审查请求生效之日后满3年的，专利权人可以提出延迟保护期限请求。但，补偿期限的确定，是按照发明专利在授权过程中因专利局审查原因而引起的实际延迟的天数计算，需要用超过上述申请日后4年且实质审查生效3年后的延迟时间减去因申请人引起的不合理延迟时间。发明专利申请的实质审查请求生效之日早于公布之日的，将公布日算作实质审查请求生效日。

对于国际申请和分案申请，授权过程中的不合理延迟时间是指发明专利的授权公告日减去自国际申请进入中国国家阶段的日期或分案申请递交日起满4年且自实质审查请求之日起满3年的日期。

以下情形引起的延迟不属于授权过程中的不合理延迟：中止程序、保全措施、行政诉讼程序、复审时修改了专利申请文件后被授予专利权的复审程序。

因申请人原因引起的不合理延迟时间按下列方式计算，它们均不能作为延长专利权保护期限的时间：

①未在指定期限内答复专利局发出通知引起的延迟时间是从期限届满日起至实际提交答复之日之间的时间。

②申请人申请延迟审查的，延迟时间为实际延迟审查的时间。即申请延迟审查的专利，所被批准的延迟审查的时间不算作授权过程中的不合理延迟时间。

③援引加入引起的延迟时间不算作授权过程中的不合理延迟时间。

④请求恢复权利引起的延迟时间，是从原期限届满日起至同意恢复的恢复权利请求审批通知书发文日之间的时间；如果能够证明该延迟是由专利局造成的，则可以算入延长专利权保护期限的时间。

⑤自优先权日起30个月内办理进入中国国家阶段手续的国际申请，申请人未要求提前处理引起的延迟，延迟时间为进入中国国家阶段之日起至自优先权日起满30个月之日止。

审查后认为专利权期限补偿请求符合期限补偿条件的，专利局将作出给予期限补偿的决定，告知期限补偿的天数，并进行登记和公告。

9.1.3 关于药品因审批所延迟上市时间的专利权期限的补偿

对于国务院药品监督管理部门批准上市的创新药和符合规定的改良型新药，应专利权人的请求，专利局可以对符合条件的发明专利给予药品专利权期限补偿，以弥补在专利权有效期内该新药上市审评审批占用的时间。

(1) 请求药品专利权期限补偿应当满足以下条件：

①请求补偿的专利授权公告日应当早于药品上市许可申请获得批准之日；

②提出补偿请求时，该专利权处于有效状态；

③该专利尚未获得过药品专利权期限补偿；

④获得上市许可的新药相关技术方案应当落入请求补偿的专利权利要求的保护范围。以国务院药品监督管理部门批准的新药的结构、组成及其含量，生产工艺和适应症为准；

⑤一个药品同时存在多项专利的，专利权人只能请求对其中一项专利给予药品专利权期限补偿；

⑥一项专利同时涉及多个药品的，只能对一个药品就该专利提出药品专利权期限补偿请求。

(2) 药品专利权期限补偿请求人

药品专利权期限补偿请求应当由专利权人自药品在中国获得上市（包括附条件上市）许可之日起3个月内向专利局提出请求，并缴纳费用。专利权人与药品上市许可持有人不一致的，应当征得药品上市许可持有人书面同意。

专利权属于多个专利权人共有的，药品专利权期限补偿请求应当由代表人办理。已委托专利代理机构的，药品专利权期限补偿请求应当由专利代理机构办理。

(3) 药品专利权期限补偿请求需要提供的材料

提出药品专利权期限补偿请求时，请求人还应当提交如下材料：

①专利权人与药品上市许可持有人不一致的，应当提交药品上市许可持有人的书面同意书等材料；

②用于证明获得上市许可而请求补偿的药品的技术方案是专利权利要求保护范围的相关技术资料，如请求对制备方法专利进行期限补偿的，应当提交国务院药品监督管理部门核准的药品生产工艺资料；新药相关技术方案应当落入请求补偿的；

③专利局要求的其他证明材料。

请求人应当在请求中说明药品名称、批准的适应症和请求给予期限补偿的专利号，指定与获得上市许可药品相关的权利要求，结合证明材料具体说明药品所涉及的技术方案落入其指定权利要求的保护范围的理由以及请求补偿期限的计算依据，并明确药品专利权期限补偿期间保护的技术方案。

(4) 药品专利权期限补偿的适用范围

药品专利权期限补偿的适用范围包括创新药和改良型新药，包括它们的药物活性物质的产品发明专利、制备方法发明专利或者医药用途发明专利。

改良型新药限于国务院药品监督管理部门颁发的药品注册证书中记载为以下类别的改良型新药：

①化学药品第2.1类中对已知活性成分成酯，或者对已知活性成分成盐的药品；

②化学药品第2.4类，即含有已知活性成分的新适应症的药品；

③预防用生物制品第2.2类中对疫苗菌毒种改进的疫苗；

④治疗用生物制品第2.2类中增加新适应症的生物制品；

⑤中药第2.3类，即增加功能主治的中药。

(5) 药品专利补偿期限的计算

给予药品专利权期限补偿的，补偿期限按照该专利申请日至该新药在中国获得上市许可之日的间隔天数减去5年。该补偿期限不超过5年，且该药品上市许可申请批准后总有效专利权期限不超过14年。

9.2 专利权的维持、终止、恢复

9.2.1 专利权维持

要维持专利权有效，需要注意下列三方面的因素：

①及时缴纳年费

专利权人应当自被授予专利权的当年开始缴纳年费。在专利法定保护期内，专利权人应于每一年度期满前一个月预缴下一年度的年费，专利权人依法向专利局缴纳规定数额年费后方可使得专利权维持有效。有关年费、应交年度的算法及可能的滞纳金参见本章第二节"3. 国内专利事务的费用"。

②防止专利被无效

自专利局公告授予专利权之日起，任何单位或者个人认为该专利权的授予不符合专利法有关规定的，可以向专利局请求宣告该专利权无效。宣告无效的专利权被视为自始即不存在。专利授权后，需要实时关注是否有他人提出无效宣告请求，因此应时时关注官方的发文，如果没有专门的部门或专业人员对知识产权进行管理，一定要委托专业的专利代理机构代为管理，他们不会遗漏任何通知消息。在收到专利被他人提出无效的通知书后应及时组建专家及专利师团队积极应对。

③及时变更

包括专利权人名称变更、地址变更、联系人变更、代理机构信息变更，这些信息对后续能否及时接收专利局的发文至关重要，也是维持专利权有效的可靠保障。专利权人应重视信息变化，有变动时及时通知专利代理机构，以便向专利局提交著录项目变更请求，维持专利权的有效性和专利著录项目信息准确。

9.2.2 专利权终止

①专利权期满终止

发明专利权、实用新型专利权、外观设计专利权的期限分别是自申请日起为 20 年、10 年、15 年［申请日为 2021 年 5 月 31 日（含该日）之前的外观设计专利权的保护期限为 10 年］，如果专利权保护期限届满，国家知识产权局将在专利登记簿和专利公报上分别予以登记和公告，向专利权人发送专利权终止通知书，并进行失效处理。

②期限届满前终止

有下列情形之一的，专利权在期限届满前终止：

没有按照规定缴纳年费的；专利权人以书面声明放弃其专利权的。

9.2.3 恢复专利权

根据专利法实施细则第六条第一款规定，当事人因不可抗拒的事由而延误专利法或者实施细则规定的期限或者专利局指定的期限，导致其专利（申请）权丧失的，自障碍消除之日起 2 个月内，最迟自期限届满之日起 2 年内，可以向专利局请求恢复权利。"不可抗拒事由"是指不能预见、不能避免、不能克服的客观情况。例如，地震、水灾、战争等。

除上述情形外，当事人因其他正当理由延误专利法或者实施细则规定的期限或者专利局指定的期限，导致其权利丧失的，可以自收到专利局的通知之日起 2 个月内向专利局请求恢复权利。"正当理由"是指除不可抗拒事由以外的其他合理理由，包括所有依靠主观努力难以克服或者制止的各种情况。例如，当事人出差在国外、当事人没有收到通知书、当事人生重病、法人正处于合并或者分解阶段等。

当事人请求恢复权利的，应当提交恢复权利请求书，说明理由，必要时附具有关证明文件，并办理权利丧失前应当办理的相应手续，还应当在恢复期限内缴纳恢复权利请求费。

当事人在请求恢复权利的同时，应当完成尚未完成的行为，消除造成权利丧失的原因：

①关于未缴纳申请费视为撤回的恢复：足额缴纳申请费、申请费附加费，发明专利申请还应包括公布印刷费。

②关于未提出实质审查请求视为撤回的恢复：提交实质审查请求书并足额缴纳发明专利申请实质审查费。

③关于逾期未答复审查意见、补正等通知书视为撤回的恢复：提交针对审查意见等通知书进行答复的意见陈述书或者补正书，以及带有实质性答复内容的答复文件。

④关于视为放弃取得专利权的恢复：按照办理登记手续通知书中写明的金额缴足年费。

⑤关于专利权终止的恢复：按照专利权终止年度当年的缴费通知书中最后

一个滞纳金时段所写明的金额缴足年费及滞纳金。如果存在其他年度未缴纳年费的，则应当同时缴足相关年度年费，例如，保全程序结束后，当事人办理恢复手续。

⑥PCT 申请进入国家阶段后，未补缴费用视为撤回的恢复：按照补正通知书规定的金额缴纳相关费用。

不予恢复的情形如下：

①恢复权利请求是在规定期限届满后提出，并且恢复权利请求费是在规定期限届满后缴纳的。

②请求恢复权利的专利申请或者专利属于专利法实施细则第六条第五款规定的情形，即超过专利法规定的不丧失新颖性的宽限期、优先权期限、专利权期限和侵权诉讼时效这四种期限而造成权利丧失的，不能请求恢复权利。

③国家知识产权局发出办理恢复权利手续补正通知书后，当事人期满未补正或补正后仍不符合规定的。

④当事人根据专利法实施细则第六条第一款（见本章本节"9.2.3 恢复专利权"部分的第一段）的规定请求恢复权利，但恢复权利请求书中所陈述的理由和提交的证明材料不符合相关规定或不能被认定为不可抗拒事由的。

9.3 专利权无效的程序

我国专利法规定，自专利局公告授予专利权之日起，任何单位或者个人认为该专利权的授予不符合专利法有关规定的，可以向专利局请求宣告该专利权无效。专利权无效的后果是"宣告无效的专利权视为自始即不存在"。本节仅说明专利权无效的程序性事务，专利权无效的实质性行为参见第六章第二节专利权无效宣告部分。

9.3.1 无效宣告请求需提交的材料

无效宣告请求人提交无效宣告请求时，应当提交以下材料，一式一份：

①无效宣告请求书，并在请求书中说明理由，必要时还应当附具有关证据；无效宣告请求人当庭提交中间文件或有关证据时，需提交一式两份，其中一份为原件，另一份为复印件。

②无效宣告请求人的主体资格证明。

③无效宣告请求人在无效程序中委托专利代理机构的,应当提交无效宣告程序授权委托书。当事人委托其近亲属或者工作人员代理的,参照有关委托专利代理机构的规定办理,并提交相关证明材料。其他人没有代理权限。

近亲属或者工作人员代理的权限仅限于在口头审理中陈述意见和接收当庭转送的文件。代理人为当事人的工作人员的,应当提交劳动合同、社保缴费记录、工资支付记录等足以证明与委托人有合法人事关系的证明材料;当事人为机关事业单位的,应当提交单位出具的载明该工作人员的职务、工作期限的书面证明。

9.3.2 无效宣告请求提交方式

①邮寄方式

请求人可以通过邮寄的方式提交无效宣告请求文件,邮寄的地址是:北京市海淀区蓟门桥西土城路6号,国家知识产权局专利局复审和无效审理部,邮编100088。

②面交

请求人可以到专利局受理窗口提交无效宣告请求文件。复审和无效审理部在国家知识产权局专利局受理大厅设有窗口,地址是北京市海淀区蓟门桥西土城路6号国家知识产权局专利局受理大厅复审无效业务窗口。

③电子提交

请求人可以注册为专利业务办理系统用户,登录专利业务办理系统,使用复审无效办理提交无效宣告请求文件。

9.3.3 无效宣告手续办理流程

①无效宣告请求人应当向专利局复审和无效审理部提交无效宣告请求文件,并在提交之日起1个月内足额缴纳无效宣告请求费。

②无效宣告请求受理通知书:无效宣告请求经形式审查符合专利法及其实施细则和审查指南有关规定的,专利局复审和无效审理部向请求人和专利权人发出受理通知书。

③无效宣告请求补正通知书:无效宣告请求经形式审查不符合专利法及其实施细则和审查指南有关规定需要补正的,专利局复审和无效审理部向请求人

发出补正通知书。请求人应当在收到补正通知书之日起的指定期限内补正。

④无效宣告请求具有以下情形之一的,专利局复审和无效审理部向请求人发出视为未提出通知书:请求人未在专利局复审和无效审理部发出的补正通知书指定期限内补正;请求人在指定期限内补正但经两次补正后仍存在同样缺陷;请求人在提出无效宣告请求之日起 1 个月内未缴纳或者未缴足无效宣告请求费。

⑤无效宣告请求不予受理通知书:当无效宣告请求符合不予受理情形之一的,专利局复审和无效审理部向请求人发出不予受理通知书。有关不予受理情形,请参见第六章第二节"专利权无效宣告"部分。

9.3.4　无效的审查方式

参见第六章第二节专利权无效宣告"5.6 审查方式的选择"部分。

9.3.5　无效宣告程序的终止

参见第六章第二节"8. 无效宣告程序的终止"部分。

9.3.6　审查结果和审查决定的类型及送达

无效宣告请求审查决定结论分为下列三种:

(1) 维持专利权有效。

(2) 维持专利权部分有效。

(3) 宣告专利权全部无效。

专利局通过邮寄的方式将通知和决定送达当事人,通知和决定被退回的无法再次邮寄的,专利局在专利公报上通过公告的方式通知当事人。自公告之日起满 1 个月,通知和决定视为已经送达。

无效宣告请求审查决定的正文,除所针对的专利申请未公开的情况以外,在国家知识产权局网站上全部公开。

9.3.7　无效宣告的后续程序

当事人对专利局复审和无效审理部的无效宣告审查决定不服的,可以自收到通知之日起 3 个月内向北京知识产权法院起诉。当事人对专利局复审和无效审理部作出的有关程序性决定不服的,可以依法申请行政复议。

有关无效宣告的其他事项参见第六章第二节"专利权无效宣告"部分。

10. 专利登记簿

(1) 专利登记簿的内容

专利局授予专利权时会建立专利登记簿。专利登记簿登记的内容包括：专利权的授予，专利（申请）权的转移，国防专利、保密专利的解密，专利权的无效宣告，专利权的终止，专利权的恢复，专利权期限的补偿，专利权的质押及其解除，专利权的保全及其解除，专利实施许可合同的备案，专利实施的开放许可，专利实施的强制许可以及专利权人姓名或者名称、国籍、地址的变更等。

上述事项发生变化时应到国家知识产权局做变更或登记备案。上述事项一经作出即在专利登记簿中记载，专利登记簿登记的事项以数据形式储存于数据库中，制作专利登记簿副本时，按照规定的格式打印而成，加盖证件专用章后生效。

(2) 专利登记簿的效力

授予专利权时，专利登记簿与专利证书上记载的内容是一致的，在法律上具有同等效力；专利权授予之后，专利的法律状态的变更等仅在专利登记簿上记载，由此会导致专利登记簿与专利证书上记载的内容不一致，因此专利授权后，应以专利登记簿上记载的法律状态为准。

(3) 专利登记簿副本

专利登记簿副本依据专利登记簿制作。专利权授予公告之后，任何人都可以向专利局请求出具专利登记簿副本。请求出具专利登记簿副本的，应当提交办理文件副本请求书并缴纳相关费用。

专利局收到有关请求和费用后，应当制作专利登记簿副本，经与专利申请文档核对无误后，加盖证件专用章后发送请求人。

11. 著录项目变更

著录项目变更是指申请人、专利权人、代理人等有关事项发生变化的，国家知识产权局根据当事人的请求依法对这些事项进行更改的事务。

著录项目（即著录事项）包括：申请号、申请日、发明创造名称、分类号、优先权事项（包括在先申请的申请号、申请日和原受理机构的名称）、申请人或者专利权人事项（包括申请人或者专利权人的姓名或者名称、国籍或者注册的国家或地区、地址、邮政编码、组织机构代码或者居民身份证件号码）、发明人姓名、专利代理事项（包括专利代理机构的名称、机构代码、地址、邮政编码、专利代理师姓名、执业证号码、联系电话）、联系人事项（包括姓名、地址、邮政编码、联系电话）以及代表人等。

其中有关人事的著录项目（指申请人或者专利权人事项、发明人姓名、专利代理事项、联系人事项、代表人）发生变化的，应当由当事人按照规定办理著录项目变更手续；其他著录项目发生变化的，可以由专利局根据情况依职权进行变更。

11.1 著录项目变更手续

办理著录项目变更手续应当提交著录项目变更申报书。一件专利申请的多个著录项目同时发生变更的，只需提交一份著录项目变更申报书；一件专利申请同一著录项目发生连续变更的，应当分别提交著录项目变更申报书；多件专利申请的同一著录项目发生变更的，即使变更的内容完全相同，也应当分别提交著录项目变更申报书。

著录项目变更的官方费用应当自提出请求之日起1个月内缴纳。专利局公布的专利收费标准中的著录项目变更费是指一件专利申请每次每项申报著录项目变更的费用。针对一项专利申请（或专利），申请人在一次著录项目变更申报手续中对同一著录项目提出连续变更视为一次变更。申请人请求变更发明人和/或申请人（或专利权人）的，应当缴纳著录项目变更费200元。请求变更专利代理机构和/或专利代理人的，不需缴纳著录项目变更费。如果委托专利代理机构办理变更手续，还要向专利代理机构支付代理费。

未委托专利代理机构的，著录项目变更手续应当由申请人（或专利权人）或者其代表人办理；已委托专利代理机构的，应当由专利代理机构办理。因权利转移引起的变更，也可以由新的权利人或者其委托的专利代理机构办理。

对于违反诚实信用原则的相关手续,专利局可以视为未提出,不予变更。

11.2 著录项目变更证明文件

11.2.1 申请人(或专利权人)姓名或者名称变更

①个人因更改姓名提出变更请求的,应当提交户籍管理部门出具的证明文件。

②个人因填写错误提出变更请求的,应当提交本人签字或者盖章的声明及本人的身份证明文件。

③企业法人因更名提出变更请求的,应当提交工商行政管理部门出具的证明文件。

④事业单位法人、社会团体法人因更名提出变更请求的,应当提交登记管理部门出具的证明文件。

⑤机关法人因更名提出变更请求的,应当提交上级主管部门签发的证明文件。

⑥其他组织因更名提出变更请求的,应当提交登记管理部门出具的证明文件。

⑦外国人、外国企业或者外国其他组织因更名提出变更请求的,应当参照以上各项规定提交相应的证明文件。

⑧外国人、外国企业或者外国其他组织因更改中文译名提出变更请求的,应当提交申请人(或专利权人)的声明。

11.2.2 专利申请权(或专利权)转移

(1)申请人(或专利权人)因权属纠纷发生权利转移提出变更请求的,如果纠纷是通过协商解决的,应当提交全体当事人签字或者盖章的权利转移协议书。如果纠纷是由地方知识产权管理部门调解解决的,应当提交该部门出具的调解书;如果纠纷是由人民法院调解或者判决确定的,应当提交生效的人民法院调解书或者判决书,对一审法院的判决,收到判决书后,审查员会通知其他当事人,确认是否提起上诉,在指定的期限内未答复或者明确不上诉的,审查员将依据此判决书予以变更;提起上诉的,当事人应当提交上级人民法院出具的证明文件，原人民法院判决书不发生法律效力；如果纠纷是由仲裁机构调解或者裁决确定的，应当提交仲裁调解书或者仲裁裁决书。

（2）申请人（或专利权人）因权利的转让或者赠与发生权利转移提出变更请求的，应当提交双方签字或者盖章的转让或者赠与合同，必要时还应当提交主体资格证明。该合同是由单位订立的，应当加盖单位公章或者合同专用章，公民订立合同的，由本人签字或者盖章。有多个申请人（或专利权人）的，应当提交全体权利人同意转让或者赠与的证明材料。

（3）专利申请权（或专利权）转让（或赠与）涉及外国人、外国企业或者外国其他组织的，应当符合下列规定：

①转让方、受让方均是外国人、外国企业或者外国其他组织的，应当提交双方签字或者盖章的转让合同。

②对于发明或者实用新型专利申请（或专利），转让方是中国内地的个人或者单位，受让方是外国人、外国企业或者外国其他组织的，应当出具国务院商务主管部门颁发的《技术出口许可证》或者《自由出口技术合同登记证书》，或者地方商务主管部门颁发的《自由出口技术合同登记证书》，以及双方签字或者盖章的转让合同。

③转让方是外国人、外国企业或者外国其他组织，受让方是中国内地个人或者单位的，应当提交双方签字或者盖章的转让合同。

中国内地的个人或者单位与外国人、外国企业或者外国其他组织作为共同转让方，受让方是外国人、外国企业或者外国其他组织的，适用本项②的规定处理；中国内地的个人或者单位与外国人、外国企业或者外国其他组织作为共同受让方，转让方是外国人、外国企业或者外国其他组织的，适用本项③的规定处理。

中国内地的个人或者单位与香港、澳门或者台湾地区的个人、企业或者其他组织作为共同转让方，受让方是外国人、外国企业或者外国其他组织的，参照本项②的规定处理；中国内地的个人或者单位与香港、澳门或者台湾地区的个人、企业或者其他组织作为共同受让方，转让方是外国人、外国企业或者外国其他组织的，参照本项③的规定处理。

转让方是中国内地的个人或者单位，受让方是香港、澳门或者台湾地区的个人、企业或者其他组织的，参照本项②的规定处理。

（4）申请人（或专利权人）是单位，因其合并、分立、注销或者改变组织形式提出变更请求的，应当提交登记管理部门出具的证明文件。

（5）申请人（或专利权人）因继承提出变更请求的，应当提交经公证的当事人是唯一合法继承人或者当事人已包括全部法定继承人的证明文件。除另有明文规定外，共同继承人应当共同继承专利申请权（或专利权）。

（6）专利申请权（或专利权）因拍卖提出变更请求的，应当提交有法律效力的证明文件。

（7）专利权质押期间的专利权转移，除应当提交变更所需的证明文件外，还应当提交质押双方当事人同意变更的证明文件。

（8）以实用新型或外观设计专利权办理转让的，必要时，国家知识产权局可以要求提交专利权评价报告。

11.2.3 发明人变更

①因发明人更改姓名提出变更请求的，应当提交户籍管理部门出具的证明文件。

②因发明人姓名书写错误提出变更请求的，应当提交本人签字或者盖章的声明及本人的身份证明文件。

③因漏填或者错填发明人提出变更请求的，应当提交由全体申请人（或专利权人）和变更前全体发明人签字或者盖章的证明文件。近几年，因漏填发明人而变更发明人的，除提交签字和盖章的证明文件外，还需要提供增加的发明人参与研发的证明材料等，甚至需要在收到受理通知书后一个月内提出，并提供变更后的发明人是对本发明创造的实质性特点作出创造性贡献的全体人员的确认声明，手续繁琐且可能因证明材料不完善专利局拒绝予以变更，因此提交专利申请时，需谨慎对待发明人信息。

④因发明人资格纠纷提出变更请求的，如果纠纷是通过协商解决的，应当提交全体当事人签字或者盖章的证明文件。如果纠纷是由地方知识产权管理部门调解解决的，应当提交该部门出具的调解书；如果纠纷是由人民法院调解或

者判决确定的，应当提交生效的人民法院调解书或者判决书，对一审法院的判决，收到判决书后，审查员会通知其他当事人，确认是否提起上诉，在指定的期限内未答复或者明确不上诉的，应当依据此判决书予以变更；提起上诉的，当事人应当提交上级人民法院出具的证明文件，原人民法院判决书不发生法律效力；如果纠纷是由仲裁机构调解或者裁决确定的，应当提交仲裁调解书或者仲裁裁决书。

⑤因更改中文译名提出变更请求的，应当提交发明人声明。

11.2.4 专利代理机构及代理人变更

申请人（或专利权人）更换专利代理机构的，应当提交由全体申请人（或专利权人）签字或者盖章的对原专利代理机构的解除委托声明以及对新的专利代理机构的委托书；专利申请权（或专利权）转移的，变更后的申请人（或专利权人）委托新专利代理机构的，应当提交变更后的全体申请人（或专利权人）签字或者盖章的委托书；变更后的申请人（或专利权人）委托原专利代理机构的，只需提交新增申请人（或专利权人）签字或者盖章的委托书。

11.2.5 证明文件的形式要求

①提交的各种证明文件中，应当写明申请号（或专利号）、发明创造名称和申请人（或专利权人）姓名或者名称。

②一份证明文件仅对应一次著录项目变更请求，同一著录项目发生连续变更的，应当分别提交证明文件。

③各种证明文件应当是原件。证明文件是复印件的，应当经过公证或者由出具证明文件的主管部门加盖公章（原件在专利局备案确认的除外）；在外国形成的证明文件是复印件的，应当经过公证。

11.3 著录项目变更手续的审批

审查员会依据当事人提交的著录项目变更申报书和附具的证明文件进行审查，著录项目变更申报手续不符合规定的，或者违反诚实信用原则的，会发出视为未提出通知书；著录项目变更申报手续符合规定的，向有关当事人发出手续合格通知书。

11.4 变更后的费用减免问题

①申请人（或专利权人）全部变更的，变更后的申请人（或专利权人）未提出费用减缓请求的，不再予以费用减缓，并通知申请人（或专利权人）。

②变更后申请人（或专利权人）增加的，新增的申请人（或专利权人）未提出费用减缓请求的，不再予以费用减缓，并通知申请人（或专利权人）。

③变更后申请人（或专利权人）减少的，申请人（或专利权人）未再提出费用减缓请求的，费用减缓标准不变；变更后的申请人（或专利权人）可以根据专利费用减缓办法重新办理请求费用减缓的手续。

11.5 著录项目变更的生效

著录项目变更手续自专利局发出变更手续合格通知书之日起生效。专利申请权（或专利权）的转移自登记日起生效，登记日即上述的手续合格通知书的发文日。著录项目变更手续生效前，专利局发出的通知书以及已进入专利公布或公告准备的有关事项，仍以变更前为准。

12. 专利程序的中止

中止，是指当地方知识产权管理部门或者人民法院受理了专利申请权（或专利权）权属纠纷，或者人民法院裁定对专利申请权（或专利权）采取财产保全措施时，专利局根据权属纠纷的当事人的请求或者人民法院的要求中止有关程序的行为。"中止"不同于"终止"。

12.1 请求中止的条件

请求专利局中止有关程序应当符合下列条件：

①当事人请求中止的，专利申请权（或专利权）权属纠纷应已被地方知识产权管理部门或者人民法院受理；人民法院要求协助执行对专利申请权（或专利权）采取财产保全措施的，应当已作出财产保全的民事裁定；

②中止的请求人是权属纠纷的当事人或者对专利申请权（或专利权）采取财产保全措施的人民法院。

12.2 中止的范围

中止的范围包括下列事项：

①暂停专利申请的初步审查、实质审查、复审、授予专利权程序。

②暂停视为撤回专利申请、视为放弃取得专利权、未缴年费终止专利权等程序。

③暂停办理撤回专利申请、放弃专利权、变更申请人（或专利权人）的姓名或者名称、转移专利申请权（或专利权）、专利权质押登记等手续。

中止请求批准前已进入公布或者公告准备的，该程序不受中止的影响。

12.3 请求中止的手续和审批

12.3.1 权属纠纷的当事人请求的中止

专利申请权（或专利权）权属纠纷的当事人请求专利局中止有关程序的，应当提交下列材料：

提交中止程序请求书；附具证明文件，即地方知识产权管理部门或者人民法院的写明专利申请号（或专利号）的有关受理文件正本或者副本。

专利局收到当事人提出的中止程序请求书和有关证明后，专利局流程管理部门应当审查是否满足下列各项条件：

①请求中止的专利申请（或专利）未丧失权利；

②未执行中止程序；

③请求是由有关证明文件中所记载的权属纠纷当事人提出；

④受理权属纠纷的机关对该专利申请（或专利）权属纠纷案有管辖权；

⑤证明文件中记载的申请号（或专利号）、发明创造名称和权利人与请求中止的专利申请（或专利）记载的内容一致；

⑥中止请求书与证明文件其他方面符合规定的形式要求。

不满足上述第①至⑤项条件的，审查员会向中止程序请求人发出视为未提出通知书。不满足上述第⑥项条件的，例如中止程序请求书不符合格式要求或者提交的证明文件不是正本或者副本的，审查员会发出办理手续补正通知书，通知中止程序请求人在 1 个月的期限内补正其缺陷。补正期限内，暂停有关程序。期满未补正的或者补正后仍未能消除缺陷的,应当向中止程序请求人发出视为未提出通知书,恢复有关程序。

满足上述条件或者经补正后满足上述条件的,审查员会向专利申请(或专利)权属纠纷的双方当事人发出中止程序请求审批通知书,并告知中止期限的起止日期(自提出中止请求之日起)。

但是,处于无效宣告程序中的专利,专利局的流程管理部门完成形式审查后,由专利局复审和无效审理部进一步审查,由专利局复审和无效审理部通知无效宣告程序中的当事人。具备下列情形之一的,可以不中止专利权无效宣告程序:

①根据已进行的审查工作能够作出无效宣告审查决定的;

②权属纠纷当事人依据的理由明显不充分,也未提交足以证明确有权属纠纷存在的证据的;

③有证据表明,中止专利权无效宣告程序将明显损害当事人利益或者公共利益的;

④有证据表明,终止程序的请求明显具有不诚信、不正当行为的。

12.3.2 因人民法院要求协助执行财产保全的中止

因人民法院要求协助执行财产保全措施需要中止有关程序的,应当符合下列规定:

①人民法院应当将对专利申请权(或专利权)进行财产保全的民事裁定书及协助执行通知书送达专利局指定的接收部门,并提供人民法院的通信地址、邮政编码和收件人姓名。

②民事裁定书及协助执行通知书应当写明要求专利局协助执行的专利申请号(或专利号)、发明创造名称、申请人(或专利权人)的姓名或者名称、财产保全期限等内容。

③要求协助执行财产保全的专利申请(或专利)处于有效期内。

专利局收到人民法院的民事裁定书和协助执行通知书后,应当按照规定进行审核,并按照下列情形处理:

①不符合规定的,应当向人民法院发出不予执行财产保全通知书,说明不

执行中止的原因并继续原程序。

②符合规定的，应当执行中止，并向人民法院和申请人（或专利权人）发出保全程序开始通知书，说明协助执行财产保全期限的起止日期（自收到民事裁定书之日起），并对专利权的财产保全予以公告。

③对已执行财产保全的不得重复进行保全。执行中止后，其他人民法院又要求协助执行财产保全的，可以轮候保全。专利局应当进行轮候登记，对轮候登记在先的，自前一保全结束之日起轮候保全开始。

12.4 中止的期限

12.4.1 权属纠纷的当事人请求中止的期限

对于专利申请权（或专利权）权属纠纷的当事人提出的中止请求，中止期限一般不得超过一年，即自中止请求之日起满一年的，该中止程序结束。

有关专利申请权（或专利权）权属纠纷在中止期限一年内未能结案，需要继续中止程序的，请求人应当在中止期满前请求延长中止期限，并提交权属纠纷受理部门出具的说明尚未结案原因的证明文件。中止程序可以延长一次，延长的期限不得超过6个月。

12.4.2 因协助执行财产保全而中止的期限

对于人民法院要求专利局协助执行财产保全而执行中止程序的，按照民事裁定书及协助执行通知书写明的财产保全期限中止有关程序。人民法院要求继续采取财产保全措施的，应当在中止期限届满前将继续保全的协助执行通知书送达专利局，经审核符合规定的，中止期限予以续展。

12.5 中止程序的结束

12.5.1 权属纠纷的当事人提出的中止程序的结束

中止期限届满，专利局自行恢复有关程序，向权属纠纷的双方当事人发出中止程序结束通知书，相关专利权已被宣告全部无效等情形除外。

对于尚在中止期限内的专利申请（或专利），地方知识产权管理部门作出的处理决定或者人民法院作出的判决产生法律效力之后（涉及权利人变更的，在办理著录项目变更手续之后），专利局应当结束中止程序。

专利局收到当事人、利害关系人、地方知识产权管理部门或者人民法院送交的调解书、裁定书或者判决书后，应当审查下列各项：

①文件是否有效，即是否是正式文本（正本或副本），是否是由有管辖权的机关作出的；

②文件中记载的申请号（或专利号）、发明创造名称和权利人是否与请求结束中止程序的专利申请（或专利）中记载的内容一致；

③文件是否已生效，如判决书的上诉期是否已满（调解书均没有上诉期）。当不能确定该文件是否已发生法律效力时，审查员会给另一方当事人发出收到人民法院判决书的通知书，确认是否提起上诉；在指定的期限内未答复或者明确不上诉的，文件视为发生法律效力。提起上诉的，当事人应当提交上级人民法院出具的证明文件，原人民法院判决书不发生法律效力。

文件不符合规定的，审查员向请求人发出视为未提出通知书，继续中止程序。文件符合规定并且未涉及权利人变更的，审查员发出中止程序结束通知书，通知双方当事人，恢复有关程序。

文件符合规定，但涉及权利人变更的，审查员发出办理手续补正通知书，通知取得权利一方的当事人在收到通知书之日起3个月内办理著录项目变更手续，并补办在中止程序中应办而未办的其他手续；取得权利一方的当事人办理有关手续后，审查员发出中止程序结束通知书，通知双方当事人，恢复有关程序。期满未办理有关手续的，视为放弃取得专利申请权（或专利权）的权利，审查员向取得权利的一方当事人发出视为放弃取得专利申请权或专利权的权利通知书，期满未办理恢复手续的，中止程序结束，审查员发出中止程序结束通知书，通知权属纠纷的双方当事人，恢复有关程序。

12.5.2 因人民法院要求协助执行财产保全的中止程序的结束

中止期限届满，人民法院没有要求继续采取财产保全措施的，审查员发出中止程序结束通知书，通知人民法院和申请人（或专利权人），恢复有关程序，并对专利权保全解除予以公告。有轮候保全登记的，对轮候登记在先的，自前一保全结束之日起轮候保全开始，中止期限为民事裁定书及协助执行通知书写明的财产保全期限。审查员向前一个人民法院和申请人（或专利权人）发出中止程序结束通知书，向轮候登记在先的人民法院和申请人（或专利权人）发出保全程序开始通知书，说明协助执行财产保全期的起止日期，并对专利权的财产保全予以公告。

要求协助执行财产保全的人民法院送达解除保全通知书后，经审核符合规定的，审查员发出中止程序结束通知书，通知人民法院和申请人（或专利权人），恢复有关程序，并对专利权的保全解除予以公告。

三、专利权质押登记

1. 办理条件

专利权质押登记请求应当由专利权质押双方当事人，即出质人和质权人共同提出。出质人应当是专利登记簿中记载的专利权人。如果一项专利有多个专利权人，则出质人应当为全体专利权人，当事人另有约定的情形除外。出质人和质权人应当为能够独立承担民事责任、履行民事行为的单位或者个人。在中国没有经常居所或者营业所的外国人、外国企业或者外国其他组织办理专利权质押登记手续的，应当委托依法设立的专利代理机构办理。

2. 申请材料

双方当事人办理专利权质押登记手续的，应当提交以下文件，一式一份。

（1）专利权质押登记申请表

专利权质押登记申请表（标准表格）应当由质押双方当事人共同签章或签字，同时应当有代理人的签字，质押双方当事人委托依法设立的专利代理机构办理专利权质押登记手续的，可以仅由专利代理机构签章。申请表的内容应当打印（签章除外），并使用中文简体填写；当事人手工填写的，应当保证所填内容清晰可辨，且无涂改。当事人填写专利权质押登记申请表时，应当注意以下事项：

①合同名称一栏，应当填写记载有债务种类、数额和债务期限信息的合同名称；

②代理人是出质人和质权人共同委托的经办人，也是相关通知书收信人。代理人一栏，应当填写经办人相关信息；当事人委托专利代理机构的，应当填写该专利代理机构和代理人信息。

③经济活动简述部分应该填写专利权质押发生的原因，一般是指主债权经济活动当事人、行为简述；出质专利经过资产评估的，需填写评估单位名称。

④债务金额一栏，应当填写专利权质押所担保的主合同债务金额。质押金额一栏，应当填写双方当事人在质押合同中约定的质押担保范围所体现的金额。债务金额与质押金额应当与合同记载相符。

⑤质押专利件数多于三件，在申请表中无法填写完整的，当事人可参照专利权质押登记申请表中的"质押专利"栏样式，增设申请表附页，将余下的专利信息填写在附页中。

(2) 专利权质押合同

当事人提交的专利权质押合同应当包括以下内容：

①当事人的姓名或者名称、地址；

②被担保债权的种类和数额；

③债务人履行债务的期限；

④专利权项数以及每项专利权的专利号、申请日、授权公告日；

⑤质押担保的范围。

专利权质押合同应当为原件。当事人确有困难无法提供合同原件的，可以提交经公证的复印件。

如果专利权质押合同中并未完整体现所担保债务的种类、数额和履行债务的期限等信息，当事人需要在提交专利权质押合同的同时，附具所担保的债务合同。该债务合同可以是复印件。

(3) 出质人与质权人的合法身份证明

出质人和质权人的身份证明材料，是确认当事人主体的必要手续文件。当事人为自然人的，应当提交身份证明复印件，例如居民身份证、军人身份证、户口簿的复印件；当事人为企业法人的，应当提交企业营业执照复印件并加盖当事人公章；当事人是事业单位法人或机关法人的，应当提交事业单位法人或机关法人证书复印件并加盖当事人公章；当事人为非法人组织的，应当提交其组织机构代码证或经其上级主管部门出具的证明其能独立实施民事行为、承担民事责任的文书复印件并加盖当事人公章，同时提交其上级主管部门的身份证明。

（4）委托书和被委托人的身份证明

出质人和质权人应共同办理专利权质押登记手续，或者共同委托一个具有完全民事行为能力的自然人办理相关手续，或者委托专利代理机构办理相关手续，并在委托书中注明委托事项。委托书应当为原件，且由出质人、质权人以及被委托人共同签字或签章，且委托书上应当注明被委托人的身份证号。被委托人身份证明应当为身份证复印件。

（5）其他需要提供的材料

出质专利中包含有同日同案申请发明的实用新型专利的，须提交"质押专利同日申请情况的声明"一份。质押双方当事人应当在声明中写明有同日申请发明的实用新型专利号并共同签字或盖章。

以上文件是外文文本的，应当附中文译本一份，以中文译本为准。

质押专利经过评估的，当事人办理专利权质押登记手续时需同时提交资产评估报告。

通过网上办理的，须提交由双方当事人或被委托人签章的电子扫描件与原件一致的声明。

以实用新型或外观设计专利权办理出质登记的，必要时，国家知识产权局可以要求提交专利权评价报告。

3. 提交方式

国家知识产权局专利局可以通过受理大厅窗口、邮寄、网上和代办处窗口四种方式接收请求人提出的专利权质押登记手续文件。

通过受理大厅窗口方式办理的，窗口地址为：北京市海淀区蓟门桥西土城路6号国家知识产权局专利局受理服务大厅专利事务服务窗口。

通过邮寄方式办理的，邮寄地址为：北京市海淀区蓟门桥西土城路6号；收件人名称：国家知识产权局专利局初审及流程管理部专利事务服务处（或专利局初审流程部服务处），邮政编码：100088。当事人应在邮寄信封上注明"质押登记"字样。

通过网上办理时，登录 http://cponline.cnipa.gov.cn/，通过专利业务办理系统网页版中的专利事务服务提出请求。专利局基于电子扫描文件进行登记审查。准予登记的，当事人应当在收到《专利权质押登记通知书》之后1个月内，将与所提交的电子扫描件一致的纸质文件原件寄交专利局。邮寄地址为：北京市海淀区蓟门桥西土城路6号；收件人名称：国家知识产权局专利局初审及流程管理部专利事务服务处（或专利局初审流程部服务处），邮政编码：100088。当事人应在邮寄信封上注明"质押登记"字样以及质押登记编号。

通过代办处办理的，请求人可以到各地专利代办处提交请求。

4. 办理的基本流程

（1）提出登记请求

（2）受理与审查

国家知识产权局自收到专利权质押登记申请文件之日起5个工作日内进行审查并决定是否予以登记。当事人通过网上请求办理的，专利局或专利代办处在受理当事人提出的专利权质押登记请求之日起2个工作日内进行审查并决定是否予以登记。

（3）发给登记证明或者补正通知

专利权质押登记申请经审查合格的，国家知识产权局在专利登记簿上予以登记，并向当事人发送《专利权质押登记通知书》。质权自国家知识产权局登记时设立。

专利权质押登记申请经审查不能登记的，向当事人发送《专利权质押登记业务专用函》，告知当事人应当消除的缺陷，同时退还全部申请材料。

（4）公布登记事项

国家知识产权局在专利公报上公布专利权质押登记的下列内容：出质人、质权人、主分类号、专利号、登记号、发明名称、申请日、授权公告日、质押登记日等。专利权质押登记发生变更的或注销的，也进行相应项目的公布，如公布主分类号、专利号、登记号、变更日、变更项（出质人、质权人）及变更前后内容，或者出质人、质权人、申请日、授权公告日注销日。

四、专利实施许可合同备案

1. 办理条件

许可人应当是专利登记簿中记载的全体专利权利人，或者是其中的一部分专利权利人，或者是获得授权的权利人。对于共有专利权的部分专利权人，根据《专利法》第十五条的相关规定，专利申请权或者专利权的共有人对权利的行使有约定的，从其约定。没有约定的，共有人可以单独实施或者以普通许可方式许可他人实施该专利；许可他人实施该专利的，收取的使用费应当在共有人之间分配。对于获得专利权人授权的权利人，应当根据授权的范围进行专利实施许可。许可人和被许可人应当是能够独立承担民事责任，履行民事行为的个人或单位。在中国没有经常居所或者营业所的外国人、外国企业或者外国其他组织办理备案相关手续的，应当委托依法设立的专利代理机构办理。

2. 申请材料

当事人办理专利实施许可合同备案手续的，应当提交以下文件，一式一份。

（1）专利实施许可合同备案申请表

专利实施许可合同备案申请表应当为标准表格，内容应当打印，并且由许可人和代理人共同签章或签字。许可双方当事人委托专利代理机构办理专利实施许可合同备案手续的，可以仅由专利代理机构签章。

①如果备案涉及的专利数量多于三件，当事人应参照专利实施许可合同备案申请表中的"许可专利"栏样式，增设申请表附页，将备案专利的相关信息填写在附页上。

②专利项数及每项专利的名称、专利（申请）号、许可种类、专利许可范围、合同生效日期、合同终止日期、使用费及支付方式是专利实施许可合同必须约定的内容，当事人应当依据合同内容填写相关信息。

③专利许可范围指地域范围，一般填写为中国，或省、自治区、直辖市等。

④使用费应当以人民币或美元作为结算单位，以其他币种结算的须按照近期外汇牌价将其折算为以美元为货币单位的数额。使用费为零的，支付方式为无偿。

⑤当事人没有委托专利代理机构的，代理机构名称不用填写。

⑥专利实施许可合同备案申请表、双方当事人身份证明材料和委托书中的备案当事人姓名或者名称应当与合同中的专利许可双方当事人姓名或者名称一致。

（2）专利实施许可合同

当事人提交的专利实施许可合同应当包括以下内容：

①当事人的姓名或者名称、当事人地址；

②专利权项数以及每项专利权的名称、专利号、申请日、授权公告日；

③实施许可的种类和期限。

提交的专利实施许可合同应当为原件，当事人确有困难无法提供合同原件的，可以提交经公证的复印件。

（3）许可人与被许可人的合法身份证明

当事人为自然人，应当提交身份证明复印件，例如居民身份证、军人身份证、户口簿的复印件；当事人为企业法人的，应当提交企业营业执照复印件并加盖当事人公章；当事人是事业单位法人或机关法人的，应当提交事业单位法人或机关法人证书复印件并加盖当事人公章；当事人为非法人组织的，应当提交其组织机构代码证或经其上级主管部门出具的证明其能独立实施民事行为、承担民事责任的文书复印件并加盖当事人公章，必要时应提交其上级主管部门的身份证明。

(4) 委托书和被委托人身份证明

许可人和被许可人应当共同委托一个具有完全民事行为能力的自然人办理相关手续，或者委托专利代理机构办理相关手续，并在委托书中注明委托事项。委托书应当为原件，且由许可方、被许可方以及被委托人共同签字或签章，委托书上应当注明被委托人的身份证号。被委托人身份证明应当为身份证复印件。

(5) 其他需要提供的材料

上述备案文件是外文文本的，应当附中文译本一份，并以中文译本为准。当事人针对专利实施许可合同签订了补充协议的，在必要的情况下应当一并提交。通过网上办理的，须提交由双方当事人或被委托人签章的电子扫描件与原件一致的声明。

以实用新型或外观设计专利权办理专利实施许可合同备案的，必要时，国家知识产权局可以要求提交专利权评价报告。

3. 提交方式

专利局通过受理大厅窗口、邮寄、网上和代办处窗口四种方式接收当事人提出的专利实施许可合同备案请求。

通过国家知识产权局受理大厅窗口方式办理的，窗口地址为：北京市海淀区蓟门桥西土城路 6 号国家知识产权局专利局受理服务大厅专利事务服务窗口。

通过邮寄方式办理的，邮寄地址为：北京市海淀区蓟门桥西土城路 6 号；收件人名称：国家知识产权局专利局初审及流程管理部专利事务服务处（或专利局初审流程部服务处），邮政编码：100088。当事人应在邮寄信封上注明"合同备案"字样。

通过网上办理的，登录 http://cponline.cnipa.gov.cn/，通过专利业务办理系统网页版中的专利事务服务提出请求。专利局基于电子扫描文件进行备案审查。准予备案的,当事人应当在收到《专利实施许可合同备案证明》之后1个月内,将与所提交的电子扫描件一致的纸质文件原件寄交专利局。邮寄地址为:北京市海淀区蓟门桥西土城路6号;收件人名称:国家知识产权局专利局初审及流程管理部专利事务服务处(或专利局初审流程部服务处),邮政编码:100088。当事人应在邮寄信封上注明"许可备案"字样以及许可备案编号。

通过代办处窗口办理的,请求人可以到各地专利代办处提交请求。

4. 备案的基本流程

(1) 提出备案请求

(2) 受理与审查

国家知识产权局自收到备案申请之日起5个工作日内进行审查并决定是否予以备案。当事人通过网上请求办理的,专利局或专利代办处在收到当事人提出的专利实施许可合同备案请求之日起2个工作日内进行审查并决定是否予以备案。

(3) 发给备案证明或者补正通知

专利实施许可合同备案申请经审查合格的,国家知识产权局向当事人出具《专利实施许可合同备案证明》。专利实施许可合同备案申请经审查不能备案的,向当事人发送《专利实施许可合同备案业务专用函》,告知当事人应当消除的缺陷,同时退还全部申请材料。

(4) 公布备案事项

国家知识产权局在专利公报上公布专利实施许可合同备案的下列内容:许可人(让予人)、被许可人(受让人)、主分类号、发明名称、专利号、申请日、发明公布日、授权公告日、实施许可的种类(独占、排他、普通)、备案号、备案日期。专利实施许可合同备案变更或者注销后也进行相应项目的公布。

5. 专利开放许可实施合同备案的特别说明

专利权人有意愿实行开放许可专利的，还应当向国家知识产权局提交专利开放许可声明。专利开放许可声明经审查符合规定的，国家知识产权局将准予公告。专利开放许可声明自公告之日起生效。

专利开放许可声明的客体应当是已经授权公告的发明专利、实用新型专利或者外观设计专利。

专利权有下列情形之一的，专利权人不得对其实行开放许可：

（1）专利权处于独占或者排他许可有效期限内的；

（2）因专利权的归属发生纠纷或者人民法院裁定对专利权采取保全措施，已经中止有关程序的；

（3）没有按照规定缴纳年费的；

（4）专利权被质押，未经质权人同意的；

（5）专利权已经终止的；

（6）专利权已经被宣告全部无效的；

（7）实用新型或者外观设计专利尚未经国家知识产权局出具专利权评价报告的；

（8）专利权评价报告结论认为实用新型或者外观设计专利权不符合授予专利权 条件的；

（9）其他妨碍专利权有效实施的情形；

许可人与被许可人中的任何一方，可以在开放许可实施合同生效后，凭能够证明达成开放许可的书面文件向国家知识产权办理备案手续.

办理专利开放许可实施合同备案的应当提交下列文件：

（1）请求人签章的专利实施许可合同备案申请表；

（2）被许可人以书面方式向专利权人发出的通知；

（3）被许可人向专利权人支付许可使用费的凭证（或专利权人收到许可使用费的凭证）；

（4）请求人身份证明；

（5）委托代理的，注明委托权限的委托书；

（6）经办人身份证明；

（7）其他需要提供的材料。

专利开放许可实施合同备案手续的办理参照本节专利实施许可合同备案的提交方式和备案流程。

五、专利权评价报告

由于实用新型专利和外观设计专利经过初步审查即可授权，而不进行实质审查，所以权利存在不稳定的可能。专利权人、利害关系人或者被控侵权人可以请求国家知识产权局就该专利是否符合专利法及其实施细则规定的授权条件进行分析和评价，作出专利权评价报告。

实用新型专利和外观设计专利在授权公告后或者在办理登记手续时，权利人可以请求作专利权评价报告。专利侵权纠纷涉及实用新型专利或者外观设计专利的，人民法院或者管理专利工作的部门可以要求专利权人或者利害关系人出具由国家知识产权局作出的专利权评价报告。

1. 专利权评价报告请求的客体

专利权评价报告请求的客体应当是已经授权公告的实用新型专利或者外观设计专利，包括已经终止或者放弃的实用新型专利或者外观设计专利。针对下列情形提出的专利权评价报告请求视为未提出：

①未授权公告的实用新型专利申请或者外观设计专利申请，但申请人在办理专利权登记手续时请求国家知识产权局作出专利权评价报告的除外。

②已被专利局复审和无效审理部宣告全部无效的实用新型专利或者外观设计专利。

③国家知识产权局已作出专利权评价报告的实用新型专利或者外观设计专利。

2. 请求人资格

专利权人、利害关系人或者被控侵权人可以请求国家知识产权局作出专利权评价报告。

专利权人在实用新型专利或外观设计专利授权公告后，可以随时提出专利权评价报告请求；专利申请人在办理登记手续的同时，也可以请求作专利权评价报告。

其中，利害关系人是指有权就专利侵权纠纷向人民法院起诉或者请求管理专利工作的部门处理的人，例如专利实施独占许可合同的被许可人和由专利权人授予起诉权的专利实施普通许可合同的被许可人。请求人不是专利权人、利害关系人或者被控侵权人的，其专利权评价报告请求视为未提出。实用新型或者外观设计专利权属于多个专利权人共有的，请求人可以是部分专利权人。

请求人是被控侵权人的，在提交专利权评价报告请求的同时应当提交相关证明文件。例如，人民法院出具的立案类通知书或其复印件，专利行政执法部门出具的立案类通知书或其复印件，调解仲裁机构出具的立案类文件或其复印件等。

收到专利权人发出的律师函、电商平台投诉通知书等的单位或者个人属于被控侵权人，在提交专利权评价报告请求的同时应当提交相关证明文件，例如专利权人发出的律师函或其复印件、电商平台投诉通知书或其复印件等。

3. 专利权评价报告办理流程

在请求作出专利权评价报告时，请求人应当提交专利权评价报告请求书及相关的文件。

（1）专利权评价报告请求书应当采用国家知识产权局规定的表格。请求书中应当写明实用新型专利或者外观设计专利的专利号、发明创造名称、请求人和/或专利权人名称或者姓名。每一请求应当限于一件实用新型或者外观设计专利。

（2）请求书中应当指明专利权评价报告所针对的文本。所述文本应当是与授权公告一并公布的实用新型专利文件或者外观设计专利文件,或者是由生效的无效宣告请求审查决定维持有效的实用新型专利文件或者外观设计专利文件。如果请求作出专利权评价报告的文本是由生效的无效宣告请求审查决定维持部分有效的实用新型专利文件或者外观设计专利文件,请求人应当在请求书中指明相关的无效宣告请求审查决定的决定号。

(3) 请求人是利害关系人的,在提出专利权评价报告请求的同时应当提交相关证明文件。例如,请求人是专利实施独占许可合同的被许可人的,应当提交与专利权人订立的专利实施独占许可合同或其复印件;请求人是专利权人授予起诉权的专利实施普通许可合同的被许可人的,应当提交与专利权人订立的专利实施普通许可合同或其复印件,以及专利权人授予起诉权的证明文件。如果所述专利实施许可合同已在国家知识产权局备案,请求人可以不提交专利实施许可合同,但应在请求书中注明。

(4) 委托手续:专利权评价报告请求的相关事务可以由请求人或者其委托的专利代理机构办理。

请求人是专利权人且已委托专利代理机构作全程代理,而在提出专利权评价报告请求时另行委托其他专利代理机构办理有关手续的,应当另行提交委托书,并在委托书中写明其委托权限仅限于办理专利权评价报告相关事务;未改变原代理机构的,可以不再提交委托书。请求人本人办理的,应当说明本人仅办理专利权评价报告相关事务。

请求人是利害关系人且委托专利代理机构办理的,应当提交委托书,并在委托书中写明委托权限为办理专利权评价报告相关事务。

专利权评价报告请求书不符合上述规定的,国家知识产权局应当通知请求人在指定期限内补正。

(5) 费用:请求人自提出专利权评价报告请求之日起1个月内未缴纳或者未缴足专利权评价报告请求费的,专利权评价报告请求视为未提出。

作出专利权评价报告的部门在收到合格的专利权评价报告请求书和请求费后,应当指派审查员对该专利进行检索、分析和评价,两个月内作出专利权评价报告。专利权评价报告作出后,会发送给请求人。作出专利权评价报告前，多个请求人分别请求对同一件实用新型专利或者外观设计专利作出专利权评价报告的，国家知识产权局均予以受理，但仅作出一份专利权评价报告。

4. 专利权评价报告的更正

（1）可更正的内容

专利权评价报告中存在下列错误的，可以进行更正：

①著录项目信息或文字错误；

②作出专利权评价报告的程序错误；

③法律适用明显错误；

④结论所依据的事实认定明显错误；

⑤其他应当更正的错误。

（2）更正程序的启动

①作出专利权评价报告的部门自行启动：作出专利权评价报告的部门在发现专利权评价报告中存在需要更正的错误后，可以自行启动更正程序。

②请求人请求启动：请求人认为作出的专利权评价报告存在需要更正的错误的，可以在收到专利权评价报告后两个月内提出更正请求。提出更正请求的，应当以意见陈述书的形式书面提出，写明需要更正的内容及更正的理由，但不得修改专利文件。

（3）更正程序的进行和终止

更正程序启动后，作出专利权评价报告的部门应当成立由组长、主核员和参核员组成的三人复核组，对原专利权评价报告进行复核，复核结果经复核组合议作出，合议时采取少数服从多数的原则。作出原专利权评价报告的审查员和审核员不参加复核组。

复核组认为更正理由不成立，原专利权评价报告无误，不需更正的，应当发出专利权评价报告复核意见通知书，说明不予更正的理由，更正程序终止。

复核组认为更正理由成立，原专利权评价报告有误、确需更正的，应当发出更正的专利权评价报告，并在更正的专利权评价报告上注明以此报告代替原专利权评价报告，更正程序终止。

在更正程序中，复核组一般不进行补充检索，除非因事实认定发生变化，导致原来的检索不完整或者不准确。针对专利权评价报告，一般只允许提出一次更正请求，但对于复核组在补充检索后重新作出的专利权评价报告，请求人可以再次提出更正请求。

5. 专利权评价报告的查阅与复制

国家知识产权局在作出专利权评价报告后，任何单位或者个人均可以查阅或者复制。

六、国外专利申请

国外专利一般仅指发明或实用新型专利，有些国家如美国、加拿大、印度等没有实用新型专利，只有发明专利。我国的外观设计专利在国际上一般是通过《工业品外观设计国际注册海牙协定》进行申请和保护，本章所述专利是指发明专利或实用新型专利，工业品外观设计的国外注册程序参见本章第七节工业品外观设计国际申请（海牙体系）。

向国外申请专利，必须委托当地国专利律师，并且要使用目标国规定的语言提交专利申请文件，一般国内申请人可以委托中国专利代理机构办理这些相关手续，包括委托国外律师，以及和国外律师的联络、沟通。目前，在我国向其他国家或地区申请专利一般有三种途径：

①直接向目标国家提出申请。中国申请人可以选择直接向目标国家的专利局提交专利申请，并依照目标国家的专利审查制度进行审查。这种提交方式在申请之前不但要完成对目标国专利律师的委托手续，还要使用目标国接受的语言，需要直接和外国专利律师进行专利交底、技术沟通等工作，并且相当于放弃了12个月的优先权与准备时间，很可能导致申请时间、精力和成本大幅上升，在当前专利实践中很少被申请人采用。

对于在中国完成的发明创造，申请人直接向国外申请专利的，应当事先报经国务院专利行政部门（国家知识产权局）进行保密审查，保密审查通过后方可在国外申请专利。

②巴黎公约途径。中国申请人可以通过我国参加的巴黎公约，向国外申请专利。通过巴黎公约途径直接向外国申请专利或者向有关国外机构提交专利国际申请的，在向国外提交专利申请前，需要预先向国家知识产权局提出保密审查请求，并详细说明其技术方案，保密审查批准通过后，才可以向国外提交。

如果在国内申请了专利，又想向外国提交专利申请，需要在优先权期限内完成在目标国的提交。这样，如果想将该技术方案获得多个国家或地区的专利，需要分别向多个国家或地区专利局提交多份申请文件，并缴纳规定的费用；申请人不但要在优先权期限（12个月或6个月）内找到目标国合适的律师，而且还有可能要完成多种语言的翻译工作，律师还需根据本国法律开始代理工作，重新撰写专利申请文件，因此时间比较紧张，费用也是比较集中地支付。因此，在进行国际专利布局时，往往不使用巴黎公约方式和直接申请的方式。

③PCT途径。申请人通过PCT（专利合作条约）方式向国外申请专利时，可以直接向中国国家知识产权局（国知局是PCT受理局）提交一份PCT国际申请，如果在申请PCT时，已经提交了本国申请，应该要求优先权，并且该PCT国际申请应在自优先权日起12个月内提出。PCT受理局接到申请后，经审查会确定国际申请日。该国际申请人在PCT的所有成员国中均具有正规国家申请的效力，也就是说中国国家知识产权局确定的申请日，即是专利申请未来所进入国家的正式申请日。然后，申请人可以自优先权日起30个月内向欲获得专利保护的国家或地区专利局办理进入国家阶段的手续。各个国家或地区专利局将依据本国的国家法对于成功进入国家阶段的PCT国际申请作出是否授予专利权的决定。

通过PCT途径向国家知识产权局提交专利国际申请的，视为同时提出了保密审查请求，不再需要单独提交保密审查请求。

1. 巴黎公约途径申请

1.1 巴黎公约途径申请的程序

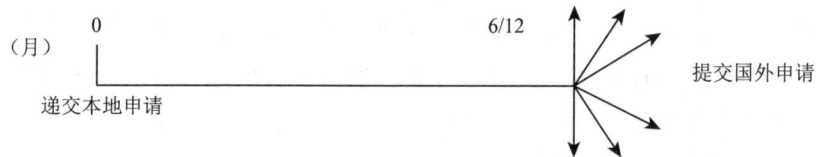

（1）可以向我国知识产权局就一项发明创造提交专利申请，该申请的申请日即为优先权日；可以在申请专利的同时或之后，向国家知识产权局提交向外国申请专利保密审查请求书，请求进行保密审查。

（2）自上述优先权日起12个月内（发明、实用新型）或6个月内（外观设计）委托目标国的专利律师，并将该项发明创造向申请人期望获得保护的其他国家知识产权机构（以下简称目标国）各提交一份单独的专利申请（专利申请文件需要按照目标国的官方语言进行翻译），并缴纳相应的官方费用，然后由目标国按照各自本国法律对该项发明创造进行审查，进行授予专利权或驳回申请。

1.2 申请人应当缴纳的费用

通过巴黎公约途径提交专利申请，需要支付的费用通常包含国内代理机构代理费、翻译费、目标国代理机构的律师费（通常为按小时收费）、目标国专利申请官费、获得授权后的年费、公证费（可能发生）等。申请的目标国不同，专利审查意见的答复次数和答复难易程度不同，所需费用也有会所不同。

2. PCT国际申请

PCT国际申请是指依据《专利合作条约》提出的申请。我国于1994年1月1日加入PCT，同时中国国家知识产权局作为受理局、国际检索单位、国际初步审查单位，接受中国公民、居民、单位提出的PCT国际申请。通过PCT申请国外专利时，申请人可以委托中国专利代理机构办理相关手续。中国的单位或个人就其在国内完成的发明创造提出 PCT 国际申请的,可先向中国国家知识产权局提出中国专利申请,再以此申请为优先权基础提出 PCT 国际申请,也可直接提出 PCT 国际申请。PCT 是在巴黎公约下只对巴黎公约成员国开放的一个特殊协议,是对巴黎公约的补充。

国家知识产权局作为受理局,将对申请人提交的 PCT 国际申请进行国家保密审查。

2.1 PCT 国际申请的效力、优点及阶段划分

2.1.1 国际申请日的效力

提交 PCT 国际申请的,由受理局确定国际申请日。国际申请在每个指定国内自国际申请日起具有正规国家申请的效力。除对专利合作条约及其实施细则的有关规定作出保留的指定国外,国际申请日就是在每个指定国的实际申请日。

2.1.2 利用 PCT 申请途径的好处

①简化提出申请的手续:申请人可使用自己熟悉的语言(中文或英文)撰写申请文件,并直接递交到中国国家知识产权局。

②推迟决策时间,准确投入资金:在国际阶段,申请人会收到一份国际检索报告和一份书面意见。根据报告或书面意见,申请人可以初步判断发明是否具有专利性,然后根据需要,自优先权日起 30 个月内主动办理进入某个或某几个国家或地区的手续,即提交规定的文件和缴纳规定的费用。因此,申请可以有充分的时间研究目标国的市场情况,从而决定到哪些国家申请专利保护,这样不但有足够的时间寻找合适的国外专利代理机构(专利律师),有充足的时间翻译申请文件,而且可以推迟缴纳国家阶段的律师费和官费,做到有的放矢地进行全球市场布局。

③完善申请文件:申请人可根据国际检索报告和专利性国际初步报告,修改申请文件,以便更好地获得授权并取得合适的保护范围。

2.1.3 PCT 国际申请的两个阶段

PCT 国际申请分为国际阶段和国家阶段两个阶段。PCT 国际申请先要进行

国际阶段程序的审查，然后再进入国家阶段程序的审查。申请的提出、国际检索和国际公布在国际阶段完成。如果申请人要求，国际阶段还包括国际初步审查程序。是否授予专利权的工作在国家阶段由被指定/选定的各个国家或地区专利局完成。

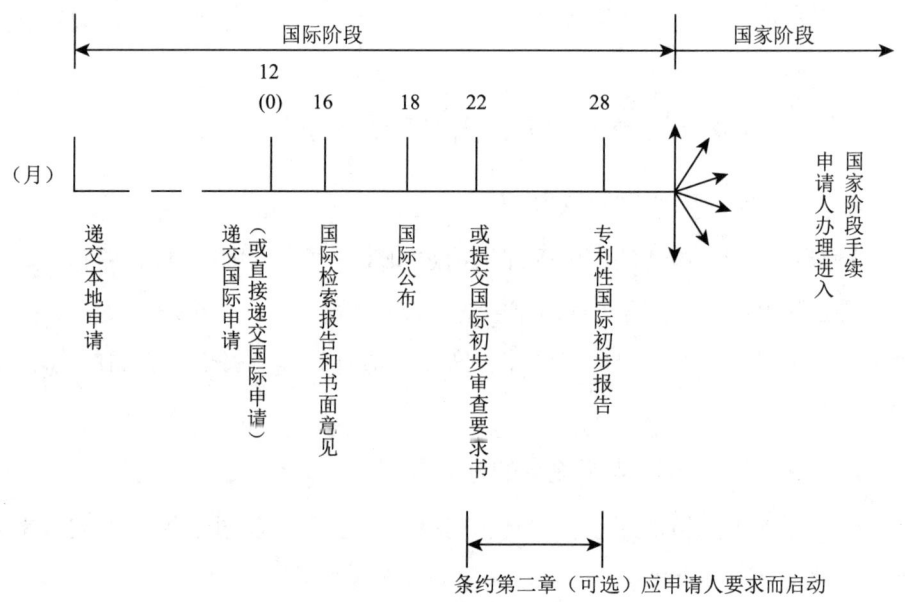

PCT 国际申请事务时间图

2.2 PCT 申请的国际阶段程序

中国申请人只要满足以下条件之一，即可向中国国家知识产权局提出 PCT 国际申请：

①中国的公民或中国法人；

②在中国境内有长期居所的外国人或在中国工商部门注册的外国法人。

若有多个申请人，只要其中一个申请人有资格即可。针对不同的国家可以指定不同的申请人。

2.2.1 提交 PCT 国际申请所需的文件及要求

提交 PCT 国际专利申请后，由 PCT 受理局进行审查，符合规定的，PCT 受理局给出确定的国际申请日，国际申请在每个指定国内自国际申请日起具有正规国家申请的效力。除对专利合作条约及其实施细则的有关规定作出保留的指定国外，国际申请日就是在每个指定国的实际申请日。

PCT 国际申请必须同时满足以下条件，才能确定国际申请日：

①申请人有资格向中国国家知识产权局提出 PCT 国际申请，若有多个申请人，则至少有一个申请人有资格；

②使用规定的语言撰写申请文件，中国国家知识产权局接受中文或英文两种语言的申请；

③提交的请求书中必须写明以下内容：申请人应使用国际局统一制定的请求书，请求书中必须写明是作为 PCT 国际申请提出的，请求书中包含"下列签字人请求按照专利合作条约的规定处理本国际申请"字样，必须写明申请人的姓名或名称；

④提交说明书；

⑤提交权利要求书。

以下文件虽然不是确定申请日的必要条件，但申请人仍应及时提交：

①附图（如有必要，应提交附图）。需要注意的是，后补交的附图会使国际申请日改变并可能导致优先权逾期；

②摘要；

③委托书；

④涉及核苷酸/氨基酸序列时，提交的电子形式序列表。

申请文件应提交到"中国国家知识产权局专利局受理处 PCT 组"。各地方专利代办处不接收 PCT 国际申请。申请人可通过邮寄、面交、传真，或使用专利业务办理系统的 PCT 国际申请模块提交电子形式的 PCT 国际申请。

2.2.2　国际检索

每件 PCT 国际申请都应经过国际检索。申请人按规定缴纳了检索费，就会启动检索。只要是中国国家知识产权局受理的 PCT 国际申请，国际检索就由作为国际检索单位的中国国家知识产权局承担。国际检索的目标是努力发现相关的现有技术。经检索后，申请人将得到一份国际检索报告和一份书面意见。检索报告将列出相关的对比文献，书面意见则对要求保护的发明创造是否具有新颖性、创造性、工业实用性提出初步的、无约束力的意见。但是当发生以下情形之一时，中国国家知识产权局可以宣布不制定国际检索报告：

涉及的主题按规定不要求进行检索；说明书、权利要求书或附图不符合要求，以至于无法进行有意义的检索；未在规定期限内提交电子形式序列表；等等。

中国国家知识产权局将在规定的期限内制定国际检索报告（或宣布不制定国际检索报告）和书面意见，期限是自国际检索单位（中国国家知识产权局是国际检索单位）收到检索本（国际专利申请文件的副本）之日起3个月或自优先权日起9个月，以后到期为准。

2.2.3 国际公布

自优先权日起18个月，由世界知识产权组织国际局负责完成国际公布。申请人如果希望提前进行国际公布，可以向国际局提出请求，并在适用时缴纳特别公布费（目前该特别公布费为CHF200）。

2.2.4 国际初步审查

国际初步审查程序不是必经程序，而是应申请人的要求而启动的程序。申请人提交了合格的国际初步审查要求书，并按规定缴纳了手续费和初步审查费后，将启动该程序。只要是中国国家知识产权局受理的PCT国际申请，国际初步审查就由作为国际初步审查单位的中国国家知识产权局承担。

在国际初步审查阶段，申请人可以对申请文件进行修改，审查员和申请人之间可进行交流，申请人可能会得到一份国际初步审查单位出具的书面意见，最后会得到国际初步审查报告（专利性国际初步报告）。该报告对要求保护的发明创造是否具有新颖性、创造性、工业实用性提出初步的、无约束力的意见。

启动国际初步审查，申请人应办理以下手续：

①在期限内提交国际初步审查要求书。期限是自传送国际检索报告或宣布不制定国际检索报告之日起3个月，或自优先权日起22个月，以后到期为准。

②自提交国际初步审查要求书之日起1个月或自优先权日起22个月内缴

纳初步审查费和手续费，以后到期为准。

中国国家知识产权局将在规定的期限内制定国际初步审查报告（专利性国际初步报告），期限是自优先权日起28个月或自收到国际初步审查要求书之日起6个月，以后到期为准。

2.2.5 国际阶段的修改机会

在国际阶段，申请人有两次修改申请文件的机会：

（1）依据《专利合作条约》第19条的修改：申请人收到国际检索报告后，在规定的期限内可向国际局提出针对权利要求书的修改。修改期限是自传送国际检索报告之日起两个月内或自优先权日起16个月内，以后到期为准。

注意：如果申请人收到国际检索单位作出的宣布不制定国际检索报告的决定，则不允许按照条约第19条对权利要求书进行修改。

（2）依据《专利合作条约》第34条的修改：即启动国际初步审查程序后可进行的修改。申请人可在规定的期限内对说明书、权利要求书、附图向中国国家知识产权局提出修改。修改期限是提交国际初步审查要求书起至审查员起草国际初步审查报告（专利性国际初步报告）之前。

2.3 进入国家阶段的程序

2.3.1 办理进入国家阶段的手续

由于PCT尚未实现授权阶段的国际合作，因此授权的任务仍由各个国家或地区专利局完成。申请人应当在自优先权日起30个月（特殊情况下，有些国家要求20个月）向希望获得专利保护的国家或地区提交规定的国际申请译文，缴纳规定的费用，指明要求获得的保护类型，从而启动国家阶段的程序。由于各国法律不同，相关规定也不同，详情可查阅各国专利局官方网站或查阅《PCT申请人指南》第二卷。

下面就PCT国际专利申请进入中国国家阶段的程序进行说明，以供其他进入其他国家参考。

2.3.2 进入中国国家阶段应当办理的手续

PCT申请人希望在中国获得专利保护的，应当自优先权日起30个月内办理进入中国国家阶段的手续。未在该期限内办理的，在缴纳宽限费后，可以自优先权日起 32 个月内办理该手续（即提交规定的文件、缴纳规定的费用），也就是说中国可以给予两个月的宽限期。

应当提交的文件：国际申请进入中国国家阶段声明、原始说明书的中文译文、原始权利要求书的中文译文、原始附图副本（若附图中有文字的，应当将其替换为对应的中文文字）、摘要的中文译文和摘要附图副本。对于使用中文完成国际公布的 PCT 国际申请，则只需提交国际申请进入中国国家阶段声明、国际公布摘要和摘要附图（适用时）的副本。

应当缴纳的费用：申请费、申请附加费、公布印刷费、宽限费（适用时）、优先权要求费（适用时），费用数额及其他费用参见本章本节"2.4"中的费用表。

注：办理进入国家的手续时，可以以 PCT 国际申请号缴纳相关费用。在获得国家申请号以后，应当以国家申请号缴纳相关费用。

在中国境内无长期居所或营业所的外国人、外国企业或外国其他组织在中国申请专利或办理其他专利事务的，必须委托依法设立的专利代理机构办理。

2.4　PCT 申请应当缴纳的费用

申请人需要缴纳或支付的费用，包括支付给国内专利代理机构的代理费、国外律师费、国际阶段官费、国家阶段官费以及国际银行的手续费等。这些费用不是固定不变的，除代理费因不同的专利代理机构、专利律师办理不同的事务以及所花费的时间而不同外，即使是官费也会时常调整，缴费时应根据当时各国官方公布的收费标准和汇率缴纳。

2.4.1　国际阶段费用

通过 PCT 途径办理国际阶段专利申请或其他事务，申请人可以自行办理，也可以委托国内专利代理机构代为办理。国际阶段所发生的费用，除委托国内专利代理机构的代理费外，还包括缴纳到国家知识产权局及国际局的官费。官费部分申请人应自国家知识产权局收到 PCT 国际申请之日起 1 个月内缴纳检索费、国际申请费、国际申请附加费（发生时）。

自 2021 年 12 月 1 日起，国家知识产权局按世界知识产权组织公布的人民币标准代国际局收取 PCT 申请国际阶段费用，不再以瑞士法郎标准进行折算。国家知识产权局每年年底会发布下一年度执行的 PCT 申请国际阶段费用的人民币标准，下面国际阶段的官费费用表中的费用数额为 2023 年执行的标准，原则上维持 2023 年一年有效，如因汇率波动过大等原因需调整标准，国家知识产权局将另行公布。后续每年的数额变动请以国家知识产权局专利合作条约（PCT）专栏的公告为准。

费用缴纳方式包括：面交、银行汇款、授权账户扣款、网上缴费。

国际阶段的官费
（中国国家知识产权局作为受理局、国际检索单位、国际初步审查单位）

费用名称	数额（人民币：元）
必缴费用	
检索费	2100
国际申请费（代国际局收取，申请文件不超过30页时）	9620
适用情况下缴纳的费用	
国际申请附加费（代国际局收，超出30页部分加收）	110/每页
优先权文件费	150/每项
单一性异议费	200
副本复制费	2/每页
初步审查费	1500
手续费（代国际局收取）	1450
附加检索费	2100/每个发明
初步审查附加费	1500/每个发明
恢复权利请求费	1000
后提交费	200
滞纳金：按未缴费用的50%收取，最高不超过国际申请费的50%	

国际阶段费用的减缴：

（1）按照 PCT 行政规程的规定，如果 PCT 国际申请是以下列形式提交，国际申请费按照以下数额减少：

①如果使用电子方式提交 PCT 国际申请，且满足 PCT 行政规程的相关要求，但以电子方式提交的说明书、权利要求和摘要未采用字符代码格式，可减

缴 1450 元的费用；

②如果使用电子方式提交 PCT 国际申请，且满足 PCT 行政规程的相关要求，若以电子方式提交的说明书、权利要求和摘要均是采用字符代码格式，则可减缴 2170 元的费用。

（2）如果 PCT 国际申请的所有申请人是自然人，且所有申请人均属于国际局发布的符合费用减免条件国家清单（国际局发布的清单可从 http：//www.wipo.int/pct/en/fees/index.html 下载）中所列国家的国民和居民，国际申请费和手续费可减缴 90%。我国（包括台湾、香港和澳门地区）在此清单中。

2.4.2 国家阶段费用

申请人确定国家阶段的指定国后，需要委托指定国的专利代理机构提交申请，需要支付的费用通常包含国内专利代理机构代理费、目标国专利代理机构的律师费（通常为按小时收费）、目标国专利申请官费、翻译费、获得授权后的年费、公证费（可能发生）等。指定国不同，专利审查意见的答复次数和答复难易程度不同，所需费用也会有所不同；选择的律师不同，代理费也可能不同。关于费用以及国家要求的具体信息，可根据 WIPO 制定的《PCT 申请人指南》中查阅关于每一个 PCT 缔约国的国家章节。此处仅列举 PCT 申请进入中国国家阶段的相应官费。

中国国家阶段的官费
（中国国家知识产权局作为指定局、选定局）

费用名称	数额（人民币：元）
申请费	
发明专利：	900
实用新型专利：	500
申请附加费	
①权利要求附加费从第 11 项起每项增收	150
②说明书附加费从第 31 页起每页增收	50
从第 301 页起每页增收	100
公布印刷费	50

(续表)

费用名称	数额（人民币：元）
发明专利申请实质审查费	2500
宽限期	1000
优先权要求费每项	80
译文改正费	
初审阶段：	300
实审阶段：	1200
单一性恢复费	900
优先权恢复费	1000

注：进入国家阶段其他收费按照国内标准执行。

中国国家阶段费用的减缴：

（1）由中国国家知识产权局作为受理局受理的 PCT 国际申请在进入中国国家阶段时，免缴申请费及申请附加费。

（2）由中国国家知识产权局作出国际检索报告及专利性国际初步审查报告的 PCT 国际申请，在进入中国国家阶段并提出实质审查请求时，免缴实质审查费。

（3）由欧洲专利局、日本专利局、瑞典专利局三个国际检索单位作出国际检索报告的 PCT 国际申请，在进入中国国家阶段并提出实质审查请求时，只需要缴纳 80% 的实质审查费。

七、工业品外观设计国际申请（海牙体系）

工业品外观设计在我国是通过专利法保护，在国际上很多国家对工业品外观设计予以单独立法的保护，如日本的《意匠法》、韩国的《外观设计保护法》、欧盟的《共同体外观设计保护条例》等，因此将向国外申请工业品外观设计保护独立于国外专利申请而放在本节中。

《工业品外观设计国际注册海牙协定》（HAGUE）是世界知识产权组织管理的国际工业品外观设计注册体系，称为"海牙体系"。海牙体系为缔约方的设计人和持有人提供了一套简单、经济的国际注册程序。

2022年2月5日，中国申请加入《工业品外观设计国际注册海牙协定》，2022年5月5日海牙协定在中国正式生效。

在此之前，中国申请人向国外申请工业品外观设计，一般是通过巴黎公约途径，若想向多个国家或地区申请工业品外观设计，申请人应自优先权日起6个月内分别向多个国家或地区专利局提交多份申请文件，并缴纳规定的费用。巴黎公约途径的申请流程和费用参见本章第六节1. 巴黎公约途径申请部分。本节主要介绍海牙体系。

1. 海牙体系简介

工业品外观设计国际注册体系被称为"海牙体系"，海牙体系是基于《工业品外观设计国际注册海牙协定》构建的，该协定包括海牙文本（1960年）和日内瓦文本（1999年）。申请人可以通过海牙体系向世界知识产权组织（以下简称WIPO）的国际局提交一件国际申请，即可能在多个国家或地区获得外观设计保护。中国已加入海牙体系，成为1999年文本的第68个缔约方。自2022年5月5日起，可以通过海牙体系申请在77个海牙体系缔约方的保护，涵盖94个国家。如果指定的缔约方为政府间组织，由此产生的国际注册在该政府间组织所有成员国的领土内生效。缔约方详情可通过WIPO的网站查阅，网址是https：//wipolex. wipo. int/zh/treaties/ShowResults？search_what＝C&treaty_id＝9。

海牙体系申请人仅需采用一种语言（法语、英语、西班牙语的一种）向国际局这一个机构提出一个申请，就可能在多个司法管辖区内获得保护。其采用一种货币缴纳一套费用的模式，降低了外观设计在多个国家获得保护的费用成本。海牙体系还提供了三种公布的时间选择，申请人可以根据经营策略把握公布时机。该体系还简化了国际注册的后续管理，申请人可以通过一个机构进行管理，这使得对注册进行的后续变更或续展都由国际局执行，而无需向多个知识产权局提出修改请求，大大减少了外观设计申请人的工作量。

申请人符合以下情况之一的可以通过海牙体系提交国际申请：

（1）属于一个缔约方的国民，或是作为缔约方的政府间组织的成员国国民。

（2）在一个缔约方的领土内有住所或经常居所。

（3）在一个缔约方的领土内有真实有效的工商营业所。

提交国际申请不需要有在先的国家申请或者注册。因此，通过海牙协定，在国际层面可以首次申请对外观设计的保护。当然，申请人也可以提交一件单一国家申请，并在首次申请日起6个月内以要求优先权的形式提交一件海牙体系的国际申请。

2. 海牙体系的申请程序

海牙体系申请程序图如下：

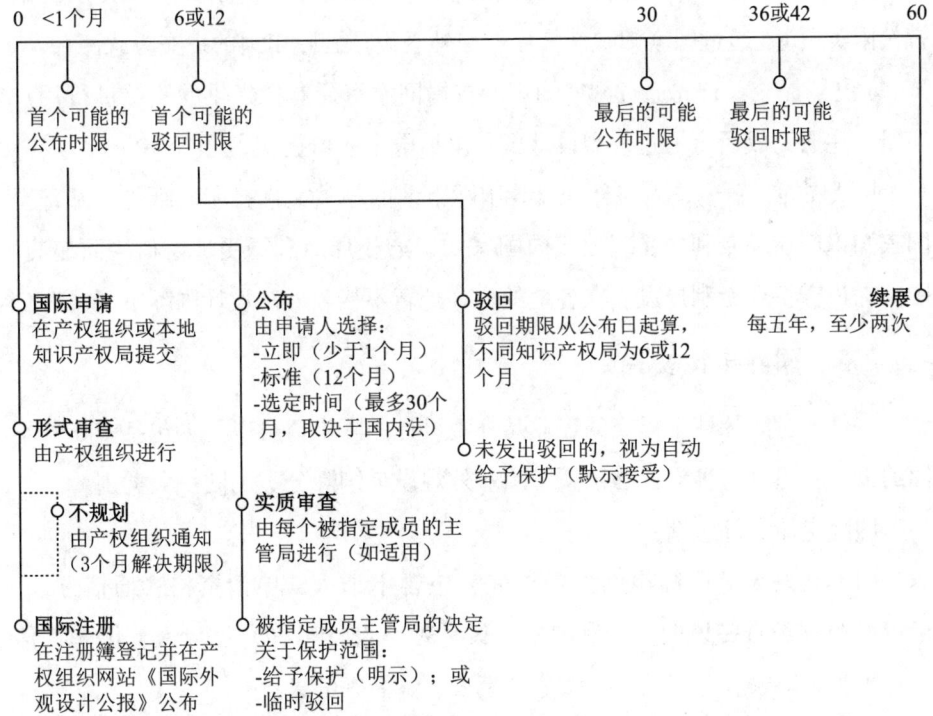

2.1 国际申请的提交方式

目前中国申请人通过海牙体系提交国际工业品外观设计的方式有下面两种，但所使用的语言必须是英语、法语或者西班牙语的其中一种，目前国际局只接受这三种语言。

(1) 直接提交

直接向国际局提交外观设计国际申请的方式两种:

a 电子提交:登录 WIPO 网站 (www.wipo.int/hague/en/e-filing.html) 通过国际局电子申请平台 eHague 提交电子申请。

b 纸件提交:通过纸件向国际局寄交,邮寄地址为:

World Intellectual Property Organization, 34, chemin des Colombettes, P. O. Box 18, 1211 Geneva 20, Switzerland。

(2) 间接提交

通过国家知识产权局向国际局转交国际申请文件(申请文件所使用的语言仅限英语)。通过国家知识产权局转交外观设计国际申请的提交方式两种:

a 电子提交:首先通过国家知识产权局网站海牙专栏提供的链接进行用户注册,注册完成后可通过外观设计国际申请电子入口提交。

b 纸件提交:申请人将外观设计国际申请的相关文件打印成纸件,邮寄至国家知识产权局专利局受理处或向国家知识产权局专利局受理窗口当面递交。国家知识产权局专利局设立在各地的代办处暂不接收外观设计国际申请文件。

2.2 国际申请文件

一件通过海牙体系提交的工业品外观设计国际申请可以至多包括 100 种不同的设计,但是每种设计必须属于工业外观设计国际分类的同一大类别。

国际申请文件包括:

(1) 外观设计国际申请的请求表,包含申请人、申请资格、通信方式、指定缔约方、简要说明、权利要求、设计数、设计名称、设计人、优先权信息、不丧失新颖性宽限信息、费用计算表、签名等信息;

(2) 图片或照片:工业品外观设计的图片或照片在海牙体系中被称为工业品外观设计的复制件,是申请外观设计国际申请的必要文件;

(3) 通过国家知识产权局转交外观设计国际申请还需要中文信息表,记载申请人和设计人的必要信息,特别是用于国家知识产权局与申请人之间的联系。

2.3 国际局的形式审查

国际局负责审查外观设计国际申请是否满足规定的形式要求（申请人/代理人的必要信息、复制件的质量、费用缴纳等）。如果国际申请不符合要求，申请人需要在 3 个月内进行修改，否则，该国际申请将被视为放弃。如果外观设计国际申请符合国际局形式审查的要求，该国际申请将被登记在国际注册簿上，并在规定的时间或申请人要求公布的时间，公布在国际外观设计公报上。

各缔约方主管局不得依据国内法要求的所必须完成的手续或行政行为拒绝给予对工业品外观设计国际申请的保护，即各缔约方的国内法不得以手续不合格或者行政规定而拒绝给予保护，如我国专利审查指南规定不得以申请文件的形式缺陷为由驳回外观设计国际申请。

2.4 国际注册的公布时间

海牙体系规定，工业品外观设计国际注册在其国际注册日之后 12 个月公布，但是有两个例外：

（1）申请人可以请求立即公布。国际局在收到请求立即公布的申请后，一般会在收到申请的下一周的周五公布。

（2）申请人可以请求延迟公布。根据 1999 年文本规定，原则上可以请求延迟的期限最多 30 个月，该期限自递交申请之日起算，有优先权的，自优先权日起算。

2.5 被指定缔约方主管局的实质性审查及权利生效

一旦国际注册在《国际外观设计公报》上公布，被指定缔约方的主管局可以进行实质性审查。如果不符合其国家或者地区的法律规定，各缔约方有权驳回国际注册在其领土内的效力。

如果主管局拒绝对国际注册给予保护，必须在《国际外观设计公报》公布之日起 6 个月内将驳回通知通报国际局，但根据 1999 年文本的规定，缔约方的主管局为审查局（即对外观设计进行审查的国家）的，或者缔约方的法律规定有异议程序的，其可以声明，将 6 个月的驳回期限延长为 12 个月。

如果被指定缔约方在规定期限内对某一国际注册未发出驳回通知（或者发出驳回通知但随后该通知被撤回），该国际注册即在该缔约方生效。国际注册获得保护的实质要件完全取决于被指定缔约方的国内法。国际申请未被某缔约方驳回的，通过国际申请的该工业品外观设计与本国工业品外观设计具有同样的法律保护地位。

对于被驳回的国际注册，申请人可以在一定期限内（如我国规定答复驳回通知的期限是 4 个月）依照缔约方的规定进行答复或申诉，申请人拥有与直接向主管局提交申请的申请人同样的救济权利。

3. 工业品外观设计保护期限和续展

海牙协定规定，国际注册的首个保护期为 5 年，并可以 5 年为一期进行两次续展，以确保给予至少 15 年的保护期限，并且根据缔约方的法律，至多可享有被指定缔约方各自法律所允许的最长保护期限届满（如有些国家可以最长保护 30 年）。权利人应当在每期届满前向国际局提出续展请求，并缴纳相应的续展费用。

续展时，可以选择放弃在某些缔约方的保护，而仅在需要保护的国家进行续展。

4. 国际注册簿变更

国际注册簿上可以登记以下变更，这些变更可能会对国际注册产生影响：

a）注册人名称和地址变更；

b）国际注册所有权变更（全部或部分被指定缔约方和/或全部或部分工业品外观设计）；

c）在任何或全部被指定缔约方放弃全部工业品外观设计；

d）在任何或全部被指定缔约方仅对部分工业品外观设计进行限制。

5. 海牙体系应当缴纳的费用

通过海牙体系办理工业品外观设计申请及其他事务，可以自行办理，也可以委托代理机构办理。所发生的费用，除委托代理机构的代理费外，还需要缴纳三类官方费用：

（1）基本费

一项外观设计是 397 瑞士法郎；同一国际申请中每增加一项外观设计增加 19 瑞士法郎。

（2）公布费

提交公布的外观设计申请中的每一件复制件的公布费为 17 瑞士法郎；如果复制件以纸件形式提交，同一页上显示一件或多件复制件的，第一页之后每增加一页则增加 150 瑞士法郎。通过国家知识产权局向国际局转交国际申请文件的视为提交纸件，同一页上最多可放置 25 件复制件。

（3）说明超过 100 字的附加费

工业品外观设计的说明超过 100 字以后每字增加 2 瑞士法郎。

（4）指定费

指定费包括标准指定费和/或寻求保护的每个缔约方的单独指定费。

标准指定费分三个不同等级，以反映缔约方执行的审查级别，视主管局进行的审查范围而定，这三个等级为：

第一级，缔约方主管局不进行实质审查。

第二级，缔约方主管局进行除新颖性以外的实质审查（例如，就"外观设计"的定义、公共秩序和道德或保护国徽等问题进行审查）。

第三级，缔约方主管局进行实质审查，包括有限的新颖性审查（例如，尽管外观设计权有效的标准是在全世界的新颖性，但只进行本地新颖性审查），或者第三方提出异议后的新颖性审查。

对于单独指定费，是指某些缔约方收取的费用，单独指定费的数额由每一个有关的缔约方确定。

标准指定费、国际申请阶段的单独指定费、续展阶段的单独指定费的具体数额可参阅 https://www.wipo.int/hague/en/。

通过海牙协定指定中国的工业品外观设计国际注册申请及国际注册续展，

单独指定费（人民币标准）为：第一期（1—5 年）4100 元，第二期（6—10 年）7600 元，第三期（11—15 年）15000 元。根据海牙协定有关规定，申请人应按照我国专利局和世界知识产权组织确定的单独指定费瑞郎折算价格进行缴纳，具体数额可参阅上述网址 https：//www.wipo.int/hague/en/。

第四章 商标注册及竞争运用

商标是区别不同生产经营者或服务提供者的商品与服务的一种标志。

商标的出现,是为了更好地凸显品牌的识别性和唯一性,加深相关公众对其产品或服务的印象和记忆,从而避免品牌的混淆以及防止在法律层面上造成侵权。并且商标保护不单只是对品牌和市场主体的保护,更是对消费者的保护,商标代表着一个市场主体的形象和信誉以及产品或服务质量,是企业等市场主体巩固自己在市场上地位的重要砝码。开拓市场,商标先行。

在我国,商标申请遵循申请在先、自愿注册的原则。市场上的商标分为两种:注册商标和未注册商标。两种商标都可以在市场上出现和使用。现行《烟草专卖法》第20条规定:"卷烟、雪茄烟和有包装的烟丝必须申请商标注册,未经核准注册的,不得生产、销售。"目前仅有上述商品必须注册商标。

经商标申请人申请并经商标局核准注册的商标为注册商标,商标注册人享有商标专用权,受法律保护;未经商标注册人的许可,在相同或类似的商品上,任何人不得使用与其相同或者近似的商标,否则承担侵权责任。相较而言,未注册商标随时有因他人相同或近似商标的核准注册而被禁止使用的可能。因此,要想有保障地使用商标,不产生纠纷或侵权,最好将其注册。

商标作为企业的无形资产,在实际使用过程中,要做好商标的管理和监控,及时获知商标动态,迅速做出应对措施尤为重要,以稳定并维护自己的品牌权益。

一、国内商标注册

1. 商标申请前事务

1.1 商品和服务分类

世界知识产权组织（WIPO）制定有《商标注册用商品和服务国际分类》，简称《尼斯分类》。《商标注册用商品和服务国际分类》由 WIPO 每年修订一次，并予以公布。我国商标局会根据《尼斯分类》修订上一次版本的《类似商品和服务区分表》，该表简称《区分表》。

自然人、法人或者其他组织在生产经营活动中，对其商品或者服务需要取得商标专用权的，应当向国家知识产权局商标局申请商标注册。申请人申请商标注册，应当按照《区分表》中的商品和服务的类别号、名称填报。《区分表》是我国将《尼斯分类》的商品和服务项目划分类似群，并结合实际情况增加我国常用商品和服务项目名称而制定的，供申请人申报商标注册时使用。

类似商品是指在功能、用途、主要原料、生产部门、商品与零部件的关系、销售渠道、销售场所、消费群体、消费习惯等方面相同或者具有较大关联性的商品，判定类似商品时应当综合考虑这些因素，不以单一因素作为考量商品类似的唯一依据。类似服务是指在服务的提供者、目的、内容、方式、场所、对象等方面相同或者具有较大关联性的服务。

《区分表》中将商品和服务分成 45 个大类，其中商品为 1—34 类，服务为 35—45 类。《区分表》中 45 个类别项下含有类别标题、【注释】、商品和服务项目名称。类别标题指出了归入本类的商品或服务项目范围；【注释】对本类主要包括及不包括哪些商品或服务项目作了说明；《区分表》中所列出的商品和服务项目名称为标准名称。

在我国，一个类别（大类）中的一个商标注册算作一个商标，也就是说，一个商标在某一个大类的商品或服务上注册后，而在其他大类的商品或服务上使用时，不能算作注册商标，同一个商标在不同大类的商品或服务中使用时，应该按照大类分别做多个商标申请注册。

大多数时候,我们申请商标是按照"一标一类"来申请的,即一个类别提交一件商标申请。但2014年5月1日开始实施的《中华人民共和国商标法》第二十二条第二款规定"商标注册申请人可以通过一份申请就多个类别的商品申请注册同一商标",因而"一标多类"申请注册在我国始于2014年,一标多类申请可以将申请多个类别的同一个商标放到一份申请文件中提出。这样在申请文件的准备上省时省力,相对来说减少了商标申请人的工作量,在后续商标注册审查也仅需审查一份申请文件,授予一个商标注册号,下发一个商标注册证书。不过现行的"一标多类"制度还存在一些弊端,从商标注册的费用上来看,虽实行一标多类的申请制度,但相关费用依旧按照"一标一类"的商标类别数量收费,也就是说,即使申请时是用"一标多类"进行申请,但缴费还是按照多个商标缴费;在遇到商标被部分驳回、续展、转让等情况需要进行分割时,就会出现一些限制,可能会使得商标申请人无法灵活使用注册商标。商标申请人可以根据自身的具体情况,从实际出发权衡一标一类和一标多类两种方式的利弊,选择适合自己的方式。我们也期待一标多类的相关制度可以得到改进和完善。

1.2 商品或服务项目的选择

申请人申请商标注册,应选择商标在哪些商品或服务上使用,商品或服务名称应力求具体、准确、规范,以便明确指定该商标的保护范围,符合分类原则。要避免使用含糊不清、不具体、外延过于宽泛且不足以划分其类别或类似群的商品或服务名称。申请人应尽量使用《区分表》中现有的商品或服务项目名称。如不能使用现有名称,也应按照分类原则使用具体、准确、规范的名称进行填写,不应使公众产生混淆和误认。如果商标是使用在新的商品上,在提交商标申请时,应提供有助于商标局判断商品的类别和类似群的商品说明书。对于一些多功能产品,可以归入其功能所属的相应类别,至于申报在哪个类别是由申请人根据自己的实际情况来确定的,申请人可以申报在一个或多个类别中。

2021年使用的《区分表》是基于《尼斯分类》第十一版(2021文本)。

申请人应当依照提交申请时施行的《区分表》进行申报，既可以申报标准名称，也可以申报未列入《区分表》中的商品和服务项目名称，但应满足以下要求：

（1）符合提交申请时施行的《尼斯分类》和《区分表》版本分类原则。

（2）申报的商品和服务项目名称应对商品和服务项目进行准确的表述。该名称应足以使此商品或服务项目与其他类别的商品或服务项目相区分。应避免使用含混不清、过于宽泛、不足以确定其所属类别或易产生误认的商品或服务项目名称。

（3）申请人可附送对该商品或服务项目的说明。该说明材料仅为对商品或服务项目的补充解释说明，并非商品或服务项目名称组成部分。即使申请人附送了对商品或服务项目的说明材料，该商品或服务项目名称本身也应符合上述所有申报要求。

申请人在商标注册申请选择类别、商品或服务项目时，要基于商标申请人所处行业、主营产品或服务及未来发展规划（可能拓展的商品服务领域）这些方面来考虑。确定商标申请类别的原则顺序是：核心类别（主营商品服务）、密切关联类别（同产业链商品服务）、关联类别（易混淆商品服务）、防御性类别（未来经营规划商品服务或防丑化商品服务）。确定商标商品或服务项目时申请人应根据自己的实际经营情况，首先选择主营业务上的商品或服务内容，确保基本注册范围；其次选择代表性的商品或服务内容以及不同的类似群的商品或服务，以扩大保护范围。

对于申请人而言，要尽可能地扩大商标注册的保护范围，而商标注册申请是按照类别和申请商品和服务项目的数量收费的，在已经选择了商标注册类别的情况下，就需要以尽量少的商品和服务内容涵盖整个类别。

1.3 商标申请前的近似查询

申请人在申请商标注册之前进行商标查询，这是申请商标注册的重要步骤，了解自己准备申请注册的商标是否与他人已经注册或正在注册的商标相同或近似，根据查询结果作出判断以后再提交申请，能有效降低商标驳回的概率，同时也能够大大减少在商标注册过程中的人力物力，减少商标注册的申请时间。

商标注册申请人可以自行通过中国商标网的商标查询栏目查询商标（网址为 http://sbj.cnipa.gov.cn/sbj/sbcx/），根据实际需求进行商标近似查询、商标综合查询或商标状态查询。申请人也可以委托商标代理机构查询有关商标信息。

需要说明的是，商标查询只能查询到已录入数据库的商标资料，因此存在查询盲区；并且查询商标时的检索也不可能保证百分之百查全，只能是越有经验的商标代理人的查询结果可能越准确一些。

1.4 商标相同及近似判定

商标相同是指两商标在视觉上基本无差别，使用在同一种或者类似商品或者服务上易使相关公众对商品或者服务的来源产生混淆。

商标近似是指商标文字的字形、读音、含义近似，商标图形的构图、着色、外观近似，或者文字和图形组合的整体排列组合方式和外观近似，立体商标的三维标志的形状和外观近似，颜色商标的颜色或者颜色组合近似，声音商标的听觉感知或整体音乐形象近似，使用在同一种或者类似商品或者服务上易使相关公众对商品或者服务的来源产生混淆。

进行商标相同和近似的判定时，首先应认定指定使用的商品或者服务是否属于同一种或者类似商品或者服务；其次应以相关公众的一般注意力为标准，并采取整体观察与比对主要部分的方法，从商标本身的形、音、义和整体表现形式等方面进行分析，判断商标标志本身是否相同或者近似，同时考虑商标本身显著性、在先商标知名度及使用在同一种或者类似商品（服务）上易使相关公众对商品（服务）来源产生混淆误认等因素。

2. 商标注册申请

2.1 商标注册申请的途径

商标注册申请人可以自行申请商标，也可以委托依法设立的商标代理机构办理商标注册申请。但建议委托正规的、负责任的代理机构办理，否则容易造成"非正常"商标注册申请，影响该商标的注册，甚至影响申请人信誉。

申请人自行申请的，可以通过以下途径进行：

（1）电子申请

申请人可自行通过网上服务系统在线提交商标注册申请。商标网上服务系统网址：http://sbj.cnipa.gov.cn/sbj/wssq/。

（2）纸件申请

申请人如果提交纸件申请，可以到国家知识产权局商标局委托地方市场监管部门或知识产权部门设立的商标业务受理窗口办理，或者到国家知识产权局商标局在京外设立的商标审查协作中心办理。各地方商标业务受理窗口及商标审查协作中心信息可以通过下述网址查询：

http://sbj.cnipa.gov.cn/sbj/cjwtjd/202207/t20220718_21892.html。

外国人或者外国企业在中国申请商标注册和办理其他商标事宜的，应当委托依法设立的商标代理机构办理，但在中国有经常居所或者营业所的外国人或外国企业除外。在内地没有营业所的我国香港、澳门地区，以及在大陆没有营业所的我国台湾地区企业办理商标申请事宜，应当委托依法设立的商标代理机构办理。

委托商标代理机构办理的，申请人可以自愿选择任何一家在国家知识产权局备案的商标代理机构办理。所有在国家知识产权局备案的商标代理机构都公布在中国商标网"代理机构"一栏中。

2.2 商标注册的申请材料

办理商标注册申请，应当提交商标注册申请书、申请人身份证明文件、商标图样、商标代理委托书等文件。

（1）商标注册申请书

商标注册申请书中应写明申请人名称、申请人地址、商标图样、商标种类、商标所选类别和商品/服务项目、优先权、商标说明、代理机构等信息。商标注册申请书上应该有申请人的签字或盖章。

（2）申请人身份证明文件

①申请人为国内法人或其他组织的，应当使用标注统一社会信用代码的身

份证明文件，如营业执照、法人登记证、事业单位法人证书、社会团体法人证书、律师事务所执业证书等有效证件的复印件；期刊证、办学许可证、卫生许可证等不能作为申请人身份证明文件。

②申请人为国内自然人的，应当提交身份证、护照、户籍证明等有效身份证件的复印件，以及《个体工商户营业执照》复印件或农村土地承包经营合同复印件。

③申请人为港澳台或国外的法人或其他组织的，应当提交所属地区或国家的登记证件复印件。外国企业在华的办事处、常驻代表机构的登记证复印件不能作为身份证明文件复印件。上述文件是外文的，应当附送中文译文；未附送的，视为未提交该文件。

④申请人为港澳台自然人且自行办理的，应当提交在有效期（一年以上）内的《港澳居民来往内地通行证》《台湾居民来往大陆通行证》或《港澳台居民居住证》复印件；申请人为国外自然人且自行办理的，应当提交护照复印件及公安部门颁发的、在有效期（一年以上）内的《外国人永久居留证》《外国人居留许可》或《外国人居留证》。

(3) 商标代理委托书

委托商标代理机构办理的，应当提交商标代理委托书。商标代理委托书中应当载明代理内容及权限、申请人名称、国籍等信息。外国人或者外国企业的商标代理委托书及与其有关的证明文件的公证、认证手续，按照对等原则办理。

(4) 商标图样

每一件商标注册申请应当提交一份商标图样。以颜色组合或者着色图样申请商标注册的，应当提交着色图样；不指定颜色的，应当提交黑白图样。商标图样必须清晰，便于粘贴，用光洁耐用的纸张印制或者用照片代替，长和宽应当不大于10厘米，不小于5厘米。商标图样应粘贴在《商标注册申请书》指定位置。

需要注意的是，申请商标注册时，如果作为该商标构成要素的字体、图形等是有著作权保护的字体或图形等，往往会在使用该商标时，遭遇著作权人的维权行动。因此申请商标注册时，尽量不使用有著作权的字体、图形、影音等，或者经查询后再使用，或者经过著作权人的许可。近年来，因商标使用的字体侵犯著作权的案例较多。

申请商标的要素包含文字、图形、字母、数字、颜色组合等，当商标要素不止一个时，单独申请比组合申请更加可行。原因之一是因为审查员审查时会对组合申请的商标的各要素分开审查，如果其中任一要素不能通过审查，则商标整体将被驳回。而以单独要素申请的商标，各要素则互不影响，即使一个要素的商标申请被驳回，也不影响其他要素的商标注册，其他要素的商标申请有可能被核准。因此，商标要素不止一个时，单独申请风险要小于组合申请。原因之二是注册商标使用时，各要素作为一个整体申请的，则必须以整体注册形式来使用，不能单独分开，也不能改变排列形式。而单独申请则没有这方面的限制，作为商标使用时，通过审查的要素可以任意组合、排列，更加灵活。

（5）优先权

商标注册申请时，要求优先权的，应当提交书面声明，并同时提交或在申请之日起3个月内提交优先权证明文件，包括原件和完整的中文译文。未书面声明或申请/展出国家/地区、申请/展出日期、申请号栏目填写不完整的，视为未要求优先权。逾期未提交或未完整提交优先权证明文件的，或证明文件不足以证明其享有优先权的，优先权无效。

（6）其他特殊情形

以三维标志申请商标注册的，应当在申请书中予以声明，并在商标注册申请书的"商标说明"栏中说明商标的使用方式。申请人应当提交能够确定三维形状的图样，该商标图样应至少包含三面视图。

以颜色组合申请商标注册的，应当在申请书中予以声明，并在商标注册申请书的"商标说明"栏中加以文字说明，说明色标和商标的使用方式。以颜色组合申请商标注册的，商标图样应当是表示颜色组合方式的色块，或是表示颜色使用位置的图形轮廓。该图形轮廓不是商标构成要素，必须以虚线表示，不得以实线表示。

以声音标志申请注册商标的，应当在申请书中予以声明，并在商标图样框里对声音商标进行描述。声音商标的描述,应当以五线谱或者简谱对申请用作商标的声音加以描述并附加文字说明;无法以五线谱或者简谱描述的,应当使用文字进行描述。商标描述与申请人报送的声音样本应当一致。申请人应在商标注册申请书的"商标说明"栏中说明商标的使用方式。申请人通过纸质方式提交声音商标注册申请的,声音样本的音频文件应当储存在只读光盘中,且该光盘内应当只有一个音频文件。通过数据电文方式提交声音商标注册申请的,应按照要求正确上传声音样本。声音样本的音频文件应小于5MB,格式为wav或mp3。

将他人肖像作为商标图样进行注册申请的,应当在申请书中予以说明,并附送肖像权人的授权声明书。授权声明书应包括作为商标图样申请的肖像人肖像、肖像人的身份证复印件。自然人、法人或其他组织将他人肖像作为商标图样进行注册申请,肖像人已死亡的,应附送申请人有权处置该肖像的证明文件,证明文件应包括作为商标图样申请的肖像人肖像。自然人将自己的肖像作为商标图样进行注册申请的,应当在申请书中予以说明,不须附送授权声明书。若商标图样中的人物图形并非真实的人物肖像,只是创作画或电脑制作的虚构的人物形象,应当在申请书中予以说明。

办理集体商标注册申请时,除提交商标注册申请书、商标图样、身份证明文件、商标代理委托书外,还应当提交集体商标使用管理规则、集体成员名单等。

办理证明商标注册申请时,除提交商标注册申请书、商标图样、身份证明文件、商标代理委托书外,还应当提交证明商标使用管理规则,并应当详细说明其所具有的或者其委托的机构具有的专业技术人员、专业检测设备等情况,以表明其具有监督该证明商标所证明的特定商品品质的能力。

2.3 商标注册申请的审查流程

商标从申请到获得核准注册一般会经过如下流程:

(1) 申请

申请人提出申请,可以自行提出也可委托依法设立的商标代理机构办理。可以纸件申请也可以通过商标注册网上服务系统申请。申请人可以通过一份申请就多个类别的商品申请注册同一商标。

（2）形式审查

商标局对受理的商标注册申请进行形式审查，对按照规定填写申请文件并缴纳费用的，予以受理并书面通知申请人。申请手续齐全并且申请书填写符合规定但是需要补正的，商标局会发出"商标注册申请补正通知书"，申请人应当按照补正要求和说明并务必在规定的期限内将补正的文件递交商标局。申请人期满未补正或者未按要求进行补正的，商标局将针对该件商标注册申请作出不予受理决定。

在收到补正通知书时，如果《商标注册用商品和服务分类表》实行了新的版本，补正时不可以按照新版本再进行分类，只能继续沿用以前的版本分类。

补正过程中只能对不清晰的商标图样进行补正的，申请人可以重新提交清晰的商标图样，但不可以改变商标图样。如果改变图样，需要重新提交申请。

回复补正不需要向商标局再缴纳费用，但委托商标代理机构时，可能需要向代理机构支付相应代理服务费。

（3）实质审查

商标注册申请通过形式审查后，进入实质审查程序，审查时长一般为9个月左右。实质审查是对商标是否具备注册条件的审查。申请注册的商标能否初步审定并予以公告取决于是否通过了实质审查。实质审查包括商标是否违背商标法的禁用条款，商标是否具备法定的构成要素，是否具有显著性，商标是否与他人的在先申请、注册的商标权利发生冲突。

（4）初步审定并公告

对符合规定的或者在部分指定商品上使用商标的注册申请符合规定的，商标局予以初步审定并予以公告；初步审定公告期为3个月，自公告之日起3个月内，符合条件的异议人（一般是在先权利人或利害关系人）可以提出异议。

对不符合规定或者在部分指定商品上使用商标的注册申请不符合规定的，予以驳回或者驳回在部分指定商品上使用商标的注册申请。

(5) 注册并公告

公告期满无异议的或者异议经审查不成立的，商标予以核准注册，颁发商标注册证，并予公告。

2.4 集体商标、证明商标及地理标志商标注册申请

2.4.1 集体商标、证明商标及地理标志商标注册申请材料

地理标志可以作为集体商标或者证明商标申请注册，集体商标和证明商标的办理途径和审查流程与一般商标类似，参见本章本节"2.1 商标注册申请的途径"和"2.3 商标注册申请的审查流程"。

（1）集体商标

办理集体商标注册申请时，除提交商标注册申请书、商标图样、申请人主体资格证明文件、商标代理委托书（委托商标代理机构的）外，还应当提交集体商标使用管理规则、集体成员名单。

集体商标使用管理规则应包括以下内容：使用集体商标的宗旨；使用集体商标的集体成员的名称、地址、法定代表人等；集体商标指定使用的商品的品质；使用集体商标的手续；集体成员的权利、义务和违反规则应当承担的责任；注册人对使用该集体商标商品的检验监督制度。

（2）证明商标

办理证明商标注册申请时，除提交商标注册申请书、商标图样、申请人主体资格证明文件、商标代理委托书（委托商标代理机构的）外，还应当提交证明商标使用管理规则，并应当详细说明其所具有的或者其委托的机构具有的专业技术人员、专业检测设备等情况，以表明其具有监督该证明商标所证明的特定商品品质的能力。

证明商标使用管理规则应包括以下内容：使用证明商标的宗旨、意义或目的；该证明商标证明的商品的特定品质；使用该商标的条件；使用证明商标的权利、义务和违反规则应当承担的责任；注册人对使用该证明商标商品的检验监督制度。

（3）地理标志商标

以地理标志作为集体商标、证明商标注册的，除提交上述集体商标、证明商标所需材料外，还应提交以下供审查的材料：

①地理标志所标示地区县级以上人民政府或者行业主管部门授权申请人申请注册并监督管理该地理标志的文件。

②有关该地理标志商品客观存在及信誉情况的证明材料（包括：县志、农业志、产品志、年鉴、教科书、正规公开出版的书籍、国家级专业期刊、古籍等）并加盖出具证明材料部门的公章。

③地理标志所标示的地域范围划分的相关文件、材料。

相关文件包括：县志、农业志、产品志、年鉴、教科书中所表述的地域范围，或者是地理标志所标示地区的人民政府或行业主管部门出具的地域范围证明文件。

④地理标志商品的特定质量、信誉或者其他特征与当地自然因素、人文因素关系的说明。

⑤地理标志申请人具备监督检测该地理标志能力的证明材料。

申请人具备检验检测能力的，应提交申请人所具有的检测资质证书或当地政府出具的关于其具备检测能力的证明文件，以及申请人所具有的专业检测设备清单和专业检测人员名单。

申请人委托他人检验检测的，应当附送申请人与具有检验检测资格的机构签署的委托检验检测合同原件，并提交该检验检测机构的检测资质证书以及检测设备清单和检测人员名单。

⑥外国人或者外国企业申请地理标志集体商标、证明商标注册的，应当提供该地理标志以其名义在其原属国受法律保护的证明。

2.4.2　集体商标、证明商标、地理标志商标注册的申请人资格

集体商标注册申请人应是自由平等、独立的商品经营者或者服务的提供者组成的组织，可以是工业或者商业的团体，也可以是协会、行业或者其他集体组织，即是俗称的"会员制"或者"俱乐部"形式的组织，例如：中国新华书店协会、西瓜产销联合会、生产销售合作社、茶叶行业商会等。

证明商标注册申请人应是对所报证明商标证明的商品或者服务的特定品质具有监督能力的单位，可以是协会组织也可以是公司。

地理标志以集体商标或证明商标注册，申请人资格参见上述集体商标和证明商标的申请人资格。与普通的集体商标、证明商标的申请人主体资格不同的是，地理标志商标的申请人应当是不以赢利为目的，其业务内容应与所监督使用的地理标志商品相关的团体、协会或者其他组织。例如，农民专业合作社可以作为普通集体商标的申请主体，但是不符合地理标志集体商标的申请人主体资格；公司或总公司的组织形式可以作为普通证明商标的申请主体，但是不符合地理标志证明商标申请主体资格。地理标志商标注册申请人还应获得地理标志所标示地区的县级以上人民政府或者行业主管部门授权申请人申请注册并监督管理该地理标志的文件。

二、商标管理及竞争运用

对企业来讲想要维护好自己的商标，做好商标注册后的管理工作尤其重要。

从商标使用方面来讲，在商标注册成功后，一定要规范使用商标，不能改变注册商标的图样，或者超出指定商品范围使用，如确需改变的，可重新提出商标注册申请。商标使用过程中要注意保存使用证据，证据收集和保存需要注意使用时间、使用商品、商标标识、宣传、影响力等方面，商标使用证据的保存有助于形成完整的证据链，如果日后遭遇商标争议，有效的商标使用证据可以保护自己的商标权益。

从商标管理监测方面来讲，企业应对商标进行分类管理，运用现代化手段实施商标管理监测，认真关注商标注册情况，发现他人申请注册的商标与自己的商标相同或近似，应及时提出异议或争议。对商标许可期限、商标注册续展、连续未使用等情况及时提示，防止因商标注册到期未续展、连续三年未使用而丧失商标专用权以及因超出许可期限而导致商标侵权使用。

如果商标是通过商标代理机构来注册的，那么注册后企业一定要与代理机构保持联系，以便及时接收到涉及商标的相关文件，这些文件商标局是直接下发到商标代理机构的。如果企业通信地址及联系方式发生变动的应及时告知商标代理机构，以防延误商标文件的有效传达而造成不必要的损失。

如果企业的名称或者注册地址发生变更，还必须及时向商标局提出变更申请，否则会出现不必要的麻烦、损失或纠纷。

企业要经常进行市场调查，发现侵权嫌疑时，要及时加以制止，直至向地方市场监督管理局投诉或向法院起诉，防止他人侵犯、危害自己的注册商标专用权。如若遇到商标纠纷，企业一定要及时采取应对措施。加强商标标识的管理。做好商标监测，避免他人傍名牌，以免给企业造成负面影响。

本节的商标管理及竞争运用主要说明常用的商标的异议、复审、无效宣告、撤销、变更、转让、续展、许可及商标专用权的质押等内容。

商标局下设的商标评审委员会负责审理商标评审案件。商标评审委员会的受案范围为：驳回复审、无效宣告复审、不予注册复审、撤销复审和无效宣告这五种案件类型。

1. 商标异议

商标异议是指自然人、法人或者其他组织在法定异议期限内对商标局初步审定并公告的商标提出反对意见，在初审公告之日起3个月内向商标局提出不应予以注册的意见，请求商标局不予注册。商标局经审查后，会依法作出准予注册、不予注册、部分商品（服务）不予注册的决定。

异议期为3个月，自初步审定公告次日起算。异议期间的最后一天是法定节假日的，可以顺延至节假日后的第一个工作日。

1.1 商标异议人资格及异议理由

商标异议申请人的主体资格根据异议理由的不同分为如下两种：

一种是任何人均可以依据绝对理由提出异议。具体来说，任何人均可以以违反《商标法》第四条（不以使用为目的的注册）、第十条（不得作为商标使用用的标志）、第十一条（不得作为商标注册的标志）、第十二条（具有技术性质的三维商标）、第十九条第四款（商标代理机构的注册限制）的规定，向商标局提出异议。任何人包括自然人、法人或者其他组织。

另一种是在先权利人、利害关系人可以依据相对理由提出异议。具体来说，在先权利人、利害关系人还可以以违反《商标法》第十三条第二款（摹仿未注册的驰名商标）和第三款（摹仿注册的驰名商标）、第十五条（未经授权申请或抢注未注册的在先商标）、第十六条第一款（商标含有地标）、第三十条（与在先注册商标相同或相近）、第三十一条（在先申请原则与使用在先原则）、第三十二条（抢注在先权利与商标）规定向商标局提出异议。

在先权利人是指在先权利的所有者。在先权利包括但不限于在先商标权、字号权、著作权、外观设计专利权、姓名权和肖像权。

利害关系人是指系争商标的申请注册可能损害或削弱其相关在先权利，使其利益受到侵犯的主体，包括但不限于：

（1）在先商标权及其他在先权利的被许可使用人；

（2）在先商标权及其他在先权利的合法继受人；

（3）在先商标权的质权人；

（4）在先商标权及其他在先权利人的控股股东；

（5）就相关人身权提交了特别授权文件的被授权人；

（6）其他有证据证明与在先商标权及其他在先权利有利害关系的主体。

仅因系争商标的申请注册而受到影响，但与在先权利不具有直接利害关系的主体，不宜认定为利害关系人。

1.2 商标异议的申请材料及要求

1.2.1 申请材料

商标异议申请应提交的材料包括：

（1）商标异议申请书；

（2）明确的异议理由、事实和法律依据，并附相关证据材料。内容较多的，可以另附有异议人的签字或加盖公章的异议理由书；

（3）被异议商标初步审定公告的复印件（可从中国商标网下载）；

（4）经异议人盖章或者签字确认的主体资格证明文件（包括作为在先权利人的证明文件或利害关系人的证明文件、营业执照或其他身份证明文件）

复印件。

（5）直接到商标注册大厅办理的需提供经办人身份证及复印件。

（6）委托商标代理机构办理商标异议申请的，提交商标代理委托书。代理委托书应载明代理人代理权限、代理事项及授权日期。同一代理人不能在同一商标异议案件中同时代理异议双方当事人。

1.2.2　其他具体要求

（1）一份异议申请只能对一个初步审定的商标提出异议。针对一标多类商标提出异议的，申请人可以在一份异议申请中列明多个类别，也可以按照被异议商标的类别分别提交申请。

（2）异议材料应提交一式两份并标明正、副本，编排证据目录及页码。异议证据材料应完整、精练，纸质证据材料可以正、反面打印，证据材料较多的，建议以光盘等电子载体形式提交。

（3）办理异议申请及相关事宜应当使用中文，纸质异议申请书件应当打字或印刷。相关证据材料内容为外文的，应提供对应的中文翻译件。

（4）应正确、规范、逐项填写异议申请书，并在"申请人章戳（签字）"一栏加盖与申请人名义相同的印章或签名。

（5）申请人需要补充证据材料的，应当在异议申请书中勾选，并应自提交异议申请之日起3个月内提交。

1.3　商标异议的程序

商标局在收到异议申请后，如果发现异议申请书件中存在问题需要补正的，将向异议人或商标代理机构寄发补正通知，限期补正。商标局收到商标异议申请书及有关证据材料后，将商标异议申请书副本邮寄给被异议人，被异议人应在收到商标异议答辩通知书之日起30日内提交异议答辩材料。被异议人在期限内未作出答辩的视为弃权，不影响异议程序的正常进行。自商标异议申请递交之日起，12个月左右商标局可审查完毕，如有特殊情况将有可能延长6个月的审查期。商标异议成立的，被异议商标将被不予注册。被异议人不服的，可以自收到通知之日起15日内向商标评审委员会申请复审。商标异议不成立的，被异议商标准予注册，商标局向被异议人发放商标注册证。

1.4 商标异议的费用

申请商标异议的费用分为缴纳到国家知识产权局商标局的官方费用（简称官费或规费）和委托商标代理机构的代理费（委托商标代理机构的）。商标异议的官费按所提异议商标的类别缴纳，缴纳数额及缴纳方式参见本章第三节"商标事务的费用及缴纳方式"部分。

2. 商标复审

商标复审是针对当事人不服商标局对就商标有关事项所作处理决定而提出的复审请求、由商标评审委员会重新进行审查的法定程序。商标评审委员会是负责商标复审和商标无效宣告的部门，商标评审委员会负责审理当事人不服商标局驳回商标注册的复审案件、商标异议决定不予注册的复审案件、商标撤销的复审案件、主动宣告注册商标无效的复审案件。

申请人可以在收到驳回通知书、商标异议决定书、撤销通知书或无效决定之日起15日内向商标评审委员会请求复审。如有特殊的原因，可在期满前申请延期，延期时间为30天，但需提交延期的证据材料如邮局或居委会的证明。证明收到驳回通知书、商标异议决定书、撤销通知书或无效决定书晚了的合理理由。

2.1 商标复审的申请材料

（1）商标评审申请书（首页）

针对不同复审类型，正确填写商标名称、类别、注册号、发文号、申请人名称和地址（外文地址须注明其中文国别）、被申请人名称和地址。

（2）材料目录

材料目录应具体写明商标名称、类别、注册号、材料序号、材料名称、件数、页码、备注（是否原件/复印件）、提交人签章以及提交日期，证据目录中标注的页码应与证据材料实际页码一致。

（3）申请书（正文）

申请书正文必须有明确的复审请求（写明法律依据）和事实理由（如因

复审期限即将届满而无法提交详细事实理由的，可以先简单填写，但不能不写）。理由中涉及的引证商标，如果已经在先申请注册，应明确具体注册号。

(4) 决定书或通知书及其送达证据

商标局作出的驳回通知书、商标异议决定书、撤销通知书或无效决定是邮寄送达的，须提交信封原件；电子发文方式送达的，不需要提交送达证据。

(5) 申请人主体资格证明

商标评审申请人名义应与决定书或裁定书所载的信息一致。如果申请人的商标发生转让，应提交核准转让证明；尚未核准的，须以转让人名义提起复审。如果申请人发生名义变更而未进行备案，则须提交申请人名义变更证明。

(6) 证据材料

提交证据材料时必须附上证据目录，对证据材料逐一分类编号，简要说明证据材料的来源、证明的具体事实并签名盖章。需要在提出商标复审申请后补充有关证据材料的，应在申请书中声明，并自提交申请书之日起3个月内一次性提交。

(7) 委托商标代理机构办理

需提供盖有申请人章戳的商标评审代理委托书。

2.2 商标复审的程序

申请人或商标代理机构应当在法定期限（一般为15日）内递交商标复审申请。经形式审查后符合受理条件的，商标评审委员会向申请人或商标代理机构发送缴费通知书；商标评审委员会收到缴费后再发出受理通知书。

申请材料不齐全或者不符合法定形式的，向申请人或商标代理机构发出补正通知，申请人或商标代理机构应当自收到补正通知之日起30日内补正。未在规定期限内补正的，视为撤回商标复审申请。当事人对不予受理决定不服的，也可以根据行政复议法提起行政复议。

商标复审申请可以通过邮寄或面交商标评审委员会的方式提交，还可以通过商标网上申请系统提交。通过网上申请系统提交的，须按照网上申请填写要求上传申请材料，已通过纸件办理的，不可重复递交网上复审申请。

自 2022 年 11 月 1 日起，商标代理机构代理商标的驳回复审案件时，必须通过商标网上服务系统提交电子申请，不能再提交纸件。

商标评审委员会在受理商标复审申请后，对申请材料进行审理，在法定期限（一般为 9 个月）内依法作出决定，并将复审决定书书面通知当事人或其委托的商标代理机构。商标评审委员会应当自收到申请之日起 9 个月内作出决定，有特殊情况需要延长的，经商标局批准，可以延长 3 个月。

商标评审委员会在审理的过程中，所涉及的在先权利的确定必须以法院正在审理或者行政机关正在处理的另一案件的结果为依据的，可以中止审查。中止原因消除后，应当恢复审查程序。

当事人对商标评审委员会的决定不服的，可以自收到通知之日起 30 日内向法院起诉。

2.3 商标复审的费用

申请商标复审的费用分为缴纳到国家知识产权局商标局的官方费用（简称官费或规费）和委托商标代理机构的代理费（委托商标代理机构的）。商标复审的官费按所提复审商标的类别缴纳，缴纳数额及缴费方式参见本章第三节"商标事务的费用及缴纳方式"部分，按照"商标评审费"一栏的标准缴费。

3. 商标无效宣告

注册商标的无效宣告，是针对商标局对于违反商标法的规定而不应获得注册的已注册商标，按照法律程序宣告其无效的制度。具体而言，是指已经注册的商标，因违反商标法的相关规定或因侵犯他人权益，由商标局主动依职权宣告该注册商标无效，或由商标评审委员会依申请宣告该注册商标无效的制度。因此，当事人申请商标无效宣告是向商标评审委员会提出。

3.1 商标无效宣告的理由和申请主体

注册商标的无效宣告分两种类型，一种是因违反绝对理由而无效，一种是因违反相对理由而无效。

3.1.1 绝对理由

绝对理由即存在商标法规定的不得注册的情形，绝对理由包括：《商标法》第四条（不以使用为目的的注册）、第十条（不得作为商标使用的标志，禁用条款）、第十一条（缺乏显著特征，不得作为商标注册的标志）、第十二条（具有技术性的三维商标）、第十九条第四款（商标代理机构的注册限制）、或者以欺骗手段或者其他不正当手段取得注册的。

针对绝对理由的申请主体：商标局可依职权宣告无效，或者是其他单位或者个人可以请求商标评审委员会宣告无效，主体不限，时间不限。当事人不服可以向商评委申请复审。

3.1.2 相对理由

相对理由即商标权同在先取得的权利或其他合法权利相冲突。相对理由包括：《商标法》第十三条第二款（摹仿未注册的驰名商标）和第三款（摹仿注册的驰名商标）、第十五条（未经授权申请或抢注未注册的在先商标）、第十六条第一款（商标含有地标）、第三十条（与在先注册商标相同或相近）、第三十一条（在先申请原则及使用在先原则）、第三十二条（抢注在先权利与商标）。

相对理由的申请主体：在先权利人或利害关系人可以请求商标评审委员会宣告无效，请求无效宣告的期限是在争议商标注册之日起5年内提出，对于被恶意注册的驰名商标，不受五年的时间限制。

3.2 商标无效宣告需要提供的材料

①申请书首页；

②申请书正文，正文须载明明确的请求和事实依据，并附有关证据材料；

③申请人的主体资格证明文件；

④委托商标代理机构办理的，还需提交商标评审代理委托书；

⑤有证据材料的须附证据材料及目录；

⑥需要在提出申请后补充有关证据材料的，应在申请书中声明，并自提交申请书之日起3个月内一次性提交。无效宣告的申请材料和补充材料须提交与正本材料一致的副本材料，如不一致，应当在证据目录逐一说明。

3.3 商标无效宣告的程序

3.3.1 商标评审委员会依申请宣告无效的程序

注册商标无效宣告申请经商标局审查符合受理条件的，商标局会向申请人或商标代理机构发出缴费通知书，申请人或商标代理机构收到缴费通知书之日起7日内完成缴费，然后商标局向申请人或商标代理机构发出受理通知书。申请材料不齐全或者不符合法定形式的，商标局会要求申请人或商标代理机构限期补正，申请人或商标代理机构应当自收到补正通知之日起30日内补正。未在规定期限内补正的，视为撤回无效宣告申请。商标局受理后会将申请书副本及有关证据材料送达被申请人。被申请人应当自收到申请材料之日起30日内向商标局提交答辩书及其副本；未在规定期限内答辩的，不影响商标局的评审。

商标局在受理注册商标无效宣告申请后，对申请材料进行审理，在法定期限（绝对理由自申请日起9个月，相对理由自申请日起12个月，有特殊情况需要延长的，绝对理由的可以延长3个月，相对理由的可以延长6个月）内依法作出裁定，商标局会将无效宣告请求裁定送达当事人或其委托的代理机构。

当事人对商标局的裁定不服的，可以自收到通知之日起30日内向法院起诉。商标裁定程序的对方当事人作为第三人参加人民法院的诉讼。法定期限届满，当事人对商标局维持注册商标或者宣告注册商标无效的裁定不向人民法院起诉的，裁定生效。

商标局在审理过程中，所涉及的在先权利的确定必须以法院正在审理或者行政机关正在处理的另一案件的结果为依据的，可以中止审查。中止原因消除后，应当恢复审查程序。

3.3.2 商标局依职权宣告无效的救济程序

当事人对商标局依职权作出的宣告注册商标无效的决定不服的，可以自收到通知之日起15日内向商标评审委员会申请复审。法定期限届满，当事人对商标局宣告注册商标无效的决定不申请复审的，商标局的决定生效。复审的相关程序参见本章本节"2. 商标复审"部分。

3.4 商标无效的生效、法律效力

被宣告无效的商标自始无效,即自始不发生法律效力。

在法定期限届满后,当事人对商标局宣告注册商标无效的决定不申请复审或者对商标评审委员会的复审决定、维持注册商标或者宣告注册商标无效的裁定不向人民法院起诉的,商标局的决定或者商标评审委员会的复审决定、裁定生效。

商标评审委员会宣告注册商标无效,宣告无效的理由仅及于部分指定商品的,仅是对在该部分指定商品上使用的商标注册予以宣告无效。

宣告注册商标无效的决定或者裁定,对宣告无效前人民法院作出并已执行的商标侵权案件的判决、裁定、调解书和工商行政管理部门作出并已执行的商标侵权案件的处理决定以及已经履行的商标转让或者使用许可合同不具有追溯力。但是,因商标注册人的恶意给他人造成的损失,应当给予赔偿。对于不返还商标侵权赔偿金、商标转让费、商标使用费,明显违反公平原则的,应当全部或者部分返还。

3.5 商标无效宣告的费用

申请商标无效宣告的费用分为缴纳到国家知识产权局商标局的官方费用(简称官费或规费)和委托商标代理机构的代理费(委托商标代理机构的)。商标无效宣告的官费按所提商标的类别缴纳,缴纳数额及缴纳方式参见本章第三节"商标事务的费用及缴纳方式"部分。

4. 商标撤销

注册商标撤销,是指商标局对违反商标法及有关规定的行为(见本节4.1)作出决定或裁定,使原注册商标专用权归于消灭的程序。被撤销的注册商标,由商标局予以公告,该注册商标专用权自公告之日起终止。商标局撤销注册商标的理由仅及于部分指定商品的,仅是对在该部分指定商品上使用的商标注册予以撤销。

商标撤销制度的立法目的是督促商标权人对其注册商标在核定使用的商品

或服务上真实、合法、规范、公开、有效地进行商业意义上的使用，从而发挥商标的实际效用，能够使相关公众基于注册商标区分提供商品或服务的不同市场主体，防止注册商标闲置，侵占公共资源。因而，对于已经注册的商标，不要随意改变使用方式、使用的商品或服务，也不要随意改变注册人名称和地址。增加所使用的商品的，最好要重新注册；注册人名称或地址发生变化的，要及时通知商标代理机构，并到商标局进行变更。对于不使用的商标，最好不要注册。

4.1 商标撤销的类型

（1）使用不当撤销

商标注册人在使用注册商标的过程中，自行改变注册商标、注册人名义、地址或者其他注册事项的，由地方市场监督管理局责令限期改正；期满不改正的，由商标局撤销其注册商标。

（2）商标退化成通用名称的撤销

注册商标退化成为其核定使用的商品的通用名称，任何单位或者个人均可以向商标局申请撤销该注册商标，以此来解除自己的使用障碍。

（3）不使用撤销

注册商标没有正当理由连续三年不使用的，任何单位或者个人可以向商标局申请撤销该注册商标，此种事务简称商标"撤三"。

商标撤销案件中，以商标"撤三"案件居多，商标"撤三"已经成为大部分企业扫清商标申请障碍常用的手段之一。

4.2 商标撤销的申请材料

4.2.1 请求商标撤销需要的材料

（1）商标撤销申请书（应注明撤销理由）；

（2）申请人身份证明文件；

（3）委托商标代理机构办理的，还需提交商标代理委托书。

4.2.2 商标撤销答辩需要的材料

（1）答辩通知书；

(2) 商标答辩理由书；

(3) 申请人身份证明文件；

(4) 明确的请求和事实依据，并附有关证据材料；商标持有人在进行撤销答辩时，应该提供此前三年内实际使用该注册商标的证据。

(5) 委托商标代理机构办理的，还需提交商标代理委托书。

4.3 商标撤销的程序

商标局收到撤销申请后，经审查符合受理条件的，将向申请人发出撤销申请受理通知书，向商标注册人发出《关于提供注册商标使用证据的通知》。商标局收到商标注册人提供的注册商标的使用证据后，将对证据材料进行审查，作出是否予以撤销该注册商标的决定，并书面通知商标注册人和撤销申请人。如果是委托商标代理机构办理的，商标局则将决定书邮寄给该商标代理机构。当事人对商标局作出的决定不服的，可以在收到撤销决定之日起15天内向商标评审委员会申请复审。

4.4 商标撤销的费用

申请商标撤销的费用分为缴纳到国家知识产权局商标局的官方费用（简称官费或规费）和委托商标代理机构的代理费（委托商标代理机构的）。商标撤销的官费按所提商标的类别缴纳，缴纳数额及缴纳方式参见本章第三节"商标事务的费用及缴纳方式"部分。

关于商标代理机构的代理费，需要提醒申请人注意的是，申请商标撤销通常情况下不仅仅是为了撤销，更是为商标申请扫清障碍，所以通常申请商标撤销时需要配合新的商标申请。商标撤销，包含撤销过程中的答辩，选择商标代理机构和代理人非常关键。代理费用的高低往往对应着相应级别的服务水平，申请人切莫只追求低价格。

5. 商标续展

注册商标的有效期为10年。注册商标有效期满后需要继续使用的，应当在期满前的12个月内按照规定办理续展手续；在此期间未能办理的，可以给予 6 个月的宽展期。如果不在规定的时间内完成续展，商标将失效，要想继续使用，只能重新注册。每次续展注册的有效期为 10 年，自该商标上一届有效期满次日起计算。期满未办理续展手续的，注销其注册商标。

被异议的商标经裁定异议不能成立而核准注册的，商标注册申请人取得商标专用权的时间自初审公告 3 个月期满之日起计算。因此，尚处在异议、不予注册复审、不予注册复审诉讼中的商标，已到商标续展期的，可以在有效期期满前 12 个月内申请续展；在此期间未能提出申请的，可以给予 6 个月的宽展期。商标局将根据异议、不予注册复审或诉讼的最终结果决定是否核准续展，如商标最终被不予核准注册，商标局将对续展申请不予核准。

5.1 商标续展的申请材料

①《商标续展注册申请书》；

②申请人经盖章或者签字确认的身份证明文件复印件（如企业的营业执照副本、自然人的身份证/港澳居民居住证/台湾居民居住证/护照等）；

③申请文件为外文的，还当附送中文译本。中文译本应经申请人或代理机构或者翻译机构签章确认；

④委托商标代理机构办理的，应提交商标代理委托书。

5.2 商标续展的费用

申请商标续展的费用分为缴纳到国家知识产权局商标局的官方费用（简称官费或规费）和委托商标代理机构的代理费（委托商标代理机构的）。商标续展的官费按所提商标的类别缴纳，如果在宽展期内提出续展注册申请的，还需缴纳延迟费，缴纳数额及缴纳方式参见本章第三节"商标事务的费用及缴纳方式"部分。

6. 注册商标被撤销、无效或不续展后的注册限制

注册商标被撤销、被宣告无效或者期满不再续展的，自撤销、宣告无效或者注销之日起 1 年内，商标局对与该商标相同或者近似的商标注册申请，不予核准。注册商标被撤销、被宣告无效或者被注销后设置 1 年过渡期的目的在

于，该注册商标在权利终止前已经使用，并在市场上产生了一定的影响，在其商品或服务还未完全退出市场时，如果立即允许相同或近似的商标注册，使得带有新商标的商品或服务进入市场，可能会造成消费者混淆。为了维护市场经济秩序和保护消费者的利益，有必要在一定期限内对与该商标相同或者近似的商标注册申请，作出一定的限制。

7. 商标变更

商标核准注册后，商标注册人的名义、地址或其他注册事项发生变更的，应当向商标局申请办理相应变更手续。已申请但尚未获准注册的商标，也可向商标局申请变更其申请人名义、地址、代理人，或者删减注册申请中指定商品。因继承、企业合并、兼并或改制等发生商标专用权移转的，应办理转让手续。办理变更商标注册人名义的，商标专用权不发生转移。

7.1 商标变更的申请材料

7.1.1 变更商标申请人/注册人名义的申请材料

①《变更申请书》；

②申请人的身份证明文件复印件（如企业的营业执照副本、自然人的身份证/港澳居民居住证/台湾居民居住证/护照等）；

③登记机关出具的变更证明。变更证明可以是登记机关变更核准文件复印件或登记机关官方网站下载打印的相关档案。注册人是企业的，应当出具工商行政管理机关登记部门的变更证明；注册人是事业单位的，应当出具事业单位主管机关的变更证明；注册人是自然人的，应当出具户口所在地派出所出具的变更证明。证明上的变更前名义和变更后名义应当与申请书上变更前名义和申请人名称相符。外国企业或外国人仅需变更中文译名的，应提供该外国企业或外国人申请变更中文译名的声明。

④委托商标代理机构办理的，提交代理委托书。

7.1.2 变更商标申请人/注册人地址的申请材料

①《变更申请书》；

②申请人的身份证明文件复印件（如企业的营业执照副本、自然人的身份证/护照等）；

③委托商标代理机构办理的提交《代理委托书》；

④办理变更商标申请人/注册人地址的，不需要提交变更证明文件。

7.1.3　变更集体商标/证明商标使用管理规则的申请材料

①《变更申请书》；

②申请人的身份证明文件复印件（如企业的营业执照副本、自然人的身份证/护照等）；

③申请人直接在商标注册大厅办理的提交经办人的身份证复印件；委托商标代理机构办理的提交《代理委托书》；

④变更后的集体商标/证明商标使用管理规则。如果涉及地理标志区域范围变化的，需提交界定地理标志产品地域范围的历史资料或地理标志所在地县级以上人民政府或行业主管部门出具的地域范围变更证明文件。

7.1.4　变更集体商标集体成员名单的申请材料

①《变更申请书》；

②申请人的身份证明文件复印件（如企业的营业执照副本、自然人的身份证/护照等）；

③申请人直接在商标注册大厅办理的提交经办人的身份证复印件；委托商标代理机构办理的提交《代理委托书》；

④变更后的集体商标集体成员名单。

7.1.5　变更商标代理人或代理机构的申请材料

①《变更申请书》；

②申请人的身份证明文件复印件（如企业的营业执照副本、自然人的身份证/护照等）；

③申请人与变更后商标代理机构签订的《代理委托书》。

变更连续三年不使用撤销、异议、不予注册复审、驳回注册复审、无效宣告等案件中的代理人的，须直接向该案件审理部门以补充材料方式提交变更代理人申请。

7.1.6　外国人/外国企业申请变更国内文件接收人的申请材料

①《变更申请书》；

②申请人的身份证明文件复印件（如企业的营业执照副本、自然人的身份证/护照等）。

商标变更的申请文件为外文的，还应提供经翻译机构签章确认的中文译本。

7.2　商标变更的程序

商标变更整个流程分为申请、审查、核发变更证明，变更证明中标注的日期为变更的生效日期。申请人以纸件方式直接办理的，商标局将相应文书按照申请书上填写的地址，以邮寄方式送达给申请人；委托商标代理机构办理的，送达给该代理机构。共有商标的变更申请核准后，变更证明仅发给代表人。

如果商标变更申请需要补正/改正的，商标局将发出补正/改正通知书，通知申请人限期补正/改正。申请人未在规定期限内按要求补正/改正的，商标局有权对变更申请视为放弃或不予核准，商标局将发出《视为放弃通知书》或《不予核准通知书》。

变更商标注册人名称或地址的，商标注册人应将其全部注册商标一并变更，只需提供一份材料。对于需要一并变更的注册商标，申请人不再使用的，可办理注销。

7.3　商标变更的费用

申请商标变更的费用分为缴纳到国家知识产权局商标局的官方费用（简称官费或规费）和委托商标代理机构的代理费（委托商标代理机构的）。目前官费执行的标准是，纸件申请的商标变更，官费按所提商标的类别缴纳，每个类别150元；电子申请的商标变更，则无官费。具体参见本章第三节"商标事务的费用及缴纳方式"部分。

8. 商标转让与移转

商标转让是指通过协议从原商标注册人处取得其注册商标所有权的行为。

商标转让是注册商标专用权的一种重要取得方式。与商标变更不同，商标变更商标注册人或商标申请人的主体并不发生改变，而商标转让则是其主体发生了改变，转让后的商标所有人不再是原注册人。

商标移转是指商标所有权因转让以外的其他事由（如继承、企业合并、兼并或改制等）发生移转的情形。主要是因商标权主体消灭由其继受人继受商标权。商标移转不同于商标转让，它不是双方法律行为，它是因被继受人消灭这一事件引起的，只要继受人表示接受商标权并向商标局办理移转手续即可实现商标权的移转。

8.1 商标转让或移转的申请材料

转让注册商标的，转让人和受让人应当共同到商标局办理注册商标的转让手续，双方均为申请人；因继承、企业合并、兼并或改制等其他事由发生移转的，接受该注册商标专用权的当事人应当凭有关证明文件或者法律文书到商标局办理注册商标的移转手续；依法院判决发生商标专用权移转的，也应当办理移转手续。

转让或移转注册商标的，商标注册人对其在相同或类似商品上注册的相同或近似商标应当一并转让或移转。转让注册商标申请不应产生误认、混淆或者其他不良影响。

商标转让与移转的申请材料如下：

（1）《转让/移转申请/注册商标申请书》；

（2）同意转让证明文件应由双方盖章、签字（法人或其他组织应盖章并同时由负责人或者法定代表人签字）；

（3）转让人和受让人经盖章或者签字确认的身份证明文件复印件（如企业的营业执照副本、自然人的身份证/港澳居民居住证/台湾居民居住证/护照等）。办理移转申请的，可以免于提供转让人身份证明文件复印件；

（4）委托商标代理机构办理的，提交转让人和受让人双方出具的代理委托书；直接在商标注册大厅办理的提交双方经办人的身份证复印件；

（5）申请文件为外文的，还应提供经申请人或代理组织或翻译机构签章确认的中文译本；

（6）办理商标移转的，如果转让人不能盖章，受让人应提交其有权接受该商标的证明文件或者法律文书。例如，企业因合并、兼并或者改制而发生商标移转的，应提交合并、兼并或者改制文件和登记部门出具的证明。合并、兼并或者改制文件应证明商标权由受让人继受，登记部门应证明原注册人与受让人的关系、原注册人已经不存在的现实状态。因法院判决而发生商标移转的，应提交法院出具的法律文书，法律文书上的被执行人名称和接受该注册商标专用权的企业名称应当与申请书中的转让人名称和受让人名称相符；

（7）如果申请转让的商标是集体商标、证明商标，除申请书外，还应提交以下书件：集体商标转让需提交商标转让合同、集体成员名单、受让主体资格证明文件复印件和商标使用管理规则；证明商标转让需提交商标转让合同、受让主体资格证明文件复印件、受让人检测能力证明和商标使用管理规则；地理标志集体商标/证明商标转让需提交商标转让合同、受让资格证明文件复印件、地方政府或主管部门同意该地理标志转让的批复、受让人监督检测能力的证明和商标使用管理规则。

8.2 商标转让与移转的其他说明

（1）受让人为外国人或外国企业的，应当在申请书中指定国内文件接收人负责接收商标局的法律文件。国内受让人不需填写。

（2）商标转让的受让人是自然人的，办理转让申请时需注意如下事项：

①受让人为个体工商户的，可以以其《个体工商户营业执照》登记的字号作为受让人名义，也可以以其个人身份证姓名作为受让人名义。以个人姓名作为受让人时应提交受让人的身份证和个体工商户营业执照的复印件。

②个人合伙可以以其《营业执照》登记的字号或有关主管机关登记文件登记的字号作为受让人名义提出商标转让申请，也可以以全体合伙人的名义共同提出商标转让申请。以全体合伙人的名义共同提出申请时应提交合伙人的身份证、营业执照、合伙协议的复印件。

③农村承包经营户可以以其承包合同签约人的名义提出商标转让申请，申请时应提交签约人身份证、承包合同的复印件。

④其他依法获准从事经营活动的自然人，可以以其在有关行政主管机关颁

发的登记文件中登载的经营者名义提出商标转让申请，申请时应提交经营者的身份证、有关行政主管机关颁发的登记文件的复印件。

⑤对于自然人受让人不符合上述规定的商标转让申请，商标局不予受理并书面通知申请人。

（3）申请转让的商标是共有商标的，在办理转让申请时应注意以下事项：

①商标由一个人所有转让为多个人共有的，在填写转让申请书时，受让人名称和地址的栏目应当填写代表人的名称和地址，受让人章戳处加盖代表人印章，其他共有人的名称应填写在附页的转让后其他共有人名义列表中，并加盖印章，其他共有人的地址不需填写。

②商标由多个人共有转让为一个人所有的，在填写转让申请书时，转让人名称和地址的栏目应填写原代表人的名称和地址，转让人章戳处加盖原代表人印章；受让人名称和地址填写在相应的栏目中，并加盖印章。原其他共有人的名称应填写在附页的转让前其他共有人名义列表中，并加盖印章，原其他共有人的地址不需填写。

③因共有商标的共有人发生改变（包括共有人的增加或减少）而申请转让的，在填写申请书时，应将原代表人的名称和地址填写在申请书的转让人名称和地址的栏目中，转让人章戳处加盖原代表人印章，原其他共有人的名称填写在附页的转让前其他共有人名义列表中，并加盖印章；申请书的受让人名称和地址栏目应填写转让后的代表人名称和地址，受让人章戳处加盖转让后的代表人印章，转让后的其他共有人名称应填写在附页的转让后其他共有人名义列表中，并加盖印章。附页列表中不需填写其他共有人的地址。

转让申请书中的受让人为多个人共有的，商标局的有关通知或证明仅发给代表人。

（4）申请人提供虚假材料取得商标权的，由商标局撤销核准商标转让或移转。

8.3 商标转让或移转的程序

商标转让申请提交后，对符合受理条件的商标转让申请，商标局给申请人发出《受理通知书》；不符合受理条件的，不予受理，并向申请人发出《不予受理通知书》（纸件方式直接办理的，将按照申请书上填写的地址，以邮寄方式发给申请人；委托商标代理机构的，发送给代理机构，下同）。

商标转让申请需要补正的，商标局给申请人发出补正通知，要求申请人限期补正。申请人未在规定期限内按要求补正的，商标局有权对转让申请视为放弃或不予核准，商标局发出《视为放弃通知书》或《不予核准通知书》。

转让申请在商标局核准之前双方协商一致的，可以申请撤回。通过商标代理机构办理转让的，应通过原商标代理机构办理撤回手续。

商标转让申请核准后，商标局将发给受让人商标转让证明，同时将转让事宜刊登公告。受让人自公告之日起享有商标专用权。

8.4 商标转让与移转的费用

申请商标转让或移转的费用分为缴纳到国家知识产权局商标局的官方费用（简称官费或规费）和委托商标代理机构的代理费（委托商标代理机构的）。商标转让或移转的官费按所提商标的类别缴纳，缴纳数额及缴纳方式参见本章第三节"商标事务的费用及缴纳方式"部分。

9. 商标许可

商标许可又称商标使用许可，是指商标注册人通过签订商标使用许可合同，允许他人使用其注册商标的一种法律行为。在商标许可中，商标注册人为许可人，被许可使用商标的一方为被许可人，双方可签订商标使用许可合同。商标使用许可合同，仅表明被许可人取得按约定使用该注册商标的权利，并不导致商标专用权发生转移，商标专用权仍由许可人（商标注册人）所有。根据《商标法》的规定，许可人应当将其商标使用许可报商标局备案，商标许可备案的申请人为商标许可人，即商标权利人。

9.1 商标许可的类型

（1）独占使用许可

商标权的独占使用许可，是指商标注册人在约定的期间、地域和以约定的方式，将该注册商标仅许可一个被许可人使用，商标注册人依约定也不得使用该注册商标。

独占使用许可的被许可人取得该注册商标在合同约定的时间和地域范围内的独占使用权,同时也取得独立的诉讼权利,即在合同有效期间,在商标许可的地域范围内发现他人侵犯该注册商标,独占使用许可的被许可人有权请求工商行政管理部门处理,或单独向人民法院提出诉讼,当然被许可人也可以与商标权人一起获取救济。

(2)排他使用许可

商标权的排他使用许可,是指商标注册人在约定的期间、地域和以约定的方式,将该注册商标仅许可一个被许可人使用,商标注册人依约定可以使用该注册商标,但不得另行许可他人使用该注册商标。即排他使用许可的被许可人在合同授权范围内,是唯一的被许可人,但是不能排斥商标权人本人在合同约定的期间和地域范围内使用该注册商标。

排他使用许可的被许可人的诉讼权利小于独占使用的被许可人,作为该注册商标的利害关系人,在发现侵权行为时,可以单独或与商标权人一起请求工商行政管理部门处理,或者与商标权人共同起诉,但只有在商标权人不起诉的情况下,才能单独向人民法院提起诉讼。

(3)普通使用许可

商标权的普通使用许可,是指商标注册人在约定的期间、地域和以约定的方式,许可他人使用其注册商标,并可自行使用该注册商标和许可他人使用其注册商标。即商标的普通使用许可在合同授权范围内可能存在多个被许可人,普通使用许可的被许可人,不能排斥商标权人以及其他被许可人以合同约定的方式在合同约定的期间和地域范围内使用该注册商标。

普通使用许可的被许可人作为该注册商标的利害关系人,在发现侵权行为时,可以单独或与商标权人一起请求工商行政管理部门处理,但只有在经商标权人明确授权时,才能向人民法院提起诉讼。

9.2 商标许可备案的申请材料

许可他人使用其注册商标的,许可人应当在许可合同有效期内向商标局备案并报送备案材料，商标使用许可未经备案不得对抗善意第三人。备案材料应当说明注册商标许可人、被许可人、许可期限、许可使用的商品或者服务范围等事项。

注册商标使用再许可备案、许可人/被许可人变更其名称、提前终止许可他人使用其注册商标、撤回商标使用许可备案的，可以向商标局办理相应手续。再许可是指商标注册人通过被许可人许可第三方使用其注册商标。申请人办理上述许可备案，可以通过商标局网上系统提交申请，或者直接到商标局商标注册大厅、商标局在京外设立的商标审查协作中心、商标局驻中关村国家自主创新示范区办事处或其他地方商标受理窗口办理。

委托商标代理机构办理的还应提交代理委托书。

9.2.1 商标使用许可备案或者再许可备案的申请材料

（1）《商标使用许可备案表》；

（2）许可人/被许可人的身份证明文件复印件（如企业的营业执照副本、自然人的身份证/港澳居民居住证/台湾居民居住证/护照等）；

（3）再许可的，还需报送注册人同意注册商标使用再许可授权书。

一份备案表许可人只能许可一个被许可人使用注册商标。共有商标的，许可人的代表人和其他共有许可人均需提交身份证明文件复印件，均应在备案表及附页盖章或签字。

9.2.2 变更许可人/被许可人名称备案的申请材料

（1）《变更许可人/被许可人名称备案表》；

（2）变更后的许可人或被许可人身份证明文件复印件；

（3）有关登记机关出具的变更证明文件。变更证明可以是登记机关变更核准文件复印件或登记机关官方网站下载打印的相关档案。

9.2.3 商标使用许可提前终止备案的申请材料

（1）《商标使用许可提前终止备案表》；

（2）许可人/被许可人的身份证明文件复印件；

（3）以电子方式申请使用许可提前终止备案的，应另附许可人、被许可人双方签订的使用许可提前终止协议。

9.2.4 撤回商标使用许可备案的申请材料

(1)《撤回商标使用许可备案表》；

(2) 许可人/被许可人的身份证明文件复印件。

9.3 商标许可备案的程序

商标许可备案可选择委托商标代理机构进行办理，也可自行到商标注册大厅进行办理。符合受理条件的商标使用许可备案，商标局予以受理并书面通知许可人；需要补正的，商标局通知许可人予以补正，许可人自收到通知之日起30日内，按照指定内容补正并交回商标局。期满未补正的或者不按照要求进行补正的，商标局不予受理并书面通知许可人。符合规定的，商标局予以备案并书面通知许可人。

9.4 商标许可备案的费用

办理商标使用许可备案的费用分为缴纳到国家知识产权局商标局的官方费用（简称官费或规费）和委托商标代理机构的代理费（委托商标代理机构的）。办理商标使用许可备案的官费按所提商标的类别缴纳，缴纳数额及缴纳方式参见本章第三节"商标事务的费用及缴纳方式"部分。

10. 商标专用权质押

商标质押权是指依法在可以转让的注册商标专用权上设立的一种担保物权，用以作为债务的担保，当债务人不履行债务时，债权人有权依照法律规定，以注册商标专用权折价或以拍卖该商标专用权的价款优先受偿。

商标权质押融资具有多个独特优势，不仅可以提升企业和全社会的商标运用水平，还能体现商标价值，扩展融资渠道，解决融资难的问题，为金融机构开展金融创新提供新的平台和手段。同时，商标是企业多年经营积累商誉的载体，商标权质押融资工作可促使企业诚实守信按期还贷，有助于社会各界关注企业信用，从而促进整个社会的信用体系建设。

自然人、法人或者其他组织以其注册商标专用权出质的，出质人与质权人应当订立书面合同，并共同向商标局办理质权登记。同时，商标局还规定商标质权自商标局办理出质登记时设立。若以商标专用权进行出质的，必须向商标局办理质权登记，商标局办理出质登记时商标质权才得以设立。质权登记期限届满后，该质权登记自动失效。

10.1 出质商标应符合的条件

出质商标应当符合以下条件，否则商标局不予登记：

（1）出质注册商标在注册有效期内，未被注销、被撤销，未被人民法院查封；出质人名称必须与商标局档案所记载的名称一致，不一致时需要提供证明材料，否则商标局不予登记；

（2）相同近似的商标必须一并出质；

（3）出质商标注册号、担保债权数额和质权登记期限应以质押合同为依据，出质商标注册号、担保债权数额应与合同规定一致，质权登记期限可以比照主合同合理延长。质权登记期限起始日期不得早于申请日期。

10.2 办理质权登记不同事务的申请材料

质权登记申请应以纸质申请方式提交，办理质权登记事宜由质权人、出质人双方共同办理。办理时，是在商标注册大厅的申请受理窗口、有受理权限的商标受理窗口或质权登记受理点直接提交申请文件。

双方可以共同委托一家商标代理机构办理，委托商标代理机构办理的，签订委托书，由该商标代理机构将申请文件报送商标局。

10.2.1 申请质权登记需要提交的材料

①由商标质权人和出质人共同签章的《商标专用权质权登记申请书》；

②出质人、质权人签署的《办理商标专用权质权登记承诺书》；

③出质人、质权人的身份证明文件复印件；

④委托商标代理机构办理的，应当提交出质人、质权人签章的商标代理委托书；

⑤主合同和注册商标专用权质权合同原件或经双方盖章确认的复印件。

主合同一般为借款合同、担保合同、授信合同或者其他能证明和此次质权登记有关的合同依据。合同内容应包括借款双方或者多方名称、借款或者授信期限、金额等；相关合同条款无明显违反法律规定的内容。质押合同可以是单独的合同，也可以是主合同中的质押条款。合同一般要求提供原件。原件不足的，提供复印件应加盖合同双方当事人印章，或提供经公证的与原件一致的复印件。

质押合同内容应包括：出质人和质权人的名称（姓名）及地址（住址）；被担保债权的种类和数额；债务人履行债务的期限；出质商标（注册号、商标名称、类别、专用期等，或另附提交加盖双方章戳的质押物清单作为合同附件）；担保的范围；质押财产交付的时间；不能包含流质的规定。

10.2.2　商标专用权质权登记事项变更

办理申请质权人或出质人的名称（姓名）更改，以及质权合同担保的主债权数额变更的应提交：

①申请人签字或者盖章的《商标专用权质权登记事项变更申请书》；
②出质人、质权人办理商标专用权质权登记事项变更承诺书；
③有关登记事项变更的协议或相关证明文件；
④委托商标代理机构办理的，应当提交商标代理委托书。

出质人名称（姓名）发生变更的，还应按照《商标法实施条例》的规定在商标局办理变更注册人名义申请。

办理质权登记事项变更申请后，由商标局重新核发《商标专用权质权登记证》。

10.2.3　申请质权延期登记

申请质权延期登记的，提交如下文件：
①申请人签字或者盖章的《商标专用权质权登记期限延期申请书》；
②出质人、质权人办理商标专用权质权登记期限延期承诺书；
③当事人双方签署的延期协议；
④委托商标代理机构办理的，应当提交商标代理委托书。

办理质权登记期限延期申请后，由商标局重新核发《商标专用权质权登记证》。

10.2.4 申请注销专用权质权登记

申请注销专用权质权登记的，提交如下文件：

①申请人签字或者盖章的《商标专用权质权登记注销申请书》；

②出质人、质权人办理商标专用权质权登记注销承诺书；

③委托商标代理机构办理的，应当提交商标代理委托书。

10.2.5 要求补发《商标专用权质权登记证》

出质人、质权人遗失《商标专用权质权登记证》的，应及时向商标局提出补发登记证申请，由商标局予以补发。要求补发《商标专用权质权登记证》的，填写《商标专用权质权登记证补发申请书》。

10.3 办理质权登记的程序

申请登记书件齐备、符合规定的，商标局予以受理。受理日期即为登记日期。

商标局自登记之日起2个工作日内向双方当事人发放《商标专用权质权登记证》。《商标专用权质权登记证》载明下列内容：出质人和质权人的名称（姓名）、出质商标注册号、被担保的债权数额、质权登记期限、质权登记日期。

质权登记申请不符合规定的，商标局通知申请人在30日内补正。申请人逾期不补正或者补正不符合要求的，视为其放弃该质权登记申请。

质权登记后，有下列情形之一的，应当撤销登记：

（1）发现有不符合出质商标应符合条件的情形的（参见本节"10.1出质商标应符合的条件"）。

（2）质权合同无效或者被撤销的。

（3）出质的注册商标因法定程序丧失专用权的。

（4）提交虚假证明文件或者以其他欺骗手段取得商标专用权质权登记的。

质权人或出质人的名称（姓名）更改，以及质权合同担保的主债权数额变更的，出质人与质权人应当订立书面合同，并向商标注册部门提交质权登记变更申请。

因被担保的主合同履行期限延长、主债权未能按期实现等原因需要延长质权登记期限的，出质人与质权人应当在质权登记期限到期前向商标注册部门提交质权登记延期申请。主债权未能按期实现，双方未能达成有关延期协议的，质权人可以出具相关书面保证函，说明债权未能实现的相关情况，申请延期。

商标专用权质权登记需要注销的，出质人与质权人应当向商标注册部门提交质权登记注销申请。

10.4 办理质权登记的费用

商标局对注册商标专用权质权的登记、变更、延期、注销等申请不收取规费。但委托代理机构的，需要支付代理费。

11. 商标侵权纠纷及解决方式

商标侵权纠纷是指未经商标持有人同意，而使用其商标。

根据我国现行《商标法》第57条规定，有下列行为之一的，均属侵犯注册商标专用权：

（1）未经商标注册人的许可，在同一种商品上使用与其注册商标相同的商标的；

（2）未经商标注册人的许可，在同一种商品上使用与其注册商标近似的商标，或者在类似商品上使用与其注册商标相同或者近似的商标，容易导致混淆的；

（3）销售侵犯注册商标专用权的商品的；

（4）伪造、擅自制造他人注册商标标识或者销售伪造、擅自制造的注册商标标识的；

（5）未经商标注册人同意，更换其注册商标并将该更换商标的商品又投入市场的；

（6）故意为侵犯他人商标专用权行为提供便利条件，帮助他人实施侵犯商标专用权行为的；

（7）给他人的注册商标专用权造成其他损害的。这种行为包括：①将与他人注册商标相同或者相近似的文字作为企业的字号在相同或者类似商品上突出使用，容易使相关公众产生误认；②复制、模仿、翻译他人注册的驰名商标或其主要部分在不相同或者不相类似商品上作为商标使用，误导公众，致使该驰名商标注册人的利益可能受到损害；③将与他人注册商标相同或者相近似的文字注册为域名，并且通过该域名进行相关商品交易的电子商务，容易使相关公众产生误认。

对侵犯注册商标专用权的，可以由当事人协商解决，当事人任何一方不愿协商或者协商不成的，被侵权人可以向县级以上市场监督管理部门要求处理（行政途径），也可以直接向人民法院起诉（司法途径）。

发生商标侵权纠纷的解决方式，除协商解决方式外，还有行政处理和起诉等多种途径。

11.1 行政处理的管辖部门、职权及处罚措施

商标侵权案件的行政管辖，既可以是侵权人所在地的工商行政管理部门，也可以是侵权行为地的工商行政管理部门。县级以上市场监督管理部门均有权管辖。

市场监督管理部门在受理商标侵权案件后，通过调查取证，认定侵权行为成立的，可以责令立即停止侵权行为，没收、销毁侵权商品和主要用于制造侵权商品、伪造注册商标标识的工具，包括商标标识，违法经营额五万元以上的，可以处违法经营额五倍以下的罚款，没有违法经营额或者违法经营额不足五万元的，可以处二十五万元以下的罚款。对五年内实施两次以上商标侵权行为或者有其他严重情节的，应当从重处罚。销售不知道是侵犯注册商标专用权的商品，能证明该商品是自己合法取得并说明提供者的，由工商行政管理部门责令停止销售。

县级以上工商行政管理部门根据已经取得的违法嫌疑证据或者举报，对涉嫌侵犯他人注册商标专用权的行为进行查处时，可以行使下列职权：

①询问有关当事人，调查与侵犯他人注册商标专用权有关的情况；

②查阅、复制当事人与侵权活动有关的合同、发票、账簿以及其他有关资料；

③对当事人涉嫌从事侵犯他人注册商标专用权活动的场所实施现场检查；

④检查与侵权活动有关的物品；对有证据证明是侵犯他人注册商标专用权的物品，可以查封或者扣押。

选择工商行政管理部门处理商标侵权案件，有其独具优势：受理案件的人员业务熟悉，处理程序简便，结案较快，因而省时省力。但其明显的不足之处是行政处理决定无终局效力，当事人如对工商行政机关处理不服的，仍可以向人民法院起诉。

11.2 侵权责任及司法的管辖、制裁方式和诉讼程序

11.2.1 商标侵权的责任

商标侵权的责任包括民事责任和刑事责任。

（1）民事责任

人民法院在审理侵犯注册商标专用权纠纷案件中，可以判决侵权人承担停止侵害、排除妨碍、消除危险、赔偿损失、消除影响、恢复信誉等民事责任，还可以作出罚款、收缴侵权商品、伪造的商标标识和主要用于生产侵权商品的材料、工具、设备等财物的民事制裁决定。罚款数额可以参照《商标法》第六十条第二款的有关规定确定。行政管理部门对同一侵犯注册商标专用权行为已经给予行政处罚的，人民法院不再予以民事制裁。

注册商标专用权人请求赔偿，被控侵权人以注册商标专用权人未使用注册商标提出抗辩的，人民法院可以要求注册商标专用权人提供此前三年内实际使用该注册商标的证据。注册商标专用权人不能证明此前三年内实际使用过该注册商标，也不能证明因侵权行为受到其他损失的，被控侵权人不承担赔偿责任。销售不知道是侵犯注册商标专用权的商品，能证明该商品是自己合法取得并说明提供者的，不承担赔偿责任。

（2）刑事责任

未经商标注册人许可，在同一种商品上使用与其注册商标相同的商标，构成犯罪的，除赔偿被侵权人的损失外，可以依法追究刑事责任。

伪造、擅自制造他人注册商标标识或者销售伪造、擅自制造的注册商标标识，构成犯罪的，除赔偿被侵权人的损失外，依法追究刑事责任。

销售明知是假冒注册商标的商品，构成犯罪的，除赔偿被侵权人的损失外，依法追究刑事责任。

11.2.2 管辖

发生侵犯注册商标专用权纠纷，可以向侵权行为地或侵权人所在地的人民法院提起诉讼。诉讼的管辖权由侵权行为的实施地、侵权产品的储存地或者查封扣押地、被告住所地的人民法院管辖。其中，侵权商品的储藏地是指大量或者经常性储存、隐匿侵权商品所在地；查封扣押地是指海关等行政机关依法查封、扣押侵权商品所在地。对多个被告提起共同诉讼的，原告可以选择其中一个被告的侵权行为地的人民法院管辖。

商标民事纠纷第一审案件，由中级人民法院或者由最高人民法院确定的基层人民法院管辖。涉及驰名商标认定的第一审民事、行政案件由知识产权法院和中级人民法院或经最高人民法院批准的基层人民法院管辖。

11.2.3 商标侵权案件的民事诉讼程序

（1）起诉

商标被侵权人必须依法向人民法院起诉，才能启动诉讼程序。商标被侵权人起诉必须注意：向人民法院递交诉讼状，并按被告人数提出副本；起诉要有明确的被告，即商标侵权人；有具体的起诉请求，如要求制止侵权行为，并请求一定数额的赔偿；有事实和理由，即起诉时应附送注册商标有关证明文件以及证明侵权人存在侵权行为的证据材料等。起诉要向有管辖权的人民法院提出，并在法律许可范围内选择最有利于己方的法院起诉。侵犯注册商标专用权的诉讼时效为3年，自商标注册人或者利害权利人知道或者应当知道权利受到损害以及义务人之日起计算。

另外，商标侵犯案件较为复杂，当事人可以委托1至2名代理人参加诉讼。选择商标代理机构的人员或精通商标法的律师为诉讼代理人，对于有力地维护当事人的合法权益十分重要。

（2）审理

人民法院对于经审查符合法律规定的起诉，应当立案受理，在审理商标侵权案件时，必须依法定程序进行。人民法院通过对商标侵权案件的审理，查明案情，分清是非，明确责任，并在此基础上，针对双方争执的焦点，即是否构成侵权和应否予以赔偿及决定赔偿额等作出判决。

（3）诉前财产或证据保全

商标注册人或者利害关系人有证据证明他人正在实施或者即将实施侵犯其注册商标专用权的行为，如不及时制止将会使其合法权益受到难以弥补的损害的，可以依法在起诉前向人民法院申请采取责令停止有关行为和财产保全的措施。

为制止侵权行为，在证据可能灭失或者以后难以取得的情况下，商标注册人或者利害关系人可以依法在起诉前向人民法院申请保全证据。

当事人申请保全，应当严格依法进行，因申请错误给被申请人造成了损失的，申请人应当负责赔偿。

（4）判决与决定

人民法院在审理侵犯注册商标专用权纠纷案件中，可以判决侵权人承担停止侵害、排除妨碍、消除危险、赔偿损失、消除影响等民事责任，还可以作出罚款，收缴侵权商品、伪造的商标标识和主要用于生产侵权商品的材料、工具、设备等财物的民事制裁决定。罚款数额可以参照《商标法》第六十条第二款的有关规定确定。

行政管理部门对同一侵犯注册商标专用权行为已经给予行政处罚的，人民法院不再予以民事制裁。

12. 商标权属纠纷

商标权属纠纷是指当事人之间因商标专用权的归属发生的争议。

《商标法》规定：未经授权，代理人或者代表人以自己的名义将被代理人或者被代表人的商标进行注册，被代理人或者被代表人提出异议的，不予注册并禁止使用。就同一种商品或者类似商品申请注册的商标与他人在先使用的未注册商标相同或者近似，申请人与该他人具有前款规定以外的合同、业务往来关系或者其他关系而明知该他人商标存在，该他人提出异议的，不予注册。申请商标注册不得损害他人现有的在先权利,也不得以不正当手段抢先注册他人已经使用并有一定影响的商标。由于上述行为有可能发生权属纠纷,或者在企业合并、分立、商标许可等工商活动中,商标专用权也有可能发生争议。涉案注册商标权属正在商标局、商标评审委员会审理或者人民法院诉讼中,案件结果可能影响案件定性的,属于商标权属存在争议。

在查处商标侵权案件过程中,对商标权属存在争议或者权利人同时向人民法院提起商标侵权诉讼的,工商行政管理部门可以中止案件的查处。中止原因消除后,应当恢复或者终结案件查处程序。有商标权属纠纷的解决方式可以对比上节商标侵权的解决方式。

13. 假冒注册商标

假冒注册商标是指将未注册的商标标示成注册商标或者假冒他人的商标。有关假冒注册商标的行为,属于行政查处的范围,具体参见第七章第五节"行政机关的知识产权管理"。

人民法院审理商标纠纷案件,应权利人请求,对属于假冒注册商标的商品,除特殊情况外,责令销毁;对主要用于制造假冒注册商标的商品的材料、工具,责令销毁,且不予补偿;或者在特殊情况下,责令禁止前述材料、工具进入商业渠道,且不予补偿。假冒注册商标的商品不得在仅去除假冒注册商标后进入商业渠道。

三、商标事务的费用及缴纳方式

申请商标注册的费用分为缴纳到国家知识产权局商标局的官方费用(简称官费或规费)和委托商标代理机构的代理费(委托商标代理机构的),办理商标事务需要缴纳相应的官费,委托代理机构办理的,还应该支付代理费。

国家会时常进行官费调整,缴费时应以当前国家公布的收费标准为准。

商标规费收费标准清单

收费项目	纸质申请 (按一个类别)	接受电子发文的网上申请 (按一个类别)
商标注册费	300元（限定本类10个商品。10个以上商品，每超过1个商品，每个商品加收30元）	270元（限定本类10个商品。10个以上商品，每超过1个商品，每个商品加收27元）
补发商标注册证费	500元	450元
转让注册商标费	500元	450元
商标续展注册费	500元	450元
续展注册迟延费	250元	225元
商标评审费	750元	675元（部分待开通）
变更费	150元	0元
出具商标证明费	50元	45元
集体商标注册费	1500元	1350元
证明商标注册费	1500元	1350元
商标异议费	500元	450元
撤销商标费	500元	450元（部分待开通）
商标许可合同备案费	150元	135元

商标申请人或商标代理机构在办理商标注册各项事务时，应自收到商标局发出的相应事务的缴费通知书之日起7日内，向商标局缴纳费用。

商标申请人或商标代理机构通过商标网上服务系统缴费的，须在系统开放时间内登录缴费用户在线向商标局缴纳费用。缴纳费用时间以商标网上服务系统收到第三方在线支付平台反馈的实际支付时间为准，超过系统开放时间未收到第三方支付平台反馈信息的，视为未支付费用。期满未缴纳的，商标局不受理其申请。

四、商标事务材料的提交、通知送达及其日期的确定

根据《商标法实施条例》的规定，国家知识产权局向当事人送达各种商标文件的日期，邮寄的，以当事人收到的邮戳日为准；邮戳日不清晰或者没有

邮戳的，自文件发出之日起满15日视为送达当事人，但是当事人能够证明实际收到日的除外；直接递交的，以递交日为准；以数据电文方式送达的，自文件发出之日起满15日视为送达当事人，但是当事人能够证明文件进入其电子系统日期的除外。文件通过上述方式无法送达的，可以通过公告方式送达，自公告发布之日起满30日，该文件视为送达当事人。

申请人在注册大厅退信窗口领取补正通知书时，若国家知识产权局尚未刊登送达公告，或虽已刊登送达公告，但自公告发布之日未起满30日的，申请人领取退信时视为送达当事人；若国家知识产权局已经刊登送达公告，且自公告发布之日已起满30日，则自公告发布之日起满30日，该文件视为已经送达。

申请人向商标局提交申请文件的日期依照下述情况确定：

直接递交的，以递交日为准；通过邮寄的，以寄出的邮戳日为准，邮戳日不清晰或者没有邮戳的，以商标局实际收到日为准；通过邮政企业以外的快递企业递交的，以快递企业收寄日为准，收寄日不明确的，以商标局实际收到日为准。但当事人能够提出实际收寄日证据的除外。

五、国外商标注册申请

商标保护是有地域性的，经批准或注册的商标只在该地区受到保护。申请人若是希望商标在其他国家受到保护，就需要获得该商标主管机关的批准注册。

申请人到国外申请商标注册主要有两种途径：一种是逐一国家注册（巴黎公约注册），即分别向各个国商标主管机关申请注册；另一种是马德里商标国际注册，通过马德里体系提交。马德里体系的根本要求是要有国家或地区基础商标，通过马德里体系注册国际商标，就是把这个基础商标延伸到其他缔约方进行保护。

1. 逐一国家商标注册（巴黎公约途径）

根据巴黎公约所规定的权利，我国企业可以到国外一个国家或一个地区办理商标注册。一般来讲，可以到巴黎公约成员国或与我国签订有商标注册互惠协议的国家逐一注册。逐一向目标国家申请商标注册的申请途径的主要优点是便捷、灵活，可以随时启动；不需要以已经在国内获得注册为前提。缺点是不同国家注册所需时间差异较大，短的仅需半年左右，长的则需4—5年。不同国家的商标法及实行的商标注册程序略有不同，有些国家采用"使用在先"原则，而有些则使用"注册在先"原则，同时各个国家的注册商标有效期、费用和使用要求各不相同。另外，由于各国商标法不尽相同，通常需要委托该国具有商标代理资格的代理机构来提交，商标代理机构的专业水平有时会直接影响商标注册的结果以及商标注册的时长和费用。

2. 马德里商标国际注册

马德里商标国际注册，即根据《商标国际注册马德里协定》（以下简称"马德里协定"）或《商标国际注册马德里协定有关议定书》（以下简称"马德里议定书"）的规定，在马德里联盟成员国间所进行的商标注册。

"马德里联盟"是指由"马德里协定"和"马德里议定书"所适用的国家或政府间组织所组成的商标国际注册特别联盟。截至2022年3月，马德里联盟共有110名缔约方。中国、美国、德国、法国、英国、意大利、日本、韩国、俄罗斯、澳大利亚、瑞士等世界主要经济体都是马德里联盟成员。

2.1 马德里国际注册申请条件

首先，使用马德里体系提交国际商标的申请人必须具有一定的主体资格。就中国申请人来说，申请人应在我国设有真实有效的工商营业场所；或在我国境内有住所；或拥有我国国籍。另外，台湾地区的法人或自然人均可通过中国商标局提出国际注册申请。而香港和澳门特别行政区的法人或自然人目前还不能通过中国商标局提出国际注册申请。

其次，通过马德里体系提交商标申请还应满足以下条件：

①提交国际申请前，必须有基础商标（可以是已在我国获得注册的商标，也可以是已在我国提出注册申请并被受理的商标）；国际申请以一项注册或申请为基础，也可以以多项注册或申请为基础提出一项国际申请。

②马德里商标和基础商标是依附关系,要求信息是一致的,类别一致,商标图样一致(包括图样的颜色)。

③马德里商标国际申请只能针对基础申请或基础注册中的商品和服务提出。

2.2 马德里国际注册申请材料

①马德里商标国际注册申请书及外文申请书;

②加盖公章或签字的申请人资格证明文件,如营业执照复印件、居住证明复印件、身份证件复印件等;

③委托商标代理机构的,应提交商标代理委托书;

④指定美国的,需提交使用商标的意向声明。

2.3 马德里国际注册的程序

申请人通过网上申请或纸件申请向中国商标局递交马德里商标国际注册申请,中国商标局收到手续齐备的申请书件之后,登记收文日期,编定申请号,向申请人或其商标代理机构发出《商标国际注册收费通知书》。申请人根据《商标国际注册收费通知书》的规定缴纳注册费用,商标局收到款项后,会向国际局递交申请。

国际局对申请文件进行形式审查。形式审查会包含商标的图形、商品和服务的填写、费用是否已经全部缴纳。国际局进行形式审查后,有问题的会发出商品或服务不规范的通知书,通知申请人进行改正;对符合通过形式审查的国际注册申请,国际局在国际注册簿上进行登记注册、公布。给商标注册申请人颁发《国际注册证》,并通知各指定国的商标主管机关进行审查。

《国际注册证》的内容包括该马德里申请的所有信息,如国际注册日、国际注册到期日期、注册人信息、商标、指定商品/服务以及指定的缔约方等。《国际注册证》表示该马德里申请已在国际注册簿上登记,并不代表在各指定缔约方已注册成功,只有被指定的缔约方发出核准注册保护声明,商标才在该缔约方受保护。

然后是指定国商标主管机关的审查。各指定国商标主管机关的审查是相互独立的（一国商标主管机关拒绝或者核准商标保护，不影响其他国的决定），其核准注册或驳回申请都会在驳回期限内向国际局发相应通知，由国际局登记后转发申请人。此处的驳回期限是指从国际注册日起算的 12 或 18 个月。各指定国商标主管机关认为可以对该商标进行保护，会发出核准注册保护声明。如果商标被某个指定国商标主管机关驳回了，还可以向该局提出复审或上诉。

国际注册商标的有效期为 10 年，从国际注册日开始计算。马德里商标国际注册的有效期满后，如想继续使用的，应办理续展。在有效期届满之前 6 个月，国际局将非正式地通知商标注册人有关续展事宜，包括有效期届满日期。如果注册人未能在有效期届满日前申请续展，国际局会给予 6 个月的宽展期。在宽展期内仍未申请续展的，国际局将注销该国际注册。在上述期限内申请的，商标国际注册得以续展，每次续展的有效期是 10 年。

商标获得国际注册后，也就是国际局下发国际商标注册证之后，商标注册人就该国际注册所有或部分商品和服务申请领土延伸至一个或多个国家，这就是马德里商标的后期指定。

后期指定可以指定国际注册被驳回、无效的缔约方，或未曾指定的缔约方；可以针对全部原指定商品或服务，也可以对全部或部分后期指定缔约方只指定部分原指定商品或服务。

后期指定的有效期不具有单独的 10 年期限，在相关缔约方获得保护的起始日视相关缔约方的审查及通知情况，有效期的届满日与其归属的国际注册相同。如果国际注册的有效期已临近届满时，则需考虑请求后期指定的时间，在提交后期指定请求时明确要求后期指定在续展完成后生效或等续展完成后再请求后期指定。

2.4 马德里国际注册的费用

2.4.1 国际注册新申请费用

马德里商标国际注册新申请费用由以下部分组成：

①基础注册费：653 瑞士法郎（黑白图样）或 903 瑞士法郎（彩色图样）；

②补充注册费：每个指定缔约方收取 100 瑞士法郎，要求单独规费的缔约方除外；

③附加注册费：在有补充注册费的情况下，如商品/服务的类别超过3个，每增加1个类别，增加100瑞士法郎；

④单独规费：某些缔约方会要求收取单独规费，请登录http：//sbj.cnipa.gov.cn/gjzc/202008/t20200810_1104.html，详见单独规费表。

2.4.2 后期指定费用

后期指定是指商标获得国际注册后，商标注册人就该国际注册所有或部分商品和服务申请领土延伸至一个或多个国家。

马德里商标国际注册后期指定申请费用由以下部分组成：

①基础注册费：300瑞士法郎；

②补充注册费：每个指定缔约方收取100瑞士法郎，要求单独规费的缔约方除外；

③某些缔约方会要求收取单独规费。各缔约方的单独规费可以通过中国国家知识产权局网站查询。

网址是：http：//sbj.cnipa.gov.cn/gjzc/202008/t20200810_1104.html。

2.4.3 续展费用

续展申请费用由以下部分组成：

①基础注册费：653瑞士法郎；

②补充注册费：每个指定缔约方收取100瑞士法郎，要求单独规费的缔约方除外；

③附加注册费：在有补充注册费的情况下，如商品/服务的类别超过3个，每增加1个类别，增加100瑞士法郎；

④单独规费：某些缔约方在商标续展时会要求收取单独规费，单独规费可在国家知识产权网站查询。网址：http：//sbj.cnipa.gov.cn/gjzc/202008/t20200810_1104.html；

⑤宽展费：逾期未续展的，仍有6个月的宽展期，需加收宽展费326.5瑞士法郎。

第五章　专利运用

一、专利运用政策

为全面加强知识产权保护，高效促进知识产权运用，激发全社会创新活力，推动构建新发展格局，2021年10月28日，国务院印发《"十四五"国家知识产权保护和运用规划》（下文简称《规划》）。《规划》明确了"十四五"时期开展知识产权工作的指导思想、基本原则、主要目标、重点任务和实施保障措施，对未来五年的知识产权工作进行了全面部署。

《规划》指出，坚持质量优先、强化保护、开放合作、系统协同，到2025年，知识产权强国建设阶段性目标任务如期完成，知识产权领域治理能力和治理水平显著提高，知识产权事业实现高质量发展，有效支撑创新驱动发展和高标准市场体系建设，有力促进经济社会高质量发展。《规划》提出知识产权保护迈上新台阶、知识产权运用取得新成效、知识产权服务达到新水平、知识产权国际合作取得新突破四个主要目标，设立"每万人口高价值发明专利拥有量"等八个主要预期性指标。

《规划》围绕五个方面部署了重点任务：一是全面加强知识产权保护，激发全社会创新活力，完善知识产权法律政策体系，加强知识产权司法保护、行政保护、协同保护和源头保护；二是提高知识产权转移转化成效，支撑实体经济创新发展，完善知识产权转移转化体制机制，提升知识产权转移转化效益；

三是构建便民利民知识产权服务体系，促进创新成果更好惠及人民，提高知识产权公共服务能力，促进知识产权服务业健康发展；四是推进知识产权国际合作服务开放型经济发展，主动参与知识产权全球治理，提升知识产权国际合作水平，加强知识产权保护国际合作；五是推进知识产权人才和文化建设，夯实事业发展基础。围绕五大任务，《规划》还设立了商业秘密保护工程等十五个专项工程。

从专利价值的实现途径来说，专利运用包括两个工作方向：

（一）专利信息价值的实现途径——专利信息利用；

（二）专利权利价值的实现途径——专利权利运用。

有关专利信息利用的内容请参见第二章。

二、专利权利运用

1. 专利运营

1.1 专利运营的概念

专利运营是当前的一个热门话题，但对什么是专利运营，尚无统一定义。综合学者们的观点和我国专利运营现状，专利运营可以分为狭义和广义两种。狭义的专利运营是指通过对专利本身的经营以实现其经济价值的行为，例如专利的实施、转让、许可、质押。广义的专利运营是指综合运用各种手段实现专利的市场控制力或经济价值的行为，包括商品化、转让、许可、质押等，以及为实施特定专利运营目的进行的各种中间服务，例如专利价值评估、专利保险、专利担保、专利维权诉讼以及专利分析、展示和交易撮合等。专利运营中有可能涉及的专利权质押登记、专利实施许可合同备案的内容，参见第三章第三节、第四节。

在专利运营中面临的基本问题是由谁来运营、运营什么，即运营的主体要素、客体要素是什么。

专利运营的主体是专利运营的组织者和实施者，可以是自然人、法人或其他组织，包括专利所有者、使用者、购买者、被许可人等，为专利运营提供诸如价值评估、保险、担保、诉讼、融资、专利分析、展示和交易撮合等服务的中间服务商与前述运营者共同构成特定运营行为的主体。

根据是否进行实体生产制造，专利运营主体可分为 PE（专利实施体）和 NPE（非专利实施体），前者从事相关专利产品的生产、制造，而后者仅仅从事技术研发、专利申请或专利收购、转让许可、投资诉讼等业务，并不从事产品的制造。

专利运营的客体（又称"专利运营的对象"）即专利。在特定情况下，专利申请也会成为专利运营的客体。具有高质量且足够数量的专利是一切专利运营的基础。

专利是保护技术的法律文件，因此其具有技术本质和法律本质。虽然一般的专利购买者购买专利的目的主要在于希望实施该专利技术同时保护市场，因此在专利转让合同中通常有技术资料交付、技术服务等条款。但是随着专利运营的发展，专利购买者购买专利可能更偏向于法律本质，更重要的是为专利布局或打击竞争对手，从而占领更多的市场，而并非为了实施该专利技术。还有可能是为了专利权本身（专利证书），比如购买专利是为了资质荣誉需要等，后面的这两种专利转让对技术资料和技术服务就不再那么重要，甚至不再伴随着技术资料交付、技术服务等行为，此时的专利运营客体实际上为专利权本身。

不管运营专利是出于技术本质或出于法律本质或二者兼有，专利运营客体都具有无形性、地域性和时效性的特点。无形性使得专利权相较于有形财产更便于流通，但同时也给专利运营带来了更大的风险。地域性和时效性决定了专利运营必须在特定地域和时限内开展，这可能会增加运营者的成本。

1.2 专利运营模式

专利运营是综合运用各种手段实现专利的市场控制力或经济价值的行为，其基本目的在于实现特定专利的经济价值，或者保持市场竞争优势。不同的运营者出于不同的商业目的，可能采取不同的运营手段。特定的运营主体、特定的商业目的以及特定的运营手段相结合即构成特定的运营模式。

首先，根据专利运营的作用并结合运营模式的复杂度将专利运营模式分为基本型、专业型和综合型三个层次，之后再根据每个层次特点进一步细分出不同的具体模式。

基本型模式包括专利商品化、专利转让、专利许可和专利质押四种专利运营模式。从运营手段角度看，这四种基本运营模式是整个专利运营的基础，其他所有运营模式基本源自这四种运营模式的运用，而且其中专利商品化、专利转让和专利许可还是自专利制度建立以来即存在的传统专利运营模式。

专业型专利运营模式包括融资投资型专利运营、市场占有型专利运营、技术推广型专利运营、营销获利型专利运营和风险防御型专利运营。专业型专利运营模式主要是从专利运营的目的角度进行分类。专利运营的主体、运营手段和运营目的是专利运营模式的主要内容，虽然运营手段多变，但是运营手段服从于商业目的，专利运营的核心实现特定的商业目的，因此从商业目的入手，有利于抓住专利运营的本质，有利于厘清专利运营的类别。

为进一步清晰展现专利运营模式的多样性，除了上述模式之外，还可以进一步将为上述专利运营提供的中间服务（诸如专利价值评估、专利保险、专利担保、专利诉讼、专利融资、专利分析、专利展示和专利交易撮合等）纳入专利运营中，可统称为综合服务型专利运营模式。此外，随着创新创业现象的兴起，不同的创业模式、不同的创业阶段伴随着不同的专利运营行为，创新创业型专利运营模式更清楚地展现专利运营与创新创业的关系。综合服务型和创新创业型专利运营也可统称为综合型运营模式。

专利运营模式的类型可以归纳如下：

基本型：商品化、转让、许可、质押；

专业型：融资投资型、市场占有型、技术推广型、营销获利型、风险防御型；

综合型：综合服务型、创新创业型。

1.3 专利池

专利池是实现多件专利组合运营的重要方式，很早之前就曾经出现，当前在我国正在快速发展，属于一种"古老而又充满活力"的专利运营模式。

专利池，还可以以专利联盟的形式运行，通常是指多个专利权人为了特定商业目的将一些关联的专利通过协商进行集中管理的组织，有时也指基于这种安排的专利集合。

对于一件产品来说，不同原材料和部件、不同生产制造过程可能涉及大量的专利，而且即使同一部件或生产方法还可能涉及基础型、改进型等不同的专利。对于产品制造商来说，希望以尽可能低的价格、尽可能简单的方式得到制造该产品所有的专利许可，而从专利权人的角度，则希望以更高的价格许可给更多的人，实现自身利益最大化。专利池通过整合实施某项技术所需的必要专利，并通过整体打包的方式进行许可，以降低交易成本，受到专利权人和产品制造商的欢迎。

专利池的建立通常基于一系列协议，包括专利池成员之间的结池协议、专利池成员与专利池管理人之间的委托管理协议和专利授权协议以及专利池对外的专利许可协议。

结池协议是专利池的基本协议，内容涉及成员的权利和义务、专利入池标准、专利池收益的分配、专利池的管理方式和机构等内容。成员的权利和义务主要是专利池内部成员之间的专利许可方式、相关费用承担等。专利入池标准受各国反垄断法的影响，一般只包括必要专利。对于某一技术主题的专利池来说，通常需要专门的机构进行技术评估以确认是否应该将其纳入其中。专利池成员所拥有的入池专利数量将成为其分享专利池收益的重要依据之一。

成熟的专利池通常有专门的管理机构。依据管理主体不同，专利的管理包括由专门的专利池管理公司进行管理、委托给某一个成员进行管理等不同方式。不管采用哪种方式进行管理，通常成员与专利管理者之间需要签订委托管理协议和专利授权协议，明确专利池对外许可的范围、对象、收费方式以及收费标准等。

专利池对外许可协议一般包括许可原则、许可费率、许可方式等内容。专利池通常采用整体打包方式对外许可，并且对任何被许可人均应遵循公平、合理、无歧视原则（Fair, Reasonable, and Non-discriminatory，简称"FRAND原则"）。

1.4 专利联盟

专利联盟是企业之间基于共同的战略利益,以一组相关的专利技术为纽带达成的联盟,联盟内部的企业实现专利的交叉许可,或者相互优惠使用彼此的专利技术,对联盟外部共同发布联合许可声明。

专利联盟的出现,标志着专利竞争领域的一个重要转变,即从单个专利为特征的战术竞争转向以专利组合为特征的战略竞争。从竞争的性质来看,专利联盟既可以是进攻性的,也可以是防御性的。专利联盟作为一种企业组织形式,通过一定的专利组合或者搭配,可以在很短时期内改变产业的竞争态势,为企业带来多重价值。

由于专利联盟中包含许多专利,可能包含好的和不好的专利,并且必要专利具有动态性。因此,专利联盟仅给被许可人一张专利编号的清单,并不解释每一项专利的内容或指导被许可人如何使用许可专利,许可人与被许可人不会就每一个专利分别协商许可契约,而由被许可人自己依照专利编号研究每一个专利的内容,即要求"买者自慎"。

专利联盟的价值在于全部专利的统一许可,能确保被许可人的选择自由以及免于侵权诉讼,或符合某一标准,专利联盟应依照全部(而非每一个)许可专利的价值,"必须根据顾客价值,而不是生产成本,来为信息产品定价",来决定许可费的数额。如果要求许可人保证专利联盟所包含的专利都有效并可执行,且要求许可人提供每一个专利的详细内容,并解释每一个许可专利与许可产品间的关系,甚至要求许可人告知逐项专利权的许可费,那么,许可人必须详细研究许多专利的有效性及其价值,专利联盟的功能就难以实现。实际上,如果专利联盟内部被发现包含无效专利时,也只需将这些专利从专利联盟内剔除即可,但无法依照该无效专利的价值而减少许可费,否则必须对联盟中的所有专利再鉴价,这也会使专利联盟的目的及其作用尽失。

专利联盟并无固定模式,因此专利联盟的具体许可方式非常多。可以是交叉许可(cross license);或由所有专利权人组成另一独立个体,再将所有专利权移转或许可给该个体;或是专利权人签署契约将所有专利移转给一个独立体,再由其执行许可。

1.5 标准必要专利

标准必要专利（Standard Essential Patent，SEP）是指实施标准必须使用或很可能使用的专利。关于"标准必要专利"的规定，是各国际标准化组织专利政策中的一个核心内容，不同的标准化组织之间存在细微的差异，下表列出了国际上典型的标准化组织对"标准必要专利"的内涵定义。

标准化组织	标准必要专利的定义
欧洲电信标准化协会（ETSI）	"必要"是指"基于技术上而非商业上的原因，考虑到通常的技术惯例和标准制定之时的已有技术状况，制造、销售、出租或者其他处理、维修、使用或实施符合某一标准的设备或方法不可能不侵犯该项知识产权"。
IEEE 标准协会（IEEE-SA）	按照标准规范性条文中强制性或选择性部分，实施方案必须采用的权利要求。在所建议的标准被批准时，没有其他在商业上或技术上可行的选择可以避免侵权。
ITU/IEC/ISO	在基于发明专利、实用新型或其他类似法定权利中所包含并指明的权利要求，包括这些发明的应用，对于执行标准是必要的。所界定的"必要专利"为"执行标准可能需要的专利"。
美国国家标准协会（ANSI）	标准草案"可能需要使用"的某项专利发明。
美国高级电视业务顾问委员会（ATSC）	理解为"必然侵权"，并进一步指出"必然侵权仅指已没有其他可替代或可选择的实施标准文件而不侵权的技术"。
W3C	在任何司法领域内的实施标准必然侵犯的任何专利或专利申请的权利要求，只有在执行标准中规范部分时，没有其他不侵权的选择因此无法避免侵权，这样的权利要求才是必要的。
中国通信标准化协会（CCSA）	实施标准所需的专利或专利申请，即专利或专利申请的保护范围覆盖了标准中规定的技术方案。

从上表可以看出，各标准化组织在标准必要专利定义上的差异主要包括：是否包括专利申请、可能的可选方案以及是否有商业考虑等，如 ANSI 就明确指出其标准必要专利不适用于专利申请。此外，一件授权专利通常不止包含一项权利要求，而每一项权利要求都是一个完整的技术方案。标准实施过程中许可的基础是权利要求，在有些标准化组织的专利政策中明确了这一点，称为"必要权利要求"。因此，对某一特定标准而言，有可能某个权利要求具备必要性，而另一些权利要求则不具备。

2. 专利转让

专利从申请到授权的过程十分漫长，如果企业希望尽快获得大量的专利，通常只得进行专利收购。生产型企业购买专利的原因有三个：①出于战略考虑，批量购买专利为其产品保驾护航；②满足对其他企业进行专利诉讼的需要；③避免重要的专利落入其他公司（例如 NPE）手中。

下列情形出现时生产型企业会出售其拥有的专利：①企业进行了战略调整，不需要相关专利；②相关专利产品并非自己的主营产品或者企业根本不生产该产品；③生产经营不善，企业资金周转困难，甚至面临破产倒闭的风险。出售专利时，应当考虑所出售的专利技术不能损害企业自身的产品、技术和专利战略，特别是不能由此而培养出竞争对手。

由于科研院所大多都不直接从事产品生产，除少数针对特定的专利技术成立专门的公司外，一般将其所拥有的专利转让或许可给生产型企业，以回收前期研发投入。对于专门从事专利运营的公司来说，则通常在其所经营的领域收购或出售专利。

从转让对象看，专利转让包括专利申请权转让和专利权转让，前者转让的仅仅是已经提交的专利申请，尚未获得专利权，而后者转让的是已经取得的专利权。从转让形式看，专利转让包括协商转让、竞价拍卖等。

与有形财产转让不同的是，专利转让必须签订书面合同，并到专利行政部门登记备案。专利转让合同通常包括如下主要内容：专利技术的内容；技术资料的交付、技术服务条款；后续技术改进成果的归属条款；专利权瑕疵的处理条款等。由于专利技术的特殊性，必要时还可写入关于专利技术的技术性能、专利权完整性担保的条款。

专利收购是专利转让的一种方式，也是企业进入新兴市场快速积累专利的重要手段。专利转让还是企业盘活专利资产的重要途径。

3. 专利许可

专利许可，又称"专利实施许可"，一般是指权利人在不发生所有权转移

（依然持有专利权）的情形下依法允许他人在一定的时间和地域内实施其专利技术的行为。专利许可分为普通许可、排他许可、独占许可，我国专利法中还规定有开放许可和强制许可。

普通许可是指在一定时间内，专利权人许可他人实施其专利，同时保留许可第三人实施该专利的权利。

这样，在同一地域内，被许可人同时可能有若干家，专利权人自己也可以实施。普通许可是专利实施许可中最常见的一种类型。普通许可的被许可人能否作为原告提起侵权诉讼，能否申请人民法院采取临时措施，关键在于实施许可合同的具体约定。

独占许可是指被许可方不仅取得在规定的时间和地域内实施某项专利技术的权利，而且有权拒绝任何第三者，包括许可方在内的一切其他主体在规定的时间、地域内实施该项技术。

排他许可又称为独家许可，即在一定地域内，许可方只允许被许可方一家而不再许可其他人在该地域内实施其专利，但许可方仍有权在该地域内实施。就是说，独家许可除了不能排斥许可方本人实施以外，与独占许可基本相同。

专利开放许可是指权利人在获得专利权后自愿向国家专利行政部门提出开放许可声明，明确许可使用费，由国家专利行政部门予以公告，在专利开放许可期内，任何人可以按照该专利开放许可的条件与许可人签订合同、支付费用、实施专利技术成果。

而且就实用新型、外观设计专利提出开放许可声明的，应当提供专利权评价报告，实施主体对公告专利的稳定进行评价也更加便利。整体来说，专利开放许可制度为许可双方交易带来便利性。

强制许可是指国务院专利行政部门依照《专利法》规定，不经专利权人同意，直接允许其他单位或个人实施其发明创造的一种许可方式，又称非自愿许可。

有下列情形之一的，国务院专利行政部门根据具备实施条件的单位或者个人的申请，可以给予实施发明专利或者实用新型专利的强制许可：

①专利权人自专利权被授予之日起满3年，且自提出专利申请之日起满4年，无正当理由未实施或者未充分实施其专利的；

②专利权人行使专利权的行为被依法认定为垄断行为，为消除或者减少该行为对竞争产生的不利影响的。

对于专利权人来说，通常在如下几种情况下需要对外进行专利许可：①专利权人不具备实施专利技术的能力或不愿意实施，通过许可直接获取收入，例如大学、科研院所、专利公司等非实业机构，或者个体发明人等；②非自己的主营业务，取得了该专利权但不想生产该专利产品；③某行业或领域的新进入者，希望通过与行业或领域同行合作，尽快培育市场；④被迫与其他公司进行交叉许可，换取自己所需的专利；⑤业务转型之后不再生产相关产品。总之，通过专利许可，权利人可以获得现金收益，弥补前期研发投入；培育产品市场，为企业今后发展打下市场基础；或者通过自己的专利技术换取企业发展所需的技术。

对于被许可人来说，那些无法规避或者规避成本极高且是其产品战略发展道路上必须使用的专利，通常需要取得专利许可。通过获取他人的专利许可，消除今后被控侵权的隐患，同时通过引进其他公司的先进技术节省研发时间和投入，尽快实现自身技术更新换代。在接受他人的专利许可时，被许可人应当对拟接受许可的专利的稳定性进行全面评价，在合同中明确对不稳定专利的处理方式。被许可人还应当调查清楚拟接受许可的专利的同族专利情况，专利权人所掌握的与被许可专利产品相关的所有其他专利及同族专利情况，必要时要求专利权人对这些相关的专利进行打包许可。

专利许可最好要订立书面合同，并且到专利行政管理部门备案。专利许可合同的主要条款一般包括以下几方面：专利技术的内容和专利的实施方式；实施许可合同的种类或许可方式；实施许可合同的有效期限和地域范围；技术指导、技术服务条款；技术资料的交付及验收条款；技术秘密的保密条款；后续技术改进成果的归属条款；专利权瑕疵的处理条款；侵权的处理条款；专利许可使用费用及支付方式；违约责任以及违约金或者赔偿损失额的计算方法。此外，专利许可合同通常还要涉及其他相关事项，如争议的解决办法、不可抗力等条款。

专利许可中一个核心问题是专利许可费的确定。在实际专利许可交易中，专利许可方和被许可方各自考虑依据并不相同。专利许可方通常会考虑取得专利权的成本、实施专利技术的投入及预期收益、许可专利后的机会成本、进行专利许可的相关费用等。被许可方通常会考虑自身研发相关技术的成本、实施专利技术的投入及预期收益、获得专利许可的相关费用等。只有双方的预期费用相当或接近时才有可能达成一致。

从专利许可导致的专利实施权的流向看，专利许可可以分为单向专利许可、双向专利许可（交叉许可）和多向专利许可。其中单向专利许可是指一方专利权人将专利实施权许可给另一被许可人；双向专利许可则是许可双方相互将其专利实施权许可给对方；而多向专利许可则是多方相互之间许可专利实施权，比如专利池内部成员之间一般属于多向许可。

4. 专利维权

专利作为无形资本和维护市场的武器，专利维权也是运用的一种。专利维权运用的是保护技术的法律权利，专利维权和专利能够维权是其他一切专利运用的基础或者保障。只用专利质量好、能够维权，并在发生侵权纠纷时勇于、敢于维权，专利的价值才会产生。维权是实现专利价值或者逼迫同行业者进行其他专利运用（如购买专利、许可专利、专利入股等）的前提；专利维权也是获得侵权人赔偿等直接盈利的手段。专利维权的内容参见第六章"专利保护"。

5. 专利金融

5.1 专利价值评估

专利价值评估是知识产权等无形资产评估的一种，对专利商标等知识产权进行评估的作用可以体现在以下几个方面：

①利用无形资产质押贷款（商标权、专利、版权等质押贷款）、工商注册、增资扩股、参资入股、许可使用、转让、租赁承包、清算拍卖等；

②提高品牌知名度，外展企业实力，增强凝聚力；

③企业利用无形资产的运作与国际标准接轨，进而打入国际市场；

④保护知识产权的需要，为企业打假、侵权、诉讼提供索赔依据；

⑤通过无形资产的评估，可以摸清家底，为经营者提供管理信息合理配置资源；

⑥项目融资、合资合作、企业兼并、收购、吸引投资；

⑦无形资产可以增加注册资本金，而且可以占注册资本的70%；

⑧无形资产还可以按照规定年限税前摊销。

由于专利带有技术内容和法律内容以及市场经济内容，因此对专利价值的评价是知识产权评估中最复杂的一种。专利价值评估是专利运营的基础，无论是进行专利转让、许可、作价入股还是进行专利质押融资、担保、信托、证券化，均需要在事前进行专利价值评估。

准确的专利价值评估是专利转让、融资、入股等运营顺利开展的基础。专利价值评估在专利运营中具有重要作用，近年来，随着专利运营的兴起，专利价值评估备受关注，专利价值评估机构亦蓬勃发展。

1991年国务院发布的《国有资产评估管理办法》中规定国有资产评估范围包括无形资产，1993年实施的《企业会计准则》中明确将专利权纳入无形资产之中，至此，专利价值评估成为无形资产评估的一个分支。在资产评估方面，1996年中国资产评估协会出台的《资产评估操作规范意见（试行）》已经将上述无形资产的评估纳入其中，同年，国家国有资产管理局、中国专利局共同发布《关于加强专利资产评估管理工作若干问题的通知》，1997年两局再次共同发布了《专利资产评估管理暂行办法》，进一步规范对专利价值评估的程序、机构、从业人员的相关要求。在财政部和国家知识产权局的指导下，2008年11月，中国资产评估协会印发了《资产评估准则——无形资产》和《专利资产评估指导意见》，于2009年7月1日起施行。但是当时我国企业的专利保护意识相对淡薄，专利转化率低，专利价值评估需求不大，专业的专利价值评估机构较少，专利价值评估服务行业不发达，专利价值评估水平有待提升，缺乏有公信力的权威评估机构。

2014年底，国务院出台了《深入实施国家知识产权战略行动计划（2014—2020年）》，其中明确提出建立健全知识产权价值分析标准和评估方法，完善会计准则及其相关资产管理制度，推动企业在并购、股权流转、对外投资等活动中加强知识产权资产管理。此后，无形资产评估，特别是专利价值评估随着国家知识产权战略的实施、知识产权强国建设的快速推进而稳步发展。

专利是一种特殊的无形资产，其价值评估不像有形资产评估那么容易。与有形资产价值相比，专利价值受到更多、更复杂的不确定性因素影响。影响专利价值的因素包括法律因素、技术因素和经济因素等多方面。法律因素包括专利的类别（发明、实用新型或外观设计）、专利的剩余保护期限（还差多少年到法定届满期）、专利的权利限制（企业独占还是共有）、专利的保护范围、专利的许可及转让情况、专的诉讼和无效宣告情况等。技术因素包括可替代性、先进性、创新性、成熟度、实用性、防御性、垄断性等。经济因素包括专利的取得成本、专利的获利能力、专利的许可费收入、专利的市场控制力、类似专利的交易价格、经营条件对专利资产作用和价值的影响等。

受上述多重因素影响，实践中容易出现专利估值与专利实际交易价格相差较大的情况。2012年柯达公司在宣布破产时，Envision IP，LLC. 和284 Partner LLC 分别对其拥有的1700件专利进行评估，前者评估价值是8.18亿—14.3亿美元，后者的估值是21.1亿—25.7亿美元，但最终成交价格却是0.94亿美元，仅相当于最保守估值的约10%。可见，专利价值评估是专利运营中的热点，更是难点。

我国资产评估机构采用的评估方法主要包括成本法、收益法和市场法。成本法是指基于开发专利技术所耗费的成本进行估算，包括研发成本、交易成本、机会成本等，这种方法主要关注的是过去获取专利的成本，而忽略了专利未来的收益。收益法是指基于预期效用理论，对专利在未来有效寿命期内的预期经济收益或现金流进行评估，并折算为现值，从专利交易角度这种评估方法最为合理，但存在的不足是受企业生产经营状况、未来技术竞争、专利稳定性等因素影响较大，难以预测企业未来的现金流。市场法是基于经济学中类似的资产应该有类似的价格，分析和判断被评估专利的价值，这种方法简单快速，且具有很强的客观性，但要求市场上具有活跃且有可类比性的专利交易案例，这种方法也具有一定的局限性。由于每种方法均具有一定的局限性，因此在实际操作中，资产评估机构还经常同时采用多种方法进行评估，最后综合不同评估方法的结果作为最终评估结果。

专利作为一种资产，由于受时间、技术发展、法律保护的状态和范围、市场需求等因素的影响非常大，因此仅仅用资产评估的方法，其评估结果必然与实际存在很大差异。因此，要想对目标专利评估出较为准确的价值，可以从定性和定量两个方面，请专利代理机构（专利师）和资产评估机构（评估师）合作，以实现较为准确的专利价值评估。

专利评估的定性分析，可以由专利代理机构完成，专利师针对专利的有效性和稳定性、法律地位、技术领先地位、技术活跃寿命、市场竞争地位、运营转化及创新能力、市场盈利情况等方面进行分析，从而对目标专利做出一个整体性质的评价。如有需要，可以再进行定量评价。因此，一份专利评估报告，需要经过专利师、技术专家或学者、市场专家、经济专家的多方配合，这样才能形成较为准确的评估。

但是，笔者认为，专利在没有实施运营之前，定量分析其价值是没有太大意义的。因为专利价值是飘忽不定的，看似没有价值的专利，在特定时间、特定地点就可能成为拦路虎，当其成为拦路虎时一般也就成为了高价值专利，不经运用（包括维权诉讼）的专利很难产生高价值。专利产生多少价值，还与使用者或运营者的实力、能力和使用的战略战术等息息相关，相同的专利在不同的运营者手中运营，其产生的价值会有天壤之别。因此，除非必要，专利价值评估只做定性分析即可。

5.2 专利保险

专利诉讼因其高风险、高赔偿金和高诉讼费用，甚至被人们称为"国王们的运动"。以美国为例，知识产权侵权诉讼所支付的诉讼费用和律师费在几十万美元到几百万美元，个别专利诉讼费甚至上亿美元，而专利侵权赔偿额更是动辄天文数字。例如，苹果公司与三星的专利世纪大战中双方花费的诉讼费均超过1亿美元，美国加利福尼亚北区联邦地区法院圣何塞分院2015年9月对这个世纪专利大战第一案的最后判决是判令三星赔偿苹果公司5.48亿美元。如此庞大的诉讼成本以及败诉可能承担的高额赔偿，一般企业或个人根本无法承受，这一方面可能阻碍正常的专利维权，另一方面还可能为权利滥用者提供可乘之机，导致专利制度偏离保护创新、激励创新、保护市场、促进技术进步的宗旨。为解决这一问题，美国等专利制度发达的国家早在20世纪70年代即有商业机构推出专利保险方案。

20世纪80年代以后，专利诉讼案件数量和侵权赔偿金额不断攀升，专利保险逐步受到重视，一些国家和地区纷纷开始探索专利侵权责任险、专利执行险等细分险种。专利执行保险一般承保被保险人对侵权人提出指控的诉讼费用（包括律师费、公证费、鉴定费、专家证人费、翻译费、出庭费、和解费以及为获取侵权证据进行的必要调查产生的相关费用等，一般不包括败诉的损害赔偿费），专利权人抗辩侵权人指称其专利无效提起反诉的费用以及权利人应对侵权人试图宣告其专利无效而在专利局提起专利再审的费用等。专利执行险主要用于解决专利权人维权成本过高，尤其是一些中小企业在面对大企业侵权时没有足够的财力与之抗衡的问题，因此专利执行险具有进攻性，适合于财力不足甚至无力实施自己专利的企业或个人。

专利侵权责任险一般承保被保险人在保险单有效期间应对专利侵权指控的诉讼费用（包括律师费、公证费、鉴定费、专家证人费、翻译费、出庭费、和解费等）、被保险人在应诉中指称原告专利无效而提起反诉的费用、被保险人启动再审程序作为应诉的答辩费用和第三人对被保险人提出的损害赔偿费等。通常，由于被保险人自身原因（例如存在犯罪、欺诈等故意行为）造成的侵权或恶意侵权、强制许可造成的侵权以及未经保险人同意提起专利无效宣告的行为不属于承保范围。特别值得指出的是，专利侵权责任险不仅维护了被保险人的经济利益，而且也保证了对第三方侵权损失赔偿的实现，因此它是对被保险人利益和第三方利益的双重保护。

自国家知识产权战略实施以来，我国的专利申请量和授权量每年均有大幅度增长，随之而来的专利、商标、版权的侵权诉讼、行政裁决等案件数量也大幅度增长，我国企业面临着严峻的国内和国际知识产权环境。这种严峻的环境主要表现在许多企业不仅侵犯他人专利权的可能性大幅度增加，同时也存在自身专利维权困难，缺乏足够意识，没有足够的财力和精力进行专利维权，相当多的企业专利有效运用率低，专利的价值没有得到有效的发挥。

我国的专利保险从 2018 年开始试点，目前的险种有四种：

（1）专利执行保险

被保险人：专利权人、专利实施许可合同的被许可人及专利权的合法继承人等。

保障内容：被保险人专利权受到第三方侵害后，被保险人为获取证据在承保区域范围内进行调查时产生的合理、必要的调查费（包括但不限于聘请相关调查公司产生的合理费用等）、公证费、交通费、住宿费、伙食补助费等调查费用；以及被保险人就其受到侵害的专利权向法院提起诉讼、向仲裁机构提起仲裁或向行政主管部门提出行政处理请求，发生的诉讼费、仲裁费、行政处理费以及律师费等法律费用。

（2）专利被侵权损失保险

被保险人：专利权人、专利实施许可合同的被许可人及专利权的合法继承人等。

保障内容：第三方未经被保险人许可，实施列明的专利，导致被保险人经法院或仲裁机构认定的直接经济损失，被保险人在保险期间内向保险人索赔的，保险公司负责赔偿。

（3）专利侵权责任保险

被保险人：产品的制造、使用、销售（许诺销售）或进口者。

保障内容：被保险人因制造、使用、销售或进口被保险产品造成无过错专利侵权行为，受第三者主张权利、请求赔偿时，保险人将承担其所需费用，如专利权无效宣告请求费用及仲裁、诉讼费用，但被保险人因犯罪或诈欺行为所导致的侵权、恶意侵权等除外。

（4）专利申请费用补偿保险

被保险人：委托专利代理师向国家知识产权局申请专利的申请人。

保障内容：被保险人委托保险合同载明的专利代理师提交专利申请，未能取得授权的，保险人按照约定赔偿首次递交申请材料所产生的官费和代理费。

5.3 专利担保

担保,特别是融资性担保在我国很早就已经实行,与专利保险相比,担保服务相对比较成熟。与保险服务类似,担保是促进专利运营业务发展的中间服务。依据《担保法》,担保方式包括保证、抵押、质押、留置和定金。在个人或企业向银行借贷时,银行为了降低风险,一般要求债务人提供担保,包括债务人直接向银行提供担保物或寻求第三方担保机构为其担保。

在专利行业,专利质押是一种常见的担保方式。在实践中,担保机构在为其客户进行担保时,一般要求以企业的资产作为反向担保。一些新创企业的主要资产仅是拥有的专利,企业将其拥有的专利提供给担保公司作为反向担保。这种以专利权进行反向担保的模式也是当前科技型中小企业进行间接专利质押融资的主要模式。在这种模式下,担保公司需要对企业反向担保的专利的价值进行认真调研和评估,并明确在债务人未能按期偿还银行贷款时如何对这些专利进行处置,由此降低担保风险。

5.4 专利质押融资

实践中专利质押融资模式包括直接质押融资模式(银行+专利质押)、间接质押融资模式(银行+担保机构+专利反担保)和组合质押融资模式(银行+专利质押+其他资产)三种模式。不管采用哪种质押模式,专利质押融资存在的问题是质押专利的价值风险和处置质押专利的风险较高,包括专利价值评估风险、法律诉讼风险、经营风险、处置风险等。对于这些风险,银行需要事先规划贷款风险发生后的处置程序,充分利用与评估机构共建的平台,为专利资产找到合适的归属,同时完成贷后风险控制。

专利质押融资程序一般包括专利价值评估、担保、质押申请和审查质押登记和放款等环节。在实践中银行为防范贷款风险,通常还要求担保。专利质押融资的基本程序如下:

①专利价值评估

银行认可的评估机构评估拟作为质押物的专利价值。评估的专利价值是确定发放专利贷款额度的重要依据。可放贷款的最高额度一般不超过专利评估价值的30%。

②担保

由银行认可的担保机构为企业提供担保，企业以专利权作为反担保质押给担保机构，再由银行与企业签订贷款协议，通过这种形式，担保机构与银行共同承担贷款风险。

③质押申请和审查

在完成评估和担保之后，企业向银行提交专利质押融资申请材料，并由银行进行审查。

④质押登记和放款

审查完成后，签订质押合同，按照国家知识产权局的要求提交材料，办理专利质押登记。专利质押登记办理完毕后，银行发放贷款。

当前我国专利质押融资业务虽然在政府的大力推动下蓬勃发展，但是总体上还处于起步阶段。与专利权质押融资配套的专利价值评估体系、市场服务机制、风险管控机制、专利权流转管理机制等还需进一步完善，适合专利质押融资的市场化机制体制尚未完全建立，这些都是各级政府和金融机构今后推动专利质押融资业务发展需要着力解决的问题。

5.5 专利信托

信托是一种特定的财产管理制度，"受人之托，代人理财"是其基本价值构造。当信托制度用于专利领域时，专利信托成为专利融资的一种重要手段。

我国《信托法》第2条规定，信托是指委托人基于对受托人的信任，将其财产权委托给受托人，由受托人按委托人的意愿以受托人的名义，为受益人的利益或者特定目的，进行管理或者处分的行为。信托制度具有信托财产独立、受托人的权利和受益人的利益相分离、受益人的利益具有可保障性等特点。

信托不同于委托。在信托关系中，委托人不再参与对信托财产进行管理、运用或者处分，受托人以自己的名义进行，且信托关系不受受托人死亡、破产的影响。而在委托关系中委托人可以行使对财产的管理、运用和处分的权利，受托人必须以委托人的名义进行，且如果受托人死亡、破产等，委托关系随之终止。

专利信托是指在信托关系中委托人将其拥有的专利权及其衍生权利委托给受托人。

专利信托通过其特有的运作模式,将专利权与资本、市场相结合,实现专利的价值。

我国在2001年正式颁布实施《信托法》,为信托业务的开展提供了基本的法律依据和框架。2002年6月,中国人民银行颁布的《信托投资公司管理办法》中明确了知识产权信托制度。但在实践层面,我国专利信托融资案例并不多。最早进行专利信托实践探索的是2000年10月武汉国际信托投资公司(简称"武汉国托"),但由于种种原因,在2年的信托期限届满后,该项信托业务以失败告终。专利信托融资沉寂了10年之后,在实施国家知识产权战略的背景下,2010年中国技术交易所(中技所)、中粮信托有限责任公司(中粮信托)联合发行"创新型企业债权融资信托计划"与"促进科技成果转化信托计划",再次探索专利信托融资。目前随着知识产权强国建设的强力推进和专利保有量的大幅度增加,专利信托制度再次受到重视,一些地方企业、金融机构正在探索新的专利信托融资方式。

一般认为,专利信托具有如下作用:

①专利信托可用于专利资产转移和管理

借助专利信托,专利权人对不具备实施条件的专利,可通过专利信托将其交给专业的机构进行运营。例如,台湾的华硕曾将部分专利信托给Innovative Sonic公司,后者利用华硕信托的3件专利对黑莓手机提起侵权诉讼,而华硕对其所获得的利益享有收益权。此外,信托还可用于集团公司的专利管理中,母公司与子公司之间通过专利信托,既可以实现集团内部的专利资产整合,还可以增加集团内部子公司专利开发利用的积极性。

②专利信托可用于专利融资

利用信托财产的独立性特征,实现专利资产脱离于专利资产所有人的整体资信和破产风险而独立存在,投资者基于对专利资产在未来所能产生的现金流的预期对受托专利进行投资。随着国家近年来对专利转化运用的重视,专利质押贷款、专利作价入股等手段均可实现专利融资，但是专利信托具有操作简单、短时间内募集资金量大等优点，对于资信评级较低的中小企业具有吸引力。

专利信托包括受托、经营和收益三个环节，其中受托环节负责筛选专利项目和签订信托合同，经营环节负责保障受益人权益、获取经营利润，收益环节中收益一般来自风险投资者和专利受让方，其中前者通常是直接的货币交易，后者则负责实施对该专利技术的生产力转化。

5.6 专利证券化

资产证券化通常是指将缺乏流动性，但能够产生可预见现金流量的资产转化为在金融市场上可以出售和流通的证券。出于安全考虑，进行证券化的资产通常限于传统的、有形的资产及其可预见的收益权。在知识产权证券化发展史上，美国的大卫·鲍伊在1997年以25张个人专辑版权许可费为担保，发行总额5500万美元的债券，一直被业界认为是里程碑性质的事件。此案例之后，知识产权正式被接纳为可证券化的基础资产，专利证券化也由此开始。

专利作为一种无形资产，其可带来的收益与有形资产相比具有更大的不确定性，因此其证券化更需谨慎。自2000年美国耶鲁大学实践了首例专利证券化案例之后，美国、日本和中国均出现过类似的专利证券化尝试。近年来，我国专利数量大幅度增加，专利质量稳步提高，促进专利转化运用，尽量为企业带来现金收益是个迫在眉睫的紧要问题。专利证券化具有融资快、一次性融资量大等特点，再度受到理论界和实务界的极大重视。

一般认为，专利证券化是指发起人把专利将来可能带来的现金流，通过一定的交易安排，将其剥离于企业之外作为基础资产转移给一个特设机构，再由该特设机构通过对该基础资产进行重新包装、信用评级以及信用增级等手段切割分离基础资产中的风险和收益要素，并向投资者发行以该基础资产为担保的可流通权利凭证，实现融资的过程。

专利证券化涉及发起人（一般为专利权人）、证券发行人、投资人、专利被许可人、银行、承销商以及其他服务机构，其中发起人、证券发行人、投资人构成专利证券化交易的基本结构。

根据证券化中基础资产性质的不同，专利证券化可分为三种类型：专利许可费证券化、专利质押贷款证券化和专利信托投资证券化。其中专利许可费证券化融资功能较强，比较适用于初创企业；专利质押贷款证券化兼具融资和风险转移功能，主要适用支持专利质押贷款的金融机构；专利信托投资证券化易于吸引风险投资人，更适合于初创企业。

当前我国倡导大众创业、万众创新，大力推行专利证券化具有特别的现实意义。对于企业来说，专利证券化能够为那些具有市场前景的优质专利的转化提供融资需求，它不仅可以实现快速、大量的融资，而且与其他融资方式相比，由于进行了资产分割，融资安全性更高，同时企业的相关信息泄露更少，有利于保护企业的商业秘密。对于投资者来说，由于专利证券化具有破产隔离、信用增级、资产组合、信托财产独立的特征，投资者不必担心发起人的生产经营状况，投资安全性相对较高，而且还具有较好的流动性。

5.7 投资与企业重组

专利商标等知识产权可以像资金一样用于投资。在企业进行分立、合并、并购前，或者在出售、剥离资产前，专利商标等知识产权可以作为资产作价。在企业上市或退市前也要进行知识产权价值评估。

在投资和企业重组时，要对专利商标等知识产权进行价值评估，以便明确知识产权的价值，知识产权持有人所持的股份或者份额。

用专利商标等进行知识产权投资，可以根据实际投资（包括场地、设备等实物投资和资金等）的金额、知识产权的价值、知识产权在市场中的技术地位、法律地位以及在未来市场中的盈利地位等进行评估，估算出知识产权在整体中所占比例，从而确定知识产权权利人的股份等。在企业增加注册资本、上市时，专利商标等知识产权可以按照评估出的价值计入企业资本。

在企业进行分立、合并、并购前，或者在出售、剥离资产前，知识产权是一种重要的资产，即使企业产品退市，其拥有的知识产权也可能长久不衰。例如，诺基亚手机在被智能手机替代后，其手机推出市场，但其拥有的移动通信的专利技术，至今还在收取每个手机厂商的专利费。

第六章 专利保护

一、专利纠纷

1. 专利纠纷的定义

专利纠纷是有关专利的争执，可表现为在专利申请过程中发生的争执和在专利申请被批准后所发生的争执。

2. 专利纠纷的类型

（1）专利申请权纠纷；

（2）专利权权属纠纷；

（3）专利权、专利申请权转让合同纠纷；

（4）侵犯他人专利权纠纷；

（5）假冒他人专利纠纷；

（6）发明专利申请公布后、专利权授予前使用费纠纷；

（7）奖酬纠纷；

（8）诉前申请停止侵权、财产保全纠纷；

（9）发明人、设计人资格纠纷；

（10）不服管理专利工作的部门行政决定纠纷；包括不服国家知识产权局

维持驳回申请复审决定的纠纷、不服国家知识产权局专利权无效宣告请求决定的纠纷、不服国务院专利行政部门实施强制许可决定的纠纷、不服国务院专利行政部门实施强制许可使用费裁决的纠纷；

（11）其他专利纠纷。

3. 专利纠纷的处理及维权途径

3.1 协商谈判

协商谈判是处理知识产权纠纷的一种基本途径。专利权人和被控侵权人均可自行协商或在其他第三方的调解、斡旋下达成和解协议。协商谈判是专利权人在侵权行为已经发生并取得一定证据的前提下，解决纠纷的有效方式。向侵权方发送侵权警告函或法律商讨函等，是知识产权权利人提出协商意向时的通常做法。

通过协商谈判解决专利纠纷的结果通常可分为三种：第一种是侵权人主动停止侵权行为，赔偿专利权人经济损失；第二种是纠纷双方自愿签订专利使用许可协议书等；第三种是纠纷双方协商失败，只能通过诉讼、仲裁、行政裁决等其他方式处理。

3.2 仲裁

"仲裁"是国际通行的知识产权纠纷解决途径，是世界各国企业解决商事争议选择最多的方式。

仲裁又称公断，是指发生纠纷的双方当事人在发生争议前或发生争议后在自愿协议的情况下，请中立的第三者（仲裁委）进行裁判的争议解决方式和制度。仲裁是平等主体即公民、法人与其他组织通过达成书面仲裁协议或者共同签订合同中的仲裁条款，将经济合同纠纷和其他财产权益纠纷提交依法设立的仲裁机构，由双方选定或者仲裁机构指定独立、公正的仲裁员对该纠纷进行审理并作出终局的仲裁裁决的一种争议解决机制。仲裁启动的前提必须是双方达成明确的仲裁协议或者仲裁条款，但其所作出的裁决与法院判决具有同等的法律效力，获得本国法院甚至国外法院的承认和执行。

仲裁与法院诉讼有多处不同点：第一，仲裁的受案范围与法院不同，仲裁仅限于商事务纠纷，而法院原则上可以受理任何纠纷；第二，管辖权的来源不同，当事人没有仲裁协议的，仲裁机构无权管辖，而法院的管辖权一般是按地域管辖；第三，仲裁的程序（分普通程序或简易程序）、适用的仲裁规则、是开庭审理还是书面审理等可以由当事人约定，而法院必须按照诉讼法规定进行；第四，仲裁开庭审理是以不公开为原则，公开则是例外，而诉讼正好相反，只有涉及国家秘密或个人隐私等案件才不公开。

因此，仲裁具有如下若干特点：一是当事人可共同决定是否仲裁；二是当事人可自愿选择仲裁委员会，不受地域限制；三是当事人可自愿选择仲裁员组成仲裁庭；四是当事人可自愿决定开庭方式和审理方式；五是仲裁一般不公开审理，可为当事人保守商业秘密，维护当事人的形象和声誉；六是仲裁一裁终局，当事人对仲裁裁决不服，不得再向法院起诉。

仲裁机构的受案商事领域包括建筑、房地产、物业、银行、保险、证券、投融资信托、典当、拍卖、旅游、知识产权，等等，有些仲裁委员会还可以在诉前参与当事双方的调解。

我国公民、法人和其他组织之间发生的知识产权合同纠纷以及其他财产权益纠纷，如技术合同纠纷（技术开发合同、技术转让合同、技术咨询合同、技术服务合同等）、著作权合同纠纷（许可使用合同、委托创作合同、出版合同等）、商标许可使用合同纠纷，均可以申请仲裁。

仲裁委员会一般情况下是专家断案。目前各仲裁委员会的知识产权仲裁员一般是外聘的具有相关技术知识和法律技能的人员。具备专利代理师、专利诉讼代理人和特定技术领域高级工程师等资格，并具备丰富知识产权申请代理经验、诉讼代理经验、科技研发经验和企业经营管理经验的人员适宜承担知识产权仲裁工作。例如，石家庄众志华清知识产权事务所的张明月是专利代理师、专利诉讼代理人、高级工程师，其受聘于石家庄仲裁委员会。

3.3 专利诉讼

本章本节"2. 专利纠纷的类型"中提到的专利纠纷大部分涉及技术内容，因此，专利纠纷在司法程序中一般由侵权人所在地或者侵权发生地的知识产权法院和最高人民法院确定的中级人民法院管辖。发明和实用新型专利纠纷在司法程序中由知识产权法院，省、自治区、直辖市人民政府所在地的中级人民法院和最高人民法院确定的中级人民法院管辖。外观设计专利纠纷在司法程序中由知识产权法院和中级人民法院管辖；经最高人民法院批准，也可以由基层人民法院管辖，但外观设计专利行政案件除外。如河北省辖区内的发明和实用新型专利诉讼案件的一审法院是石家庄市中级人民法院。专利纠纷案件的二审均由最高人民法院审理。专利诉讼可以分为民事诉讼和行政诉讼。

3.3.1 民事诉讼

（1）专利侵权诉讼

未经专利权人许可，实施其专利，即侵犯其专利权，引起纠纷的，由当事人协商解决；不愿协商或者协商不成的，专利权人或者利害关系人可以向有管辖权的人民法院起诉。原告为专利权人或利害关系人，被告为侵权人。专利侵权诉讼的具体内容参见本章本节"5. 专利侵权"。

专利侵权诉讼时，应当准备相关起诉材料。起诉材料除了起诉状外，一般还应包括权属证明文件和侵权证据材料。权属证明文件根据原告的不同，提交的文件也有所不同。专利权人应当提交证明其专利权真实有效的文件，包括专利证书、权利要求书、说明书、专利年费缴纳凭证或专利登记簿副本；利害关系人还应当提供能够证明其有权起诉的相关证明文件；专利财产权利的继承人应当提交已经继承或者正在继承的证据材料。

侵权证据材料主要包括被控侵权产品以及专利技术与被控侵权产品技术特征对比材料，相关的票据、信函、其他侵权证据材料等。特别需要注意的是，提起侵犯实用新型专利权诉讼的原告，应当在起诉时出具由专利局做出的专利权评价报告，作为实用新型专利权有效性的初步证据，否则人民法院有可能不予受理。

根据我国专利法规的规定，从公布专利申请起，到授予专利权止这段时间内，如果有人使用该项已经申请专利的发明，申请人有权要求取得报酬，或者保留在专利权被批准后补收专利使用费的权利。发明专利申请公布后、专利权授予前使用发明创造的，应当支付适当的使用费，因不支付或支付的数额达不成协议的，可以提起诉讼。有关当事人如果因此发生纠纷，专利权人可以请求专利管理机关进行调处，也可以直接向人民法院提起诉讼。在提起诉讼或请求调处时，同样需要准备权属证明文件和侵权证据材料等。

专利侵权纠纷中，如果不请求停止侵权或不进行财产保全就有可能给权利人造成无法弥补的损失，权利人可以在诉前申请停止侵权或者申请财产保全措施。权利人包括专利权人或者利害关系人，利害关系人又包括专利实施许可合同的被许可人、专利财产权利的合法继承人等。独占实施许可合同的被许可人可以单独向人民法院提出申请；排他实施许可合同的被许可人在专利权人不申请的情况下，可以提出申请。

诉前申请停止侵权纠纷产生时，申请人应当向人民法院提交下列证明材料：

①申请书。申请书应当载明当事人及其基本情况、申请的具体内容、范围和理由等事项。申请的理由包括有关行为如不及时制止会使申请人合法权益受到难以弥补的损害的具体说明。

②申请人的权利证明。申请人应当提交能证明其权利真实有效的文件，包括权利证书等凭证，如专利证书、专利权利要求书、专利说明书、专利年费缴纳凭证、商标注册证、作品底稿、作品原件、合法出版物、著作权登记证书等。涉及实用新型专利的，申请人还应当提交国务院专利行政部门出具的专利权评价报告。利害关系人提出申请的，还应当提供独占使用许可合同、排他使用许可合同及其相关材料。排他实施许可合同的被许可人单独提出申请的，应当提交权利人放弃申请的证明材料。专利、商标、著作权财产权利的继承人提出申请的，应当提交已经继承或者正在继承的证据材料。

③被申请人实施侵权行为的证据。申请人应当提交能证明被申请人正在实施或者即将实施侵犯其权利的行为的证据，包括被控侵权产品等。

④申请人应提供有效的担保。申请人应当提供担保，申请人不提供担保的，人民法院将驳回申请。在执行停止有关侵权行为的裁定的过程中，被申请人可能因采取该项措施造成更大损失的，人民法院可以责令申请人追加相应的担保。申请人不追加担保的，可以解除该项措施。人民法院采取的上述措施，

不因被申请人提供担保而解除,但申请人同意的除外。

诉前财产保全,也就是诉前保全,是指利害关系人因情况紧急,不立即申请财产保全将会使其合法权益受到难以弥补的损害的,可以在起诉前向人民法院申请,由人民法院所采取的一种财产保全措施。人民法院采取保全措施,可以责令申请人提供担保,申请人不提供担保的,裁定驳回申请。人民法院接受申请后,对情况紧急的,必须在四十八小时内作出裁定;裁定采取保全措施的,应当立即开始执行。

诉前财产保全责任纠纷可以通过复议或者是诉讼的方式解决,根据《民事诉讼法》第一百一十一条,当事人对保全或者先予执行的裁定不服的,可以申请复议一次。复议期间不停止裁定的执行。

(2) 专利申请权纠纷和专利权权属纠纷

发明创造是由人的智力劳动产生的,但将发明创造申请专利的权利不一定属于进行创造的人。我国《专利法》规定,执行本单位的任务或者主要是利用本单位的物质技术条件所完成的发明创造为职务发明创造。非职务发明创造,申请专利的权利属于发明人或者设计人。

利用本单位的物质技术条件所完成的发明创造,单位与发明人或者设计人订有合同,对申请专利的权利和专利权的归属作出约定的,从其约定。两个以上单位或者个人合作完成的发明创造、一个单位或者个人接受其他单位或者个人委托所完成的发明创造,除另有协议的以外,申请专利的权利属于完成或者共同完成的单位或者个人。

专利申请权纠纷和专利权权属纠纷均属于权属纠纷。在专利申请权或专利权归属方面发生争议的,各方当事人之间可协商解决,协商不成的,可以请求管理专利工作的部门处理,也可以向有管辖权的人民法院起诉。

专利申请权纠纷主要包括:一是关于职务发明创造还是非职务发明创造的纠纷;二是关于谁是发明创造的发明人或设计人的纠纷;三是关于协作(合作)完成或者接受委托完成的发明创造,谁有权申请专利的纠纷。

专利权权属纠纷是指发明创造在被授予专利权之后,有关当事人之间就谁应当是真正的权利人所发生的确权纠纷。专利权权属纠纷最常见的是职务发明还是非职务发明的争议，以及某项专利权是否属于共有而产生的争议。此类纠纷既可以由专利机关调处，也可以直接向人民法院起诉。这类纠纷只解决权属纠纷，即只解决专利权的主体，确认谁是专利权人，而不审查专利权的客体问题。

专利权权属纠纷与专利申请权纠纷有相似之处，即争议的焦点都是谁应真正持有专利技术。但是，专利权权属纠纷与专利申请权纠纷却是两类不同的纠纷。主要区别是：第一，从时间上看，专利申请权纠纷发生在专利权授予之前，而专利权权属纠纷是专利权被授予以后的纠纷；第二，从内容上看，专利申请权纠纷争议的焦点是谁对发明创造有权申请专利，而专利权权属纠纷是对已确定为专利的发明创造重新提出谁是专利权人；第三，从形态上看，专利申请权争议的标的能否被授予专利尚处于未决状态，而专利权属纠纷争议的标的则是已经实际存在的专利；第四，从处理结果上看，专利申请权纠纷的处理不涉及专利权的归属，而专利权归属纠纷则必须明确判定谁是已被授予专利权的一项发明创造的真正权利人。

当事人因专利申请权或者专利权的归属发生纠纷，已请求管理专利工作部门处理或者向人民法院起诉的，可以请求国务院专利行政部门中止有关专利权审查、批准的程序，当事人请求中止有关程序的，应当向国务院专利行政部门提出书面申请，同时附具专利管理工作部门或者人民法院有关受理的文件副本。

（3）发明人、设计人资格纠纷或奖酬纠纷

《专利法》所称发明人或者设计人，是指对发明创造的实质性特点作出创造性贡献的人。在完成发明创造过程中，负责组织工作的人、为物质技术条件的利用提供方便的人或者从事其他辅助工作的人，不是发明人或者设计人。可见，确认发明人或者设计人的条件是法定的，不能通过内部规定、约定或者调解让步的方式而产生，也就是说，如果不符合法定的条件，通过内部制度规定、约定或者在调解中互相让步而产生的发明人或者设计人，并不能得到法律的支持。因此而产生纠纷的，可以仲裁或向人民法院起诉。

专利奖酬纠纷是指专利的发明人或设计人与所在单位就其应得的奖励及报酬所产生的纠纷。我国《专利法》规定，被授予专利权的单位应当对职务发明创造的发明人或者设计人给予奖励；发明创造专利实施后，根据其推广应用的范围和取得的经济效益，对发明人或者设计人给予合理的报酬。国家鼓励被授予专利权的单位实行产权激励，采取股权、期权、分红等方式，使发明人或者设计人合理分享创新收益。

专利奖酬发生纠纷后可以请求管理专利工作的部门调解，调解不成则应在规定的期限内作出处理决定。当事人对处理决定不服的，应在收到通知之日起十五日内向人民法院提起诉讼。

(4) 合同纠纷

有关专利的合同包括专利申请权转让合同、专利权转让合同、专利技术实施许可合同、专利技术中介服务合同、技术开发委托合同、合作开发合同、委托加工合同，等等。在签订和执行合同过程中，各方当事人就权利义务的履行和合同条款的解释等方面发生争议后，如协商不成，可以通过调解、仲裁或者向有管辖权的人民法院起诉的方式解决。

(5) 假冒专利

"假冒专利"是将非专利产品说成是专利产品，是指对于非专利产品或以非专利方法生产的产品，行为人在包装或产品上标注专利标记、在宣传材料上假称为专利产品、伪造或变造专利证书等文件的行为。假冒专利行为包括假冒他人专利和冒充专利两种情形，即包括假冒他人实际存在的专利，或者将没有专利技术存在的产品说成是有专利的产品（包括说成是用专利方法制造的产品），或者将已经不是专利（如专利权已经失效或者过期）的产品还标注成是专利产品。我国自2008年修订《专利法》后，不再区分假冒他人专利和冒充专利，统称为假冒专利。对于后两种情况，没有专利权人存在或者专利权已经不存在，属于冒充专利，这种情况工商行政管理机关或者知识产权管理机关有权查处，任何人都可以举报。如果是第一种有他人专利权存在的情况，属于假冒他人专利纠纷，除冒充专利的违法行为外，还会产生与专利权人之间的专利侵权民事纠纷，因此专利权人可以按照专利侵权纠纷的解决方式向假冒专利的行为实施地、侵权结果发生地或者被告住所地人民法院起诉，但是同时也可以请求对假冒专利的行为人进行处罚。

3.3.2 专利行政诉讼

专利事务的行政诉讼包括以下几种：

《专利法》第四十一条第二款规定：专利申请人对国务院专利行政部门（即国家知识产权局）的复审决定不服的，可以自收到通知之日起三个月内向人民法院起诉。

《专利法》第四十六条第二款规定：对国务院专利行政部门宣告专利权无效或者维持专利权的决定不服的，可以自收到通知之日起三个月内向人民法院起诉。人民法院应当通知无效宣告请求程序的对方当事人作为第三人参加诉讼。

《专利法》第六十三条规定：专利权人对国务院专利行政部门关于实施强制许可的决定不服的，专利权人和取得实施强制许可的单位或者个人对国务院专利行政部门关于实施强制许可的使用费的裁决不服的，可以自收到通知之日起三个月内向人民法院起诉。

《专利法》第六十五条规定：管理专利工作的部门处理专利侵权纠纷时，认定侵权行为成立的，可以责令侵权人立即停止侵权行为，当事人不服的，可以自收到处理通知之日起十五日内依照《中华人民共和国行政诉讼法》向人民法院起诉；侵权人期满不起诉又不停止侵权行为的，管理专利工作的部门可以申请人民法院强制执行。

专利行政诉讼的被告是国家知识产权局或管理专利工作的部门，涉及第三人的，第三人亦应参与诉讼。

3.4 行政裁决

行政裁决是指行政机关根据当事人申请，根据法律法规授权，对与行政管理活动密切相关的民事纠纷进行裁处的行为。

专利行政裁决是我国处理专利纠纷的行政救济途径，其与司法救济并行，其基本程序规范与民事诉讼程序类似，专利行政裁决案件的结案方式包括处理、调解、撤诉、裁定和驳回等。责令立即停止侵权行为是专利侵权纠纷行政裁决最主要的裁决权限，专利行政裁决的实质是对专利侵权民事争议的居间裁判。专利侵权纠纷行政裁决具有效率高、成本低、程序简便的特点，有利于促成专利侵权纠纷的快速解决，发挥化解民事纠纷的"分流阀"作用。

（1）专利行政裁决的级别管辖

国家知识产权局负责全国专利侵权纠纷行政裁决工作的指导、管理和监督。对于有重大影响的专利侵权纠纷案件，国家知识产权局在必要时可以组织有关管理专利工作的部门处理。对于跨省、自治区、直辖市的重大专利侵权纠纷案件，国家知识产权局在必要时可以协调处理。

省、自治区管理专利工作的部门负责本行政区域内专利侵权纠纷行政裁决工作的指导、管理和监督，负责处理本行政区域内重大、复杂、有较大影响的专利侵权纠纷案件。对于跨市（地、州、盟）的重大专利侵权纠纷案件，省、自治区管理专利工作的部门在必要时可以协调处理。

直辖市管理专利工作的部门负责处理本行政区域内的专利侵权纠纷案件。

设区的市（地、州、盟）级管理专利工作的部门负责处理除前述规定以外的专利侵权纠纷案件。

根据地方性法规规定，不设区的市、县（市、区、旗）管理专利工作的部门有权办理本行政区域内的专利侵权纠纷案件。

（2）专利行政裁决的地域管辖

专利侵权纠纷的行政裁决案件由被请求人所在地或者侵权行为地的管理专利工作的部门管辖。侵权行为地包括侵权行为实施地和侵权结果发生地。请求人仅对被控侵权产品制造者提出处理请求，未对销售者提出处理请求，且被控侵权产品制造地与销售地不一致的，制造地管理专利工作的部门有管辖权。两个以上管理专利工作的部门都有管辖权的专利侵权纠纷，当事人可以向其中一个管理专利工作的部门提出请求；当事人向两个以上有管辖权的管理专利工作的部门提出请求的，由最先受理的管理专利工作的部门管辖。

在互联网、电子商务平台等网络销售发生许诺销售、销售专利侵权纠纷的，由被请求人住所地或者侵权行为地管理专利工作的部门管辖，侵权行为地包括实施被诉侵权行为的网络服务器、计算机终端等设备所在地。对难以确定侵权行为地和被请求人住所地的，请求人发现侵权内容的计算机终端等设备所在地可以视为侵权行为地。

(3) 专利行政裁决的移送管辖和指定管辖

管理专利工作的部门发现专利侵权纠纷案件不属于该部门管辖的，不予立案。若立案后发现不属于受案管理专利工作的部门的管辖范围，应作撤案处理。同时，应当将案件线索移送有管辖权的管理专利工作的部门处理，移送前告知请求人。受移送的管理专利工作的部门应当受理或者立案。受移送的管理专利工作的部门认为受移送的案件依照规定不属于其管辖的，应当报请上一级管理专利工作的部门指定管辖，不得再自行移送。

上级管理专利工作的部门可以将下级管理专利工作的部门管辖的专利侵权纠纷案件提级办理。下级管理专利工作的部门认为不宜由自己管辖的专利侵权纠纷案件，报经上级管理专利工作的部门同意后，可以移送上级管理专利工作的部门管辖。

管理专利工作的部门对管辖权发生争议的，由争议双方协商解决；协商不成的，由其共同的上一级管理专利工作的部门指定管辖；无共同上一级管理专利工作的部门的，由国家知识产权局指定管辖。

(4) 当事人对管辖权的异议

当事人对管辖权有异议的，受理或者立案的管理专利工作的部门应当在收到管辖权异议书之日起5日内作出决定。异议成立的，作出将案件移送有管辖权的管理专利工作的部门办理的决定；异议不成立的，作出驳回管辖权异议的决定。

当事人对管理专利工作的部门作出的管辖权异议决定不服的，可以申请行政复议或者提起行政诉讼。

3.5 调解

我国调解制度主要包括法院调解、人民调解和行政调解。

(1) 法院调解

法院调解又称司法调解、诉讼调解，是指法院在审理案件时，由法院主持，当事人平等协商，进而达成协议、解决纠纷的活动。法院调解是人民法院的一种审理活动，其形成的调解文书具有强制执行力。

(2) 行政调解

行政调解是指在具有调解纠纷职能的行政机关的主持下,以法律、法规及政策为依据,在分清责任、明辨是非的基础上,通过对争议双方的说服与劝导,以当事人双方自愿为基础,促使双方当事人互让互谅,平等协商,达成协议,以解决有关争议的活动。行政调解是国家行政机关的职权行为,其形成的调解协议的性质是合同,不具有强制执行力。

可行政调解的专利纠纷类型有:专利申请权和专利权归属纠纷;发明人、设计人资格纠纷;职务发明创造的发明人、设计人的奖励和报酬纠纷;在发明专利申请公布后专利权授予前使用发明而未支付适当费用的纠纷;其他专利纠纷。

(3) 人民调解

人民调解是指在人民调解委员会的主持下,对民间纠纷当事人进行说服教育,规劝疏导,促使纠纷各方互谅互让、消除纷争的一种群众性活动。人民调解是群众自我管理、自我教育、自我服务的自治行为。

诉前调解程序发生在提起诉讼之前,不属于法院调解和行政调解,实质上是一种人民调解。

3.6 维权援助

在上面提到的纠纷的解决方式中,如果对纠纷的解决没有经验,均可以委托专利诉讼代理师代理或者请求维权援助。

目前,我国的知识产权维权援助机构主要包括:知识产权保护中心、快速维权中心、维权援助中心,这些机构均可提供知识产权维权援助服务。

有些市级行政管理机关也成立了维权援助中心。如石家庄众志华清知识产权事务所就承担着石家庄市维权援助的事务。

目前,全国知识产权保护中心共62家,名单列表如下:

序号	中心名称	领域
1	中国(北京)知识产权保护中心	新一代信息技术和高端装备制造
2	中国(中关村)知识产权保护中心	新材料和生物医药

(续表)

序号	中心名称	领域
3	中国（天津）知识产权保护中心	新一代信息技术、新材料
4	中国（滨海新区）知识产权保护中心	高端装备制造和生物医药
5	中国（河北）知识产权保护中心	节能环保和高端装备制造
6	中国（山西）知识产权保护中心	新能源、现代装备制造
7	中国（内蒙古）知识产权保护中心	生物和新材料产业
8	中国（辽宁）知识产权保护中心	新材料和新一代信息技术产业
9	中国（沈阳）知识产权保护中心	高端装备制造
10	中国（大连）知识产权保护中心	新能源和高端装备制造产业
11	中国（吉林）知识产权保护中心	高端装备制造和生物医药产业
12	中国（长春）知识产权保护中心	新一代信息技术和现代化农业
13	中国（黑龙江）知识产权保护中心	装备制造和生物
14	中国（上海）知识产权保护中心	新材料和节能环保产业
15	中国（浦东）知识产权保护中心	高端装备制造、生物医药、新一代信息技术
16	中国（江苏）知识产权保护中心	高端装备产业、新兴功能和结构材料
17	中国（南京）知识产权保护中心	新一代信息技术和生物制药
18	中国（苏州）知识产权保护中心	新材料和生物制品制造
19	中国（无锡）知识产权保护中心	物联网和智能制造
20	中国（徐州）知识产权保护中心	智能制造装备
21	中国（南通）知识产权保护中心	智能制造装备和现代纺织
22	中国（常州）知识产权保护中心	机器人及智能硬件
23	中国（泰州）知识产权保护中心	先进装备制造和医药产业
24	中国（浙江）知识产权保护中心	新一代信息技术和新能源
25	中国（杭州）知识产权保护中心	高端装备制造
26	中国（宁波）知识产权保护中心	汽车及零部件制造
27	中国（合肥）知识产权保护中心	新一代信息技术和高端装备制造
28	中国（安徽）知识产权保护中心	新材料和节能环保产业
29	中国（福建）知识产权保护中心	机械装备和电子信息产业
30	中国（宁德）知识产权保护中心	新能源
31	中国（泉州）知识产权保护中心	智能制造和半导体

（续表）

序号	中心名称	领域
32	中国（南昌）知识产权保护中心	中医药和电子信息
33	中国（赣州）知识产权保护中心	新型功能材料和装备制造产业
34	中国（山东）知识产权保护中心	新一代信息技术和海洋科技
35	中国（济南）知识产权保护中心	高端装备制造和生物医药
36	中国（潍坊）知识产权保护中心	光电、机械装备、化工、生物医药
37	中国（东营）知识产权保护中心	石油开采及加工和橡胶轮胎
38	中国（烟台）知识产权保护中心	现代食品和化工产业
39	中国（淄博）知识产权保护中心	新材料产业
40	中国（德州）知识产权保护中心	新材料和生物医药产业
41	中国（新乡）知识产权保护中心	起重设备和电池
42	中国（洛阳）知识产权保护中心	先进装备制造和新材料产业
43	中国（武汉）知识产权保护中心	光电子信息
44	中国（长沙）知识产权保护中心	智能制造装备
45	中国（湖南）知识产权保护中心	先进制造和新材料产业
46	中国（湘潭）知识产权保护中心	智能制造和生物医药产业
47	中国（广东）知识产权保护中心	新一代信息技术和生物
48	中国（广州）知识产权保护中心	高端装备制造和新材料产业
49	中国（深圳）知识产权保护中心	新能源和互联网
50	中国（珠海）知识产权保护中心	高端装备制造和家电电气
51	中国（汕头）知识产权保护中心	化工产业和机械装备制造
52	中国（佛山）知识产权保护中心	智能制造装备和建材
53	中国（三亚）知识产权保护中心	海洋和现代化农业产业
54	中国（四川）知识产权保护中心	新一代信息技术和装备制造
55	中国（成都）知识产权保护中心	生物和新材料产业
56	中国（贵阳）知识产权保护中心	新一代信息技术和高端装备制造产业
57	中国（昆明）知识产权保护中心	生物制品制造和智能制造装备
58	中国（西安）知识产权保护中心	高端装备制造
59	中国（甘肃）知识产权保护中心	先进制造和节能环保
60	中国（克拉玛依）知识产权保护中心	石油开采加工和新材料产业

(续表)

序号	中心名称	领域
61	中国（陕西）知识产权保护中心	新一代信息技术新能源
62	中国（湖北）知识产权保护中心	生物和新材料产业

全国知识产权快速维权中心共30家，名单列表如下：

序号	中心名称	联系电话
1	中国北京朝阳（设计服务业）知识产权快速维权中心	010－85630093
2	中国霸州（家具）知识产权快速维权中心	
3	中国镇江丹阳（眼镜）知识产权快速维权中心	0511－86560018
4	中国南通（家纺）知识产权快速维权中心	0513－80160636
5	中国杭州（制笔）知识产权快速维权援助中心	057－164258560
6	中国温州（服饰）知识产权快速维权中心	0577－88122107
7	中国绍兴柯桥（纺织）知识产权快速维权中心	
8	中国义乌（小商品）知识产权快速维权中心	0579　85531980
9	中国安吉（绿色家居）知识产权快速维权中心	
10	中国桐乡（现代服饰）知识产权快速维权中心	
11	中国海宁（纺织服装与家居）知识产权快速维权中心	
12	中国云和（木制玩具）知识产权快速维权中心	
13	中国厦门（厨卫）知识产权快速维权中心	0592－5685573
14	中国晋江（鞋服和食品）知识产权快速维权中心	
15	中国景德镇（陶瓷）知识产权快速维权中心	0798－2182709
16	中国宁津（健身器材和家具）知识产权快速维权中心	0534－5531919
17	中国曹县（演出服装和林产品）知识产权快速维权中心	
18	中国郑州（创意产业）知识产权快速维权中心	0371－56577087
19	中国漯河经济技术开发区（食品）知识产权快速维权中心	
20	中国禹州（钧瓷）知识产权快速维权中心	
21	中国武汉（汽车及零部件）知识产权快速维权中心	027－84490005
22	中国广州花都（皮革皮具）知识产权快速维权中心	020－36978585
23	中国东莞（家具）知识产权快速维权援助中心	0769－88631188
24	中国汕头（玩具）知识产权快速维权中心	0754－81850276

(续表)

序号	中心名称	联系电话
25	中国顺德（家电）知识产权快速维权中心	0757 – 66854030
26	中国潮州（餐具炊具）知识产权快速维权中心	0768 – 3261330
27	中国阳江（五金刀剪）知识产权快速维权中心	0662 – 8155255
28	中国中山（灯饰）知识产权快速维权中心	0760 – 22383925
29	重庆（汽车摩托车）知识产权快速维权中心	023 – 63560020
30	中国成都（家居鞋业）知识产权快速维权中心	028 – 83049083

全国知识产权维权援助中心共76家，名单列表如下：

序号	中心名称	联系电话
1	中国（北京）知识产权维权援助中心	010 – 12330
2	中国（天津）知识产权维权援助中心	12330
3	中国（河北）知识产权维权援助中心	0311 – 85801028
4	中国（山西）知识产权维权援助中心	12315
5	中国（内蒙古）知识产权维权援助中心	0471 – 12330
6	中国（辽宁）知识产权维权援助中心	024 – 12330 – 1
7	中国（沈阳）知识产权维权援助中心	024 – 12315
8	中国（大连）知识产权维权援助中心	12345
9	中国（鞍山）知识产权维权援助中心	12345
10	中国（本溪）知识产权维权援助中心	0414 – 12330
11	中国（吉林）知识产权维权援助中心	0431 – 12315
12	中国（长春）知识产权维权援助中心	12330
13	中国（黑龙江）知识产权维权援助中心	12330（2019年与12315合并）
14	中国（哈尔滨）知识产权维权援助中心	0451 – 84615426
15	中国（上海）知识产权维权援助中心	021 – 12330
16	中国（江苏）知识产权维权援助中心	025 – 12330
17	中国（苏州）知识产权维权援助中心	0512 – 12330
18	中国（无锡）知识产权维权援助中心	12315
19	中国（常州）知识产权维权援助中心	12315
20	中国（泰州）知识产权维权援助中心	12315

(续表)

序号	中心名称	联系电话
21	中国（镇江）知识产权维权援助中心	12315
22	中国（南通）知识产权维权援助中心	12315
23	中国（盐城）知识产权维权援助中心	0515—12315
24	中国（浙江）知识产权维权援助中心	0571-12330-1
25	中国（宁波）知识产权维权援助中心	0574-12330
26	中国（杭州）知识产权维权援助中心	12345
27	中国（温州）知识产权维权援助中心	12345
28	中国（安徽）知识产权维权援助中心	12315
29	中国（福建）知识产权维权援助中心	0591-88612330
30	中国（厦门）知识产权维权援助中心	12315
31	中国（泉州）知识产权维权援助中心	0595-12345
32	中国（三明）知识产权维权援助中心	0598-12330
33	中国（江西）知识产权维权援助中心	12315
34	中国（南昌）知识产权维权援助中心	0791-12330
35	中国（山东）知识产权维权援助中心	12315
36	中国（济南）知识产权维权援助中心	12330-2
37	中国（青岛）知识产权维权援助中心	12345
38	中国（东营）知识产权维权援助中心	0546-8339776
39	中国（烟台）知识产权维权援助中心	12345
40	中国（潍坊）知识产权维权援助中心	12345
41	中国（济宁）知识产权维权援助中心	12330、12345
42	中国（泰安）知识产权维权援助中心	12315
43	中国（枣庄）知识产权维权援助中心	0632-12315
44	中国（淄博）知识产权维权援助中心	12345
45	中国（河南）知识产权维权援助中心	12315
46	中国（郑州）知识产权维权援助中心	0371-12315
47	中国（洛阳）知识产权维权援助中心	0379-12315
48	中国（新乡）知识产权维权援助中心	0373-12330
49	中国（南阳）知识产权维权援助中心	0377-12330

(续表)

序号	中心名称	联系电话
50	中国（平顶山）知识产权维权援助中心	0375 – 12315
51	中国（湖北）知识产权维权援助中心	027 – 12315 – 5
52	中国（武汉）知识产权维权援助中心	027 – 12330 – 2
53	中国（宜昌）知识产权维权援助中心	12330
54	中国（襄阳）知识产权维权援助中心	0710 – 12330
55	中国（湖南）知识产权维权援助中心	12315
56	中国（长沙）知识产权维权援助中心	0731 – 82275655
57	中国（株洲）知识产权维权援助中心	12315
58	中国（湘潭）知识产权维权援助中心	12315
59	中国（广东）知识产权维权援助中心	12330
60	中国（深圳）知识产权维权援助中心	12345
61	中国（汕头）知识产权维权援助中心	12345
62	中国（佛山）知识产权维权援助中心	0757 – 12330
63	中国（中山）知识产权维权援助中心	0760 – 12330
64	中国（东莞）知识产权维权援助中心	0769 – 12345/12315/12330
65	中国（广西）知识产权维权援助中心	广西地市区号 + 12315
66	中国（重庆）知识产权维权援助中心	023 – 67844671；12315
67	中国（四川）知识产权维权援助中心	0571 – 81134005
68	中国（成都）知识产权维权援助中心	028 – 86692312
69	中国（德阳）知识产权维权援助中心	0838 – 12330
70	中国（云南）知识产权维权援助中心	12315
71	中国（贵州）知识产权维权援助中心	12315
72	中国（陕西）知识产权维权援助中心	12315 – 3
73	中国（甘肃）知识产权维权援助中心	0931 – 12315
74	中国（宁夏）知识产权维权援助中心	0951 – 12330
75	中国（新疆）知识产权维权援助中心	12315
76	中国（海口）知识产权维权援助中心	0898 – 12330

4. 专利纠纷处置策略

基于专利纠纷类型及其处理途径的多样性，科技创新主体或市场主体发起或应对专利纠纷的处置策略具有一定的复杂性，可参考如下处置原则：

（1）根据专利纠纷类型、相关方性质和数量、技术复杂程度、相关证据获得情况及相关案件程序要求等，恰当选择处置时机。

（2）根据相关方性质和数量、相关专利产品或技术数量及其应用方的数量及所在国家或地区等情况，结合相关专利与涉嫌侵权产品或技术的比对情况，合理选择发起地域和对象。

（3）根据相关方性质和数量、相关专利产品或技术数量及其应用方的数量及所在地等情况，与专利诉讼相比，充分考察和解、调解、裁决的优势和可行性。

（4）充分考察相关案件在无效宣告、诉前申请停止侵权、诉前财产保全、地域管辖、诉讼主体适格等方面的适用性，争取程序主动。

（5）注意保留、收集研发活动证据、使用证据、相关方侵权证据、相关方财务证据。

（6）涉嫌侵权方应充分考察各类抗辩事由的适用性。

（7）基于专利纠纷处置策略和实施方案的复杂性，相关方在发起或应对专利纠纷时，为了全面、准确地平衡、利用、满足专利纠纷处置所需的实质性、程序性条件和要求，防范处置风险，提升处置效率，控制处置成本，提高处置收益，可适时考虑邀请专业的代理机构、援助机构。

综上所述，协商、仲裁、诉讼、行政裁决、调解（法院调解、行政调解、人民调解）和维权援助等均是可供当事人选择解决专利纠纷的途径。一般情况下，当事人在选择专利纠纷时，各种解决途径之间并无必然的优劣和先后顺序，如协商不成，一般情况下当事人可再选择其他解决途径。但如果当事人不认可某种解决途径的处理结果，再次选择其他途径时也可能会存在一定限制，如对仲裁裁决不服，则不得再向法院起诉。在具体的专利纠纷案件中，当事人可根据实际案情和前述各种解决途径的特点、管辖范围、法律效力等选择恰当的处理方式，也可寻求专利诉讼代理人的帮助。

5. 专利侵权

专利侵权纠纷是最常见的专利纠纷，而日常所说的保护、维权也是指解决专利侵权纠纷的行为。

5.1 专利侵权的定义

《专利法》第十一条规定，发明和实用新型专利权被授予后，除本法另有规定的以外，任何单位或者个人未经专利权人许可，都不得实施其专利，即不得为生产经营目的制造、使用、许诺销售、销售、进口其专利产品，或者使用其专利方法以及使用、许诺销售、销售、进口依照该专利方法直接获得的产品。外观设计专利权被授予后，任何单位或者个人未经专利权人许可，都不得实施其专利，即不得为生产经营目的制造、许诺销售、销售、进口其外观设计专利产品。

根据上述专利侵权的规定，可将专利侵权定义总结为：未经专利权人许可，以生产经营为目的，实施了依法受保护的有效专利的违法行为。

5.2 专利侵权的基本要件

①被侵权专利为有效专利；

②专利侵权行为必须具有违法性，即未经许可而实施；

③专利侵权行为必须要求生产具有商业目的，即必须以生产经营为目的、或者说以盈利为目的、或者说是否参与市场活动或影响了专利权人的市场利益。

5.3 专利侵权的基本类型

根据《专利法》第十一条的规定，专利侵权行为包括直接侵权和间接侵权。直接侵权是指行为人直接侵害专利权，间接侵权通常是指行为人虽然没有直接侵害专利权，但是却诱使直接侵权行为发生，或者在明知或者应知的情况下为直接侵权行为提供实质性的帮助。

5.3.1 直接侵权

直接侵权分为相同侵权和等同侵权。

相同侵权：被诉侵权技术方案包含了与权利要求限定的一项完整技术方案记载的全部技术特征相同的对应技术特征，属于相同侵权，即字面含义上的侵权。

等同侵权：是指被控侵权的产品或方法并没有落入该专利权权利要求字面描述的范围，但是该产品或方法与权利要求所描述的技术方案实质等同。

被诉侵权技术方案有一个或者一个以上技术特征与权利要求中的相应技术特征从字面上看不相同，但是属于等同特征，在此基础上，被诉侵权技术方案被认定落入专利权保护范围的，属于等同侵权。

5.3.2 间接侵权

间接侵权分为引诱侵权和帮助侵权。

引诱侵权行为的可能表现如下：

1）销售非专利产品时诱使购买者利用该产品制造专利产品或实施专利方法；

2）按照专利技术的方案为他人设计产品；

3）越权转让专利或许可他人实施专利技术；

4）为直接侵权人提供责任担保以降低其侵权顾虑；

5）公司的管理人员积极引诱公司从事专利侵权活动等。

帮助侵权的常见表现是为侵权者实施直接侵权行为提供实质性的物质帮助，比如提供实施侵权行为的场所、提供制造侵权产品的必要原料或零部件、协助销售侵权产品等。

5.4 专利侵权的判定

5.4.1 专利侵权判定的主要内容

专利侵权判定包括专利权保护范围的确定，判断侵权物是否落入专利权的保护范围，判断抗辩理由是否成立。

（1）发明、实用新型专利权保护范围的确定

发明或者实用新型专利权的保护范围应当以权利要求记载的技术方案所确定的内容为准，也包括与所记载的技术特征相等同的技术特征所确定的内容。

在进行侵权诉讼时，应该明确侵权产品或方法侵犯了哪件专利的哪项权利要求。确定专利权保护范围时，应当对权利人作为权利依据所主张的相关权利要求项进行解释，并对该项权利要求进行技术特征的划分。

发明和实用新型专利侵权判定的原则包括：

①全面覆盖原则

全面覆盖原则，又称全部技术特征覆盖原则，是指被控侵权的产品或者方法的技术特征与专利的权利要求书所记载的全部技术特征一一对应并且相同，或被控侵权物的技术特征在包含专利的权利要求书所记载的全部技术特征的基础上，还增加了一些其他技术特征。

②等同原则

等同原则，是指专利权的保护范围不仅仅是权利要求记载的技术特征形成的技术方案，与权利要求中的技术特征实质上等同的技术特征也相当于是构成权利要求保护范围的技术特征。即，尽管被控侵权物不具备权利要求的全部特征中的某些特征，但是在被控侵权物中能够找到与这些特征等同的特征，此种情况下，被控侵权物判定为侵权。其中，等同特征是指与被控侵权物中的技术特征以基本相同的手段，实现基本相同的功能，达到基本相同的效果，并且本领域的普通技术人员无需经过创造性劳动就能够联想到的特征。

③禁止反悔原则

禁止反悔原则，是指专利权人对其在申请专利过程中，或者维持专利权有效的程序中，为了获得专利权，在与专利局或者专利复审和无效审理部之间的往来文件中所作的承诺、认可或放弃的内容，专利权人在侵权诉讼中不得反悔。

对于仅在说明书或者附图中描述而在权利要求中未记载的技术方案，权利人在侵犯专利权纠纷案中将其纳入专利权保护范围的，人民法院不予认可。

(2) 外观设计专利保护范围的确定

外观设计专利权的保护范围以该外观设计专利的图片或者照片为准，外观设计的简要说明及其设计要点、专利权人在无效程序及其诉讼程序中的意见陈述等，可以用于帮助理解外观设计专利权的保护范围。

5.4.2 判断侵权物是否落入保护范围

(1) 发明、实用新型专利

侵权判定的比较对象是被控侵权产品或者方法和专利的某项权利要求的全部技术特征。根据全面覆盖原则，将专利权利要求中记载的技术方案的全部技术特征与被控侵权物（产品或方法）的全部技术特征逐一进行对比，如果被控侵权物所具有的技术特征包含了权利要求中的全部技术特征，则应评定为侵权。

(2) 外观设计专利

①一般判断原则

外观设计的侵权判定的比较对象是被控侵权产品和外观设计专利的图片或照片，适用于整体对比原则。在确定外观设计保护范围时，应当综合考虑授权公告中表示该外观设计的图片或者照片所显示的形状、图案、色彩等全部设计要素所构成的完整的设计内容，图片或者照片中每个视图所显示的所有设计特征均应予以考虑，不能仅考虑部分设计特征而忽略其他设计特征。对于主要由技术功能决定的设计特征以及对整体视觉效果不产生影响的产品的材料、内部结构等特征，应当不予考虑。

在与外观设计专利产品相同或者相近种类产品上，采用与授权外观设计相同或相近似的外观设计的，人民法院应当认定被诉侵权设计落入《专利法》第六十四条第二款规定的外观设计专利权的保护范围。人民法院应当根据外观设计产品的用途，认定产品种类是否相同或者相近。确定产品用途，可以参考外观设计的简要说明、国际外观设计分类表、产品的功能以及产品销售、实际使用的情况等因素。

人民法院应当以外观设计专利产品的一般消费者的知识水平和认知能力，

判断外观设计是否相同或者近似。

②组件产品的判断

对于组装关系唯一的组件产品的外观设计专利，被诉侵权设计与其组合状态下的外观设计相同或者近似的，人民法院应当认定被诉侵权产品落入专利权的保护范围。

对于各构件之间无组装关系或者组装关系不唯一的组件产品的外观设计专利，被诉侵权设计与其全部单个构件的外观设计均相同或者近似的，人民法院应当认定被诉侵权设计落入专利权的保护范围；被诉侵权设计缺少其单个构件的外观设计或者与之不相同也不相近似的，人民法院应当认定被诉侵权设计未落入专利权的保护范围。

③变化状态产品的判断

对于变化状态产品的外观设计专利。被诉侵权设计与变化状态图所示各种使用状态下的外观设计均相同或者近似的，人民法院应当认定被诉侵权设计落入专利权的保护范围；被诉侵权设计缺少其一种使用状态下的外观设计或者与之不相同也不相近似的，人民法院应当认定被诉侵权设计未落入专利权的保护范围。

④成套产品的判断

对于成套产品的外观设计专利，被诉侵权设计与其一项外观设计相同或者近似的，人民法院应当认定被诉侵权设计落入专利权的保护范围。

5.5 专利不侵权抗辩

专利不侵权抗辩是指被诉侵权人从可能的专利权效力瑕疵、权利人瑕疵、对己方有利的法律条文或术语解释方式以及标的来源合法性等方面，对抗专利权人的侵权指控，力图达到不构成侵权、减轻或免除侵权责任等维护被诉侵权人权益的应对策略和行为。其中：

①专利权效力抗辩，是被诉侵权人提供证据证明涉案专利权未生效、失效、已被依法宣告无效，使专利权人的诉讼权利丧失的抗辩。

②滥用专利权抗辩，是被诉侵权人提供证据证明涉案专利为专利权人恶意取得。其中，恶意取得专利权，是指将明知不应当获得专利保护的发明创造，

故意采取规避法律或者不正当手段获得了专利权,其目的在于获得不正当利益或者制止他人的正当实施行为。

③不侵权抗辩,被诉侵权技术方案的技术特征与权利要求记载的全部技术特征相比,缺少权利要求中记载的一项或一项以上技术特征的,不构成侵犯专利权;或者被诉侵权技术方案的技术特征与权利要求中对应技术特征相比,有一项或者一项以上的技术特征既不相同也不等同,因此不构成侵犯专利权。

④不视为侵权的抗辩,是以专利产品或者依照专利方法直接获得的产品,由专利权人或者经其许可的单位、个人售出后,而被告使用、许诺销售、销售、进口该产品的,因此不视为侵犯专利权。

⑤现有技术抗辩及现有设计抗辩,是指被诉落入专利权保护范围的全部技术特征,与一项涉案专利申请日之前的现有技术方案中的相应技术特征相同或者等同,或者所属技术领域的普通技术人员认为被诉侵权技术方案是一项现有技术与所属领域公知常识的简单组合,该涉案专利应当认定被诉侵权人实施的技术属于现有技术,被诉侵权人的行为不构成侵犯专利权。

⑥合法来源抗辩,我国《专利法》规定,为生产经营目的,使用、许诺销售或者销售不知道且不应知道是未经专利权人许可而制造并售出的专利侵权产品、且能够举证证明该产品合法来源的,不承担赔偿责任,对于权利人请求停止上述使用、许诺销售、销售行为的主张,应予支持。这种情况下,被告一般仅能是使用者、销售商,而对于制造者,不适用此种抗辩方式。

二、专利权无效宣告

我国专利权无效宣告制度的设置,是为了纠正国家知识产权局对不符合专利法规定条件的发明创造授予专利权的错误决定,维护专利权授予的公正性。因此,我国《专利法》规定自专利局公告授予专利权之日起,任何单位或者个人认为该专利权的授予不符合专利法有关规定的,可以向专利局请求宣告该专利权无效。被宣告无效的专利权视为自始即不存在。

世界各国专利法中关于专利权无效宣告制度设置大体有两种情形:一是不

规定专门的无效宣告程序，而允许专利侵权诉讼中的被告提出专利权无效宣告以作为抗辩手段；二是专门规定无效宣告程序，允许公众对不符合专利法规定条件的发明创造专利权提出无效宣告请求，也可以在专利侵权诉讼中将专利权无效宣告作为一种抗辩手段应用。

在无效程序中当事人可以自行办理，也可以委托专利代理机构代理。如果当事人委托其近亲属或者工作人员办理，需要出具委托书及相关证明。一般公民没有代理无效程序和专利申请等事务的权限。

近亲属或者工作人员的权限仅限于在无效宣告口头审理中陈述意见和接收当庭转送的文件。办理人为当事人的工作人员的，应当提交劳动合同、社保缴费记录、工资支付记录等足以证明与委托人有合法人事关系的证明材料；当事人为机关事业单位的，应当提交单位出具的载明该工作人员的职务、工作期限的书面证明。

1. 无效宣告的客体及不予受理的情形

无效宣告请求的客体应当是已经公告授权的专利，包括已经终止或者放弃（自申请日起放弃的除外）的专利。

无效宣告请求不是针对已经公告授权的专利的，如无效宣告请求所针对的专利尚未授权，或处于权利无效状态，或被自始放弃等，不予受理。

专利复审和无效审理部作出宣告专利权全部或者部分无效的审查决定后，当事人未在收到该审查决定之日起三个月内向人民法院起诉或者人民法院生效判决维持该审查决定的，针对已被该决定宣告无效的专利权提出的无效宣告请求不予受理。

2. 无效宣告请求人资格及不予受理的情形

无效宣告的请求人属于下列情形之一的，其无效宣告请求不予受理：

①请求人不具备民事诉讼主体资格的。

②以授予专利权的外观设计与他人在申请日以前已经取得的合法权利相冲突为理由请求宣告外观设计专利权无效，但请求人不能证明是在先权利人或者

利害关系人的（或未提交证明权利冲突的证据）；其中，利害关系人是指有权根据相关法律规定就侵犯在先权利的纠纷向人民法院起诉或者请求相关行政管理部门处理的人。

③专利权人针对其专利权提出无效宣告请求且请求宣告专利权全部无效、所提交的证据不是公开出版物或者请求人不是共有专利权的所有专利权人的。

④多个请求人共同提出一件无效宣告请求的，但属于所有专利权人针对其共有的专利权提出的除外。

⑤在中国没有经常居所或者营业所的外国人、外国企业或者外国其他组织未委托依法设立的专利代理机构的，不予受理。

3. 无效宣告请求的理由和理由的增加以及不予受理的情形

3.1 无效宣告请求的理由及不予受理的情形

根据《专利法实施细则》第六十五条第二款规定，可以请求宣告专利权无效的理由包括以下十三项法律条款。无效宣告请求的理由不属于第六十五条第二款规定的这些理由的，不予受理。

3.1.1 发明创造不符合授予专利权的实质性条件

（1）发明或者实用新型专利不符合《专利法》第二十二条规定，即发明和实用新型专利不具备新颖性、创造性和实用性的。

发明和实用新型专利需具备新颖性、创造性和实用性，这是授予专利权的实质性条件。如果授予专利权的发明和实用新型不具有新颖性、创造性和实用性，则可提出宣告该专利权无效的请求。

（2）外观设计专利不符合《专利法》第二十三条规定，即外观设计专利属于现有设计，或存在抵触申请的。

授予专利权的外观设计属于现有设计，是指不具有新颖性和原创性，外观设计与他人的在先权利发生冲突，则可提出宣告该专利权无效的请求。在先权利包括商标权、著作权、企业名称权、肖像权、知名商品特有包装或者装潢使用权等。

以授予专利权的外观设计与他人在先取得的合法权利相冲突为理由，请求宣告外观设计专利权无效的,应当提交请求人资格证明和能够证明权利冲突的证据,否则不予受理。

3.1.2 发明创造不属于专利保护的客体

《中华人民共和国专利法》第二条定义了我国专利法保护的客体,即给出了发明专利、实用新型专利、外观设计专利的定义。它们是:

发明,是指对产品、方法或者其改进所提出的新的技术方案。

实用新型,是指对产品的形状、构造或者其结合所提出的适于实用的新的技术方案。

外观设计,是指对产品的整体或者局部的形状、图案或者其结合以及色彩与形状、图案的结合所作出的富有美感并适于工业应用的新设计。

(3) 如果被授予专利的发明创造不是《专利法》第二条规定的发明专利、实用新型专利、外观设计专利,则可以提出宣告该专利权无效的请求。

3.1.3 发明创造不合法

(4) 我国《专利法》第五条规定,对违反国家法律、社会公德或妨害社会公共利益的发明创造,不授予专利权。对违反法律、行政法规的规定获取或者利用遗传资源,并依赖该遗传资源完成的发明创造,不授予专利权。

如果国家知识产权局不慎对违反上述合法性条件的发明创造授予了专利权,任何单位和个人则可以请求国家知识产权局提出宣告该项专利权无效。

3.1.4 发明创造属于不授予专利权的主题

(5) 我国《专利法》第二十五条规定,科学发现、智力活动的规则和方法、疾病的诊断和治疗方法、动物和植物品种、原子核变换方法及用原子核变换方法获得的物质以及对平面印刷品的图案、色彩或者二者的结合作出的主要起标识作用的设计等,不授予专利权。

3.1.5 专利文件不合法

专利文件不合法主要有以下几种情况,任何一种缺陷均可以作为无效宣告请求的理由。

(6) 不符合《专利法实施细则》第二十条第二款"不得缺少必要技术特

征"的规定,即独立权利要求没有从整体上反映发明或者实用新型的技术方案的,或者缺少记载解决技术问题的必要技术特征的。

(7) 不符合《专利法》第二十六条第四款关于"权利要求书需以说明书为依据"的规定,即发明或实用新型专利的权利要求书没有以说明书为依据,或没有清楚、简要地限定要求专利保护的范围。

(8) 违反《专利法》第二十六条第三款"说明书应清楚完整能够实现"的规定,即申请专利的发明或者实用新型的说明书没有对发明或者实用新型作出清楚完整的说明,致使所属技术领域的普通技术人员不能实现;或者没有必要的附图,或者说明书摘要没有说明发明或者实用新型的技术要点。

(9) 不符合《专利法》第二十七条第二款规定,即外观设计的图片或者照片不能清楚地显示要求保护的产品的。

(10) 违反《专利法》第三十三条"修改不得超范围"规定,即取得专利权的发明或实用新型专利的申请文件的修改时,超出了原说明书和权利要求书记载的范围;外观设计专利申请文件的修改超出了原图片或者照片表示的范围。

(11) 违反《专利法实施细则》第四十三条第一款规定,即分案申请超出了原申请记载范围的。

3.1.6 专利权主体不合法

(12) 我国《专利法》第九条规定,同样的发明创造只能授予一项专利权,即授予专利权的发明创造应符合先申请原则,同样的发明创造不得重复授予专利权。如果申请日在后的申请人就同一发明创造先取得了专利权,即属于专利权主体不合法,可以提出权无效宣告请求。

(13) 违反《专利法》第十九条第一款"向外国申请专利前先进行保密审查"的规定,即将在中国完成的发明或者实用新型向外国申请专利前,未事先报经国务院专利行政部门进行保密审查的,可以宣告专利权无效。

不是上述法定理由提出的无效宣告请求的,不予受理。

3.2 其他不予受理的情形

其他不予受理的情形还有:

①提请无效宣告请求时,请求人未具体说明无效宣告理由,或者虽提交证

据了，但未结合提交的所有证据具体说明无效宣告理由，或者未指明每项理由所依据的证据的，不予受理；

②无效宣告请求作出审查决定之后，请求人针对同一专利又以同样的理由和证据请求无效宣告的，不予受理。

3.3 增加无效宣告请求理由及不予受理的情形

请求人可以在提出无效宣告请求之日起一个月内增加无效宣告理由，但应当对所增加的无效宣告理由具体说明；否则，专利复审和无效审理部不予考虑。

超过一个月增加无效宣告理由的，专利复审和无效审理部一般不予考虑，但下列情形除外：

①针对专利权人以合并方式修改的权利要求，在专利复审和无效审理部指定期限内增加无效宣告理由，并在该期限内对所增加的无效宣告理由具体说明的；

②对明显与提交的证据不相对应的无效宣告理由进行变更的。

4. 无效宣告的举证期限

4.1 请求人举证的期限

（1）无效宣告请求人在提出无效宣告请求之日起一个月内补充证据的，应当在该期限内结合该证据具体说明相关的无效宣告理由，否则，专利复审和无效审理部不予考虑。

（2）请求人在提出无效宣告请求之日起一个月之后补充证据的，专利复审和无效审理部一般不予考虑，但下列情形除外：

①针对专利权人以合并方式修改的权利要求或者提交的反证，请求人在专利复审和无效审理部指定的期限内补充证据，并在该期限内结合该证据具体说明相关无效宣告理由的；

②在口头审理辩论终结前提交技术词典、技术手册和教科书等所属技术领域中的公知常识性证据或者用于完善证据法定形式的公证文书原件等证据，并

在该期限内结合该证据具体说明相关无效宣告理由的。

（3）请求人提交的证据是外文的，提交外文证据的中文译文的期限适用该补充证据的举证期限，即应当在提出无效宣告请求之日起一个月内提交。

4.2 专利权人的举证期限

专利权人提交证据的期限应当在专利复审和无效审理部指定的答复期限内，但对于技术词典、技术手册和教科书等所属技术领域中的公知常识性证据或者用于完善证据法定形式的公证文书、原件等证据，可以在口头审理辩论终结前补充或者出示。

专利权人提交或者补充证据的，应当在上述期限内对提交或者补充的证据具体说明。专利权人提交的证据是外文的，提交其中文译文的期限适用该证据的举证期限。专利权人提交或者补充证据不符合上述期限规定或者未在上述期限内对所提交或者补充的证据具体说明的，专利复审和无效审理部不予考虑。

4.3 举证延期

如果当事人有无法克服的困难，不能在上述期限内提交的证据，当事人可以在所述期限内书面请求延期提交，但需要提交有"无法克服的困难"的证据。不允许延期提交明显不公平的，专利复审和无效审理部应当允许延期提交。

5. 无效宣告请求的审查程序及方式

无效宣告审查过程中，双方当事人可以选择和解。

5.1 形式审查

国家知识产权局收到专利权无效宣告请求书后，首先进行形式审查，包括无效宣告请求针对的专利是否已经授权专利；无效宣告请求书是否符合格式要求；无效宣告请求的理由是否属法定理由等。

5.2 转送文件

专利复审和无效审理部根据案件审查需要将有关文件转送有关当事人。需要答复的，一般指定的答复期限为一个月。当事人期满未答复的，视为当事人已得知转送文件中所涉及的事实、理由和证据，并且未提出反对意见。

当事人提交的意见陈述书及其附件应当一式两份。

5.3 合议审查

在无效宣告程序中，通常会由3或5名审查员组成合议组。合议组通常仅针对当事人提出的无效宣告请求的范围、理由和提交的证据进行审查。

5.4 口头审理

专利复审和无效审理部根据当事人的请求或者案情需要可以决定对无效宣告请求进行口头审理。

当事人也可以请求合议组进行口头审理，当事人请求口头审理所依据理由有下面几种：

①当事人一方要求同对方当面质证和辩论；

②需要当面向合议组说明事实；

③需要实物演示；

④需要请出具过证言的证人作证。

在无效宣告程序中，确定需要进行口头审理的，合议组会通过电子专利申请系统或其他方式向当事人发出口头审理通知，通知进行口头审理的日期和地点等，一经确定一般不再改动，否则需经双方当事人同意或者经部门负责人批准。当事人应当在口头审理通知指定的答复期限内提交回执，逾期未答复的，视为不参加口头审理，无效宣告口头审理当庭当事人出席的除外。无效宣告请求人期满未提交回执，并且不参加口头审理的，其无效宣告请求视为撤回，无效宣告请求审查程序终止。但合议组认为根据已进行的审查工作能够作出宣告专利权无效或者部分无效的决定的除外。专利权人不参加口头审理的，可以缺席审理。

无效宣告程序或者复审程序中，口头审理通知指定的答复期限一般不超过七日。要求委派出具过证言的证人就其证言出庭作证的，应当在口头审理通知回执中声明，并且写明该证人的姓名、工作单位（或者职业）和要证明的事实。

合议组可以使用笔录、录音或者录像等方式对审理情况进行记录。笔录中应当记录重要的审理事项,并应当将笔录交当事人阅读,核实无误后,当事人应当签字,当事人拒绝签字的,由合议组在口头审理笔录中注明。

参加口头审理的各方当事人及其代理人的数量不得超过四人,不足四人时,可以在口头审理开始前指定其他人参加。一方有多人参加口头审理的,应当指定其中一人作为第一发言人进行主要发言。

当事人依照《专利法》第十八条规定委托专利代理机构代理的,该机构应当指派专利代理师参加口头审理。

5.5 无效宣告请求审查通知书

在无效宣告程序中,有下列情形之一的,专利复审和无效审理部可以向双方当事人发出无效宣告请求审查通知书:

①当事人主张的事实或者提交的证据不清楚或者有疑问的;

②专利权人对其权利要求书主动提出修改,但修改不符合专利法及其实施细则和审查指南有关规定的;

③需要依职权引入当事人未提及的理由或者证据的;

④需要发出无效宣告请求审查通知书的其他情形。

专利权人和无效宣告请求人应当在指定期限内答复专利复审和无效审理部发出的转送文件通知书或者无效宣告请求审查通知书;期满未答复的,不影响专利复审和无效审理部会审理。

5.6 审查方式的选择

在无效宣告程序中,针对不同的情形,合议组可以采用下列不同的方式进行审查,并做出决定。

(1) 可以根据请求人提交的无效请求的事实和理由直接做出决定的

专利复审和无效审理部认为请求人提交的证据充分,其请求宣告专利权无效的理由成立的,可以针对请求人请求无效宣告的范围(请求专利权全部无效或请求部分权利要求无效)直接作出宣告专利权全部无效或者部分的审查决定；但是这种情况应该是专利复审和无效审查部已将无效宣告请求文件转送专利权人，并且需要是在指定答复期限届满后（不管专利权人是否答复），同时还需要满足专利权人未提出进行口头审理的要求。如果专利权人提交了答复意见，专利复审和无效审理部在将直接作出的审查决定送达请求人时，还应该将专利权人的答复意见一起寄给请求人。

无效宣告程序中，当事人可以请求进行口头审理。专利复审和无效审理部根据当事人的请求，或者案情需要，可以决定对无效宣告请求进行口头审理。当事人可以请求进行口头审理的理由见本章本节5.4。对于尚未进行口头审理的无效宣告案件，专利复审和无效审理部会在审查决定作出前收到当事人以书面方式依据上述理由提出口头审理请求的，合议组应当同意进行口头审理。

（2）认为请求人提交的无效请求部分成立的

专利复审和无效审理部已将无效宣告请求文件转送专利权人，并且指定答复期限届满后，无论专利权人是否答复，专利复审和无效审理部认为请求人提交的请求宣告无效的请求人事实和理由部分成立，可能会作出宣告专利权部分无效的决定的，专利复审和无效审理部应当发出口头审理通知书，通过口头审理结案。专利权人提交答复意见的，将答复意见随口头审理通知书一并送达请求人。

（3）认为专利权人提交的意见陈述理由充分的

专利复审和无效审查部已将无效宣告请求文件转送专利权人，在指定答复期限内专利权人已经答复，专利复审和无效审理部认为专利权人提交的意见陈述理由充分，将会作出维持专利权的决定的，专利复审和无效审查部应当根据案情，可以选择发出转送文件通知书或者无效宣告请求审查通知书进行书面审查，或者发出口头审理通知书随附转送文件通知书，通过口头审理结案。

（4）认为请求人提交的证据不充分、无效理由不成立的

专利复审和无效审理部已将无效宣告请求文件转送专利权人，在指定答复期限内专利权人没有答复，专利复审和无效审理部认为请求人提交的证据不充分，其请求宣告专利权无效的理由不成立，将会作出维持专利权的决定的，专利复审和无效审理部应当根据案情，可以选择发出无效宣告请求审查通知书进

行书面审查，或者发出口头审理通知书，通过口头审理结案；在发出口头审理通知书后，如果由于当事人的原因未能按期举行口头审理，专利复审和无效审理部可以直接作出审查决定。

5.7 无效案件的合并审理

为了提高审查效率和减少当事人负担，专利复审和无效审理部可以对案件合并审理。合并审理的情形通常包括：

①针对一项专利权的多个无效宣告案件，尽可能合并口头审理。

②针对不同专利权的无效宣告案件，部分或者全部当事人相同且案件事实相互关联的，专利复审和无效审理部可以依据当事人书面请求或者自行决定合并口头审理。

合并审理的各无效宣告案件的证据不得相互组合使用。

6. 专利权无效宣告请求的审查原则

国家知识产权局收到无效宣告请求书后，将组成合议组启动无效宣告请求审查程序（简称"无效宣告程序"），对请求无效宣告的理由是否成立进行审查。在审查过程中，除了适用合法原则、公正执法原则、请求原则、依职权审查原则、听证原则和公开原则之外，还必须遵循以下原则。

①一事不再理原则

对于已经作出审查决定的无效宣告案件所涉及的专利权，如果再次针对此专利提出无效宣告请求，并且所使用的理由和证据是和作出决定的案件相同的理由和证据，则国家知识产权局将不予受理；只有当作出决定的案件中，无效宣告请求的理由或者证据是未被在先的无效宣告请求审查决定所考虑时，才予以受理；例如，虽然上次无效请求中提交了证据，但该证据的提交时间，超出了举证期限，合议组审理时未考虑该证据。

②当事人处置原则

在无效宣告程序中，请求人可以放弃全部或者部分无效宣告理由及证据。对于请求人放弃的无效宣告理由或者证据，国家知识产权局通常不再查证。

当事人有权在无效宣告程序中与对方自行和解。对于请求人和专利权人均向复审和无效审理部表示有和解愿望的，复审和无效审理部将给予当事人一定的期限进行和解，并暂缓作出审查决定，直至任何一方当事人要求其作出审查决定，或者指定的期限届满。当事人达成和解的，且无效宣告请求人撤回无效宣告请求的，无效宣告程序终止。

专利权人可以在无效宣告程序中针对请求人提出的无效宣告请求主动进行修改，缩小专利权保护范围或者放弃从属权利要求。这种对权利要求的修改或放弃将被视为其承认相应的权利要求自始不符合法律规定，换而言之，即承认请求人对该权利要求的无效宣告请求，从而可以由此免去请求人相应的举证责任。

③保密原则

所谓保密原则，是指国家知识产权局合议组的成员在作出审查决定之前，不得私自将自己、其他合议组成员、负责审批的主任委员或者副主任委员对该案件的观点明示或者暗示给任何一方当事人。为了保证公正执法和保密，合议组成员原则上不得与一方当事人单独会晤。

7. 无效宣告程序中专利文件的修改

（1）修改原则

外观设计专利的专利权人不得修改其外观设计专利文件，包括图片、照片或简要说明。

发明或者实用新型专利不得修改专利说明书和附图，文件的修改仅限于权利要求书，其修改的原则是：

①不得改变原权利要求的主题名称；

②与授权的权利要求相比，不得扩大原专利的保护范围；

③不得超出原说明书和权利要求书记载的范围；

④一般不得增加未包含在授权的权利要求书中的技术特征。

（2）修改方式

在满足上述修改原则的前提下，修改权利要求书的具体方式一般限于权利要求的删除、合并和技术方案的删除。

权利要求的删除是指从权利要求书中去掉某项或者某些项权利要求，例如，独立权利要求或者从属权利要求。

权利要求的合并是指两项或者两项以上相互无从属关系但在授权公告文本中从属于同一独立权利要求的权利要求的合并。在此情况下，所合并的从属权利要求的技术特征组合在一起形成新的权利要求。该新的权利要求的技术方案应当包含被合并的从属权利要求中的全部技术特征。在独立权利要求未作修改的情况下，不允许对其从属权利要求进行合并式修改。

技术方案的删除是指从同一权利要求中并列的两种以上技术方案中删除一种或者一种以上技术方案。而不能仅删除某个或者某些技术特征，这样会扩大权利要求的包含范围，是法律所不允许的。

(3) 修改方式的限制

在专利复审和无效审理部作出审查决定之前，专权人可以删除权利要求或者权利要求中包括的技术方案，主动缩小专利权保护范围。

仅在下列三种情形的答复期限内，专利权人可以以合并的方式修改权利要求书：

①针对无效宣告请求书；

②针对请求人增加的无效宣告理由或者补充的证据；

③针对专利复审和无效审理部引入的请求人未提及的无效宣告理由或者证据。

8. 无效宣告程序的终止

此处的"终止"与本书第三章第二节之12中的"中止"是两个不同的概念。有以下情形之一的，无效宣告程序终止：

①作出审查决定之前，请求人撤回其无效宣告请求的，该次无效宣告程序终止；但在专利复审和无效审理部认为根据已进行的审查工作能够作出宣告专利权无效或者部分无效的决定的除外。

②请求人未在指定的期限内答复口头审理通知书，并且不参加口头审理，其无效宣告请求被视为撤回的，该次无效宣告程序终止，但专利复审和无效审

理部认为根据已进行的审查工作能够作出宣告专利权无效或者部分无效的决定的除外。

③已受理的无效宣告请求因不符合受理条件而被驳回请求的，该次无效宣告程序终止。

④在专利复审和无效审理部对无效宣告请求作出审查决定之后，当事人未在收到该审查决定之日起三个月内向人民法院起诉，或者人民法院生效判决维持该审查决定的，该次无效宣告程序终止。如果作出的决定是宣告专利权全部无效的，当事人未在收到该审查决定之日起三个月内向人民法院起诉，或者人民法院生效判决维持该审查决定的，针对该专利权的所有其他无效宣告程序全部终止，即不允许再针对该已经被无效宣告的专利提出无效宣告请求。

9. 审查决定的生效

当事人在收到该审查决定之日起三个月内，未向人民法院起诉，或者起诉后人民法院判决维持该审查决定，在该判决生效后，国家知识产权局将对审查决定予以登记和公告，审查决定生效。

对涉及专利侵权案件的无效宣告请求，在无效宣告请求审理开始之前曾通知有关人民法院或者地方知识产权管理部门的，国家知识产权局作出决定后将其审查决定和无效宣告审查结案通知书送交有关人民法院或者地方知识产权管理部门。

10. 无效宣告请求审查决定的类型和专利权被宣告无效的法律后果

（1）无效宣告请求审查决定

分为下列三种类型：

①宣告专利权全部无效；

②宣告专利权部分无效；

③维持专利权有效。

因此宣告专利权无效包括宣告专利权全部无效和部分无效两种情形。

(2) 专利权被宣告无效的法律后果

①宣告无效的专利权（项）视为自始即不存在。可见，宣告专利权无效的效力溯及自专利权人享有专利权起，即视为从来没有这项专利权存在。

一件专利的全部权利要求被宣告无效并无效决定生效后，该件专利的全部权利要求自始即不存在。

在无效宣告程序中，如果请求人针对一件发明或者实用新型专利的部分权利要求的无效宣告理由成立，针对其余权利要求（包括以合并方式修改后的权利要求）的无效宣告理由不成立，则无效宣告请求审查决定应当宣告上述无效宣告理由成立的部分权利要求无效，并且维持其余的权利要求有效。一项专利被宣告部分无效后，被宣告无效的权利项应视为自始即不存在，但是被维持的部分（包括修改后的权利要求）也同时应视为自始即存在。

对于包含有若干个具有独立使用价值的产品的外观设计专利，如果请求人针对其中一部分产品的外观设计专利的无效宣告理由成立，针对其余产品的外观设计专利的无效宣告理由不成立，则无效宣告请求审查决定应当宣告无效宣告理由成立的该部分产品外观设计专利无效，并且维持其余产品的外观设计专利有效。例如，一件外观设计专利包含有同一产品的两项以上的相似外观设计，如果请求人针对其中部分项外观设计的无效宣告理由成立，针对其余外观设计的无效宣告理由不成立，则无效宣告请求审查决定应当宣告无效宣告理由成立的该部分项外观设计无效，并且维持其余外观设计有效。

②宣告专利权无效的决定，对在宣告专利权无效前人民法院作出并已执行的专利侵权的判决、裁定，已经履行或强制执行的专利侵权纠纷处理决定，以及已履行的专利实施许可合同和专利权转让合同，不具有追溯力。但是因为专利权人的恶意给他人造成的损失，应当给予赔偿。

③如果专利权人或专利权转让人不向被许可实施专利人或者专利权受让人返还专利使用费或者专利权转让费，明显违反公平原则，专利权人或者专利权转让人应当向被许可实施专利权人或者专利权受让人返还全部或部分专利使用费或者专利权转让费。

第七章　知识产权管理

知识产权管理与知识产权创造、保护和运用一起构成了知识产权工作的主要内容，并贯穿于企业经营、技术创新及知识产权创造、保护和运用的各个环节。创新是专利等知识产权产生的基础，知识产权创造又是保护和运用的前提，保护是促进激发技术创新活力、市场活力、获取经济利益的重要手段，是知识产权运用的保障，而知识产权管理是为了加强创新、知识产权创造、保护、运用。

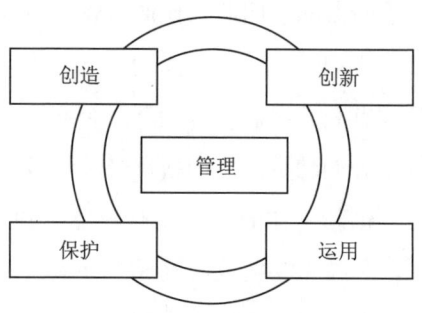

按主体不同，知识产权管理可以分为国家宏观角度的知识产权管理、企业知识产权管理、高等学校知识产权管理、科研组织知识产权管理等。

国家宏观角度的知识产权管理，是指知识产权的制度立法、司法保护、行政许可、行政执法、政策制定等工作。它还包括国家有关部门为保证知识产权法律制度的贯彻实施，维护知识产权人的合法权益而进行的行政及司法活动。

对于企业、高等学校、科研组织等创新主体来说，知识产权管理是指他们为促进创新、获取知识产权、保护知识产权并使其智力成果发挥最大的经济效益和社会效益而制定各项规章制度、采取相应措施和策略的经营活动。

这些创新主体的知识产权管理水平会影响其技术研发方向的准确性、制度科学性、流程合理性、运用实施的经济效益、信息获取效率与准确性、人资管理风险性、侵权风险性等。也就是说，知识产权管理渗透在日常管理的各个方面，是一部系统工程。

一、知识产权管理的重要意义

知识产权作为一种无形财产，它同时具有资本属性和市场武器的属性，因此加强知识产权管理，不仅是对自身资产的管理，还包括市场竞争武器及战略战术的管理。实践中我们发现，重视知识产权及其管理的企业，更具有市场活力，不仅能够长期稳定发展，而且能够引领市场甚至技术发展方向。而那些靠仿制、低价竞争的生产者往往不太重视知识产权，这样的经营模式无法持续创新，无法使企业实现高质量、高利润的良性循环，反而会使企业陷入劣质、低利润、知识产权侵权的黑暗漩涡。因此知识产权管理在经营管理过程中具有重要意义。

首先，知识产权管理有利于促进技术创新。企业等创新主体通过建立有效的激励机制，企业可以充分调动员工的创新积极性，鼓励和引导员工积极参与到企业技术创新活动中；创新主体通过建立有效可行的立项、研发控制程序，可以减少立项的风险，避免技术秘密或研发成果外泄，及时形成或获得知识产权保护。并通过加强对现有技术的检索、分析和利用，提升研发起点，提高研发效率和节约成本，同时规避侵犯他人专利权等知识产权的风险，也能避免重复研发造成人力、物力的浪费。做好知识产权管理，充分利用专利信息，可以缩短大约60%的研发时间，节省大约40%的研发费用。

第二，做好知识产权管理有利于改善市场竞争地位，使无形资产转化为核心竞争力。专利等知识产权具有无形资产的属性，但它们更是企业等创新主体或市场主体盈利的资本，更是进行市场竞争、保护技术市场的有力武器。创新主体通过跟踪与监控研发活动中的知识产权,从而适当调整研发策略和内容,避免或降低知识产权侵权风险;进一步,还可以通过对研发成果进行评估,明确知识产权保护方式,即确定应该采用专利、商业秘密、版权、商标等何种知识产权加以保护。通过知识产权管理,可以及时采取恰当的知识产权保护措施,实现对核心技术的有效控制,将技术优势转化为市场竞争优势,确保企业占据有利的市场地位,从而为企业带来最大化的市场收益。在知识产权保护下,通过全面的知识产权运营,企业能够加快形成核心市场竞争力,高校或科研组织可以让研发成果获得利益最大化,使专利资本发挥最大效能。

第三,做好知识产权管理有利于控制风险,支撑创新主体可持续发展。通过知识产权管理,建立有效的知识产权风险管理机制,市场主体可以加强对生产经营过程中侵犯他人知识产权风险的识别、评估和应对,从而采取必要的风险控制措施,避免发生知识产权侵权行为或者降低知识产权侵权行为所带来的损害;同时,通过建立有效的市场监控机制,市场主体和知识产权用户能够及时发现和监控自己的知识产权被侵权的情况,选择恰当的纠纷解决方式,有效维护自身的合法权益。

企业等市场创新主体如果知识产权管理不善,往往在市场经营活动中会发生很多风险或纠纷,甚至吃大亏。例如,我国重复研发的现象非常严重,这种重复研发活动,到申请专利时或者在市场中被告侵权时,才发现自己费了九牛二虎之力而取得的成果,早有他人在先知识产权。前些年,我国盲目上马的一些有专利等知识产权保护的项目而被控侵权的事情层出不穷。到目前为止仍有一些企业由于核心人员离职而形成技术秘密流失或形成市场竞争的案例也时而有之,甚至有些研发人员隐瞒并带走研发成果,然后自行创建公司,与原公司形成针锋相对的市场竞争。申请专利时由于不注重布局保护而打不赢侵权官司或者被轻易无效掉的专利司空见惯,获取专利或商标专用权后因不缴年费或未及时变更等被视为放弃知识产权而后悔的事情也常常发生,对辛辛苦苦获取的知识产权而束之高阁不知如何运用的单位更是普遍存在。有些单位采购的设备、仪器、办公设备、软件因侵犯他人专利、商标或软件著作权等知识产权而被禁止使用或赔偿的也不在少数;因产品包装、广告宣传材料上使用了具有著作权或其他版权的文字或图案被告侵权的案例也很多；汽车等工业品外观方面侵犯他人工业品外观设计权的事件更是时有发生；也有企业在生产、销售或者在展会上、或者信息发布中泄露技术秘密或新设计，或者在展会上发生知识产权侵权而被要求赔偿或查扣物品、人员，或者合作或者委托开发时合同纠纷或知识产权权属纠纷的案例更是比比皆是。这些均是因知识产权管理不到位所造成的。老干妈泄密事件、王老吉商标之争、多家企业上市受阻、路虎与陆风的汽车外观设计纠纷及双方的外观设计专利均被无效的后果等，是不是警示我们必须要加强知识产权管理呢？

二、知识产权管理的主要内容

知识产权作为一种资本或资产，同时作为一种占领市场的武器，企业、高等学校和科研组织的知识产权管理工作的内容虽然不尽相同（具体参见相应的知识产权管理国家标准），但是总体上讲，知识产权管理工作离不开或主要是对"人、财、物（场地）、信息"的管理，整个管理过程中涉及各个经营管理环节的知识产权创造（包括技术创新）、保护、运用的管理。对于企业来说，涉及立项、研发、生产、销售、采购、广告宣传、信息发布等企业经营管理的全过程，高校和科研组织的知识产权管理也涉及所设立的各领域各学科，因此知识产权管理是全员管理，是从一把手（最高领导者）到全体人员的、全方位的管理过程。

有关人的管理，主要包括人力资源的管理以及激励奖惩制度的制定与执行，包括人员培训、人才招聘、入职调查、竞业禁止、保密管理、劳动合同、离职管理、知识产权权属管理、知识产权激励奖惩等。

有关知识产权的财务管理，主要是需要准备和保障充足的知识产权资金，并对资金的使用进行管理。这些资金，主要包括知识产权的获取和维护的费用、激励奖励资金、维权或者应当纠纷的准备金等。

关于物的管理，主要包括科研生产所使用的仪器、设备、办公设备、通信工具以及场地等的管理，以防止这些物品侵权或者泄密。

关于信息的管理，也涉及技术信息、市场商业信息、经济信息、政策法律信息、供应商及合作方信息、竞争对手及其知识产权等各种信息的收集和对内对外发布以及在经营管理的各环节进行利用、风险防控应对的管理。信息的管理是知识产权管理的重要特点。

企业、高等院校、科研组织、电商平台（或其他商业机构）的知识产权管理的具体内容可以参见我国已经发布的相应知识产权管理规范的国家标准。对于希望强化知识产权管理的主体，在学习制定执行相应《知识产权管理规范》的基础上，可以进一步完成管理体系的认证，以进一步提高管理意识、能力和水平。

知识产权管理工作及贯标，是利己但有可能不利他的行为，因为谁的知识产权管理水平高、能力强，谁运用知识产权这种资本和武器的能力就强，谁就能在市场活动中争占先机，处于有利地位。

三、知识产权管理国家标准及贯标

1. 知识产权管理国家标准

为了提高企业、高校、科研组织以及商业机构等各种创新主体或市场主体的知识产权意识和管理能力，国家知识产权局自2013年起先后发布了以下四项的知识产权管理国家标准：《企业知识产权管理规范》（GB/T 29490—2013）、《科研组织知识产权管理规范》（GB/T 33250—2016）、《高等学校知识产权管理规范》（GB/T 33251—2016）、《电子商务平台知识产权保护管理》（GB/T 39550—2020），这四份国家标准是由国家知识产权局、中国标准化研究院等单位共同起草制定，经由国家标准化管理委员会批准发布的推荐性国家标准。另外，中央军委装备发展部还发布了国家军用标准《装备承制单位知识产权管理要求》（GJB 9158—2017）。

我国推行贯标目的在于促进创新主体和市场主体建立一套知识产权工作的规范体系，认真贯彻落实《国家知识产权战略纲要》，加强对企业知识产权工作的引导，指导和帮助企业等创新和市场主体进一步强化知识产权创造、保护、管理和运用，增强自主创新能力，实现对知识产权的科学管理和战略运用，提高国际、国内市场竞争能力。

2. 知识产权管理贯标及体系认证

不同主体按照其对应的国家标准建立知识产权管理体系，在运行一段时间后，邀请有知识产权认证资质的第三方认证机构对自己的管理体系进行审核认证的过程，称为知识产权管理认证，在业内简称为"贯标"。当然，有能力的市场创新主体可以自行按照相应的《知识产权管理规范》建立并运行知识产权管理体系，也应该称为"贯标"。但目前我国大部分企业等创新主体还达不到这样的能力，这也是我国出台知识产权管理国家标准并鼓励认证的原因。

贯标的目的是促进市场创新主体进行规范的知识产权管理。贯标的过程是在规范地建立、运行知识产权管理制度并形成完整记录的基础上，再经过第三方认证机构对其管理体系进行审核认证的过程。企业等创新主体和市场主体，可以自行参照相应的《知识产权管理规范》建立知识产权管理制度并运行，建立和运行过程中要形成记录；必要的时候，可以聘请熟知知识产权管理的知识产权服务机构进行辅导，这样可以达到事半功倍的效果。

认证的过程包括两个审核阶段：第一阶段审核为文件审核（简称"文审"），第二阶段审核为现场审核。认证过程需要与认证机构签订认证服务合同，支付认证费用。整个认证的过程如下图所示。

在第一阶段"文审"中，创新主体需向认证公司提交一系列文审文件，包括认证申请书、营业执照等资质文件、知识产权管理手册、体系所包含的制度及程序文件和记录文件清单、内部审核和管理评审证明文件、专利/商标/著作权的知识产权明细清单等。如果文审合格，即进入第二阶段现场审核；如果文审不合格，则在改正后再进入第二阶段现场审核。

在第二阶段"现场审核"中，认证机构一般会派多名审核员赴现场进行审核。根据审核计划中列明的分工和时间，现场审核大体上分为三个步骤：首次会、分组审核、末次会。如果第二阶段现场审核合格，审核员将提交资料至

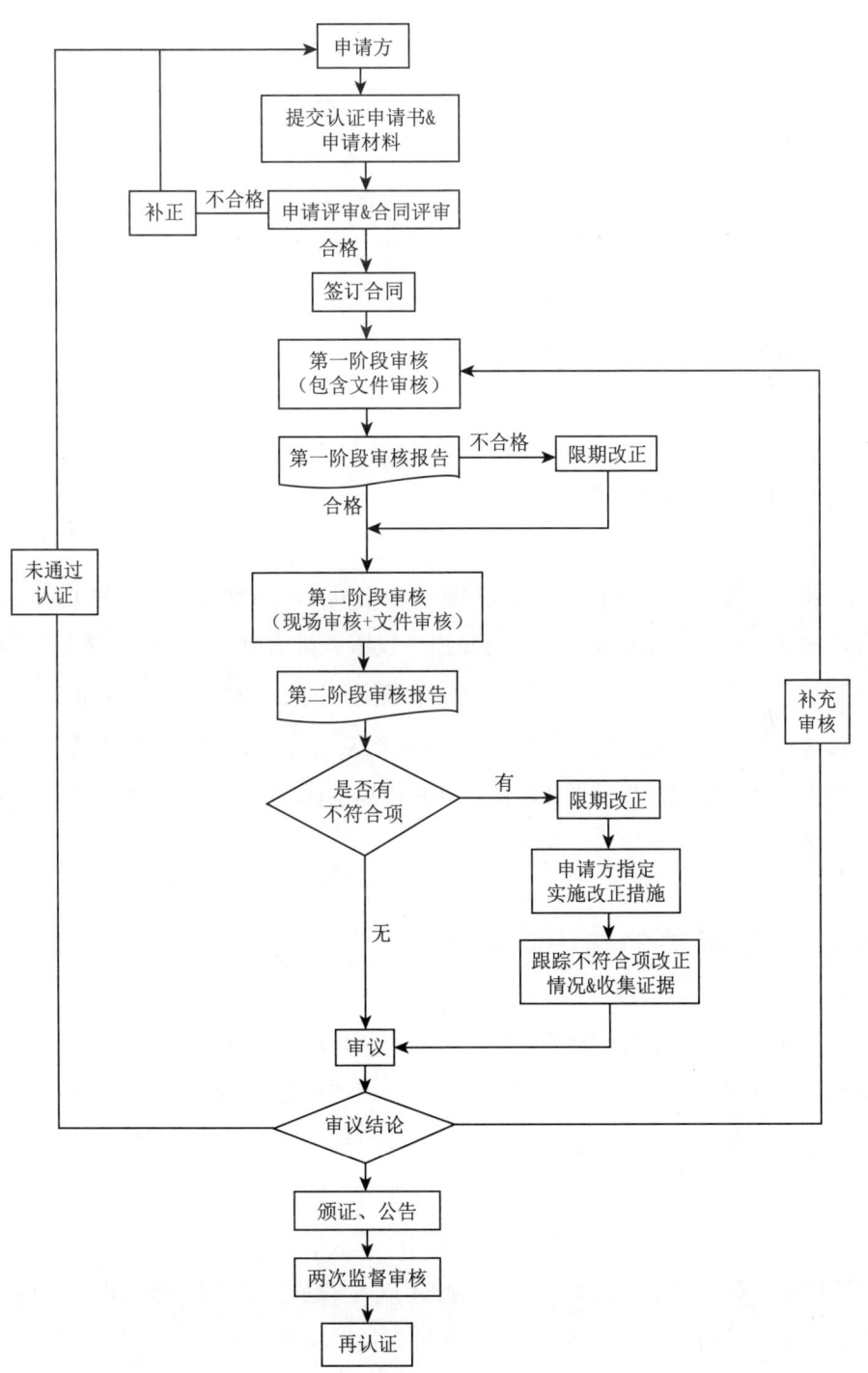

知识产权管理体系认证流程图

管理委员会审议，审议通过后即可颁证；如果审核后发现有不符合国家标准的不符合项，则需要认证主体（企业、科研组织或高校）改正，改正后认证公司提交资料至管理委员会审议，审议通过后即可颁证。要注意，现场审核时，仍然会对第一阶段已经提交过的文件进行审核。

知识产权管理体系认证证书的有效期为三年，第一年初次认证后，为了保持体系持续运行、维持证书有效，需要分别在第二、三年进行监督审核。在三年到期时，如果需要保持认证继续有效，需要进行再认证；再认证的有效期仍是三年。

四、知识产权托管

知识产权管理十分重要，因此很多企业、高等学校和科研组织为了保证知识产权管理的专业和有效，会委托知识产权服务机构对其知识产权进行管理，甚至与专业的知识产权服务机构签订常年顾问合同，这种合作称为知识产权管理托管（简称"托管"）。托管是中小企业经常选择的知识产权管理方式，对人员少、没有知识产权管理经验的创新和市场主体尤为重要。托管的内容见第八章第二节。

五、行政机关的知识产权管理

管理知识产权的行政机关，除国家知识产权局外，各省、市、县区均设有知识产权管理机关，负责本行政区域内的知识产权管理工作，包括知识产权创造、运用、保护、管理与服务全流程，不同级别的知识产权管理机关的职权不尽相同。社会公众在遇到知识产权相关问题时，除可以向知识产权服务机构咨询外，也可以向行政机关知识产权管理部门寻求帮助。

国家、省、市和县级知识产权管理部门对应设有知识产权相关司、处、科/股。市级以上知识产权管理部门可以受理知识产权维权援助、知识产权行政处理相关的事务，或对专利代理机构和商标代理机构进行管理。

县级以上的知识产权管理机关可以查处假冒专利、假冒注册商标等知识产权违法行为。

（1）关于假冒专利的查处和专利侵权纠纷的处理

假冒专利是指将不是专利的产品说成是专利产品。分成两种情况，第一种是假冒他人的专利，这种行为，除受行政处罚外，还应附带民事赔偿。第二种是将没有专利保护的产品称为是专利产品，如将自己的产品标识上专利号，冒充产品有专利保护；或将已经不是专利（如专利权已经失效或者过期）的产品还标注成是专利产品。对第二种情况行政机关发现后应主动查处。

《专利法》第六十八条规定，假冒专利的，除依法承担民事责任外，由负责专利执法的部门责令改正并予公告，没收违法所得，可以处违法所得五倍以下的罚款；没有违法所得或者违法所得在五万元以下的，可以处二十五万元以下的罚款；构成犯罪的，依法追究刑事责任。

《专利法》第六十九条规定，负责专利执法的部门根据已经取得的证据，对涉嫌假冒专利行为进行查处时，有权采取下列措施：

①询问有关当事人，调查与涉嫌违法行为有关的情况；

②对当事人涉嫌违法行为的场所实施现场检查；

③查阅、复制与涉嫌违法行为有关的合同、发票、账簿以及其他有关资料；

④检查与涉嫌违法行为有关的产品；

⑤对有证据证明是假冒专利的产品，可以查封或者扣押。

管理专利工作的部门在应专利权人或者利害关系人的请求处理专利侵权纠纷时，可以采取前述第①、②、④项所列措施。

负责专利执法的部门、管理专利工作的部门依法行使查处假冒专利或者处理专利侵权纠纷时，当事人应当予以协助、配合，不得拒绝、阻挠。处理专利侵权纠纷的职权一般是市级以上知识产权管理部门。

（2）查处假冒注册商标

我国《商标法》规定，知识产权管理机关可以对假冒注册商标或侵犯商标专有权的行为进行处理。关于对侵犯注册商标专用权行为的处理请参见第四章第二节"11. 商标侵权纠纷及解决方式"。

假冒商标可以分为两种，一种是将不是注册商标说成是注册商标的，第二种是假冒他人的注册商标。

对于第一种情形，往往是商标使用人在还没有取得商标注册的情况下，即说自己是注册商标，这种情形危害较小，也不会太多地影响同行或者消费者。但是《商标法》第五十二条规定，将未注册商标冒充注册商标使用的，或者使用未注册商标违反本法第十条规定的（将不得作为商标使用的标志做商标使用），由地方工商行政管理部门予以制止，限期改正，并可以予以通报，违法经营额五万元以上的，可以处违法经营额百分之二十以下的罚款，没有违法经营额或者违法经营额不足五万元的，可以处一万元以下的罚款。因此对将未注册商标标记成注册商标，经制止或通报而不改的，尤其是将国家、国际组织、官方标志（如地标）、红十字红新月、带欺骗性或有害社会公德等标志作为商标使用的，可以罚款。

对于第二种假冒侵犯他人注册商标的行为，一般是指未经商标注册人许可，在同一种商品上使用与其注册商标相同的商标。不管注册商标持有人是否请求处理，工商行政管理部门均可以进行查处，对涉嫌犯罪的，应当及时移送司法机关；对商标权属存在争议或者权利人同时向人民法院提起商标侵权诉讼的，工商行政管理部门可以中止案件的查处。中止原因消除后，应当恢复或者终结案件查处程序。

对在商品或包装上使用驰名商标字样，或在广告宣传、展览及其他商业活动中使用驰名商标的，地方工商行政管理部门责令改正，处十万元罚款。

对于伪造、擅自制造他人注册商标标识或者销售伪造、擅自制造的注册商标标识，构成犯罪的，除赔偿被侵权人的损失外，可以依法追究刑事责任。

假冒注册商标的商品不得在仅去除假冒注册商标后进入商业渠道。对属于假冒注册商标的商品，人民法院可以应权利人请求，责令销毁。对主要用于制造假冒注册商标的商品的材料、工具，责令销毁，且不予补偿；或者在特殊情况下，责令禁止前述材料、工具进入商业渠道，且不予补偿。

对于销售明知是假冒注册商标商品的，构成犯罪的，除赔偿被侵权人的损失外，依法追究刑事责任。

《商标法》第六十二条规定，县级以上工商行政管理部门根据已经取得的违法嫌疑证据或者举报，对涉嫌侵犯他人注册商标专用权的行为进行查处时，可以行使下列职权，当事人应当予以协助、配合，不得拒绝、阻挠：

①询问有关当事人，调查与侵犯他人注册商标专用权有关的情况；

②查阅、复制当事人与侵权活动有关的合同、发票、账簿以及其他有关资料；

③对当事人涉嫌从事侵犯他人注册商标专用权活动的场所实施现场检查；

④检查与侵权活动有关的物品；对有证据证明是侵犯他人注册商标专用权的物品，可以查封或者扣押。

(3) 对商标代理机构的管理

商标代理机构有下列行为之一的，由工商行政管理部门责令限期改正，给予警告，处一万元以上十万元以下的罚款；对直接负责的主管人员和其他直接责任人员给予警告，处五千元以上五万元以下的罚款；构成犯罪的，依法追究刑事责任：

①办理商标事宜过程中，伪造、变造或者使用伪造、变造的法律文件、印章、签名的；

②以诋毁其他商标代理机构等手段招徕商标代理业务或者以其他不正当手段扰乱商标代理市场秩序的；

③违反商标法规定，代理不以使用目的而注册商标的、以自己名义注册被代理人商标或他人商标的、抢注他人在先权利或商标的以及以商标代理机构名义注册不属于商标代理服务类别商标的。

商标代理机构有前款规定行为的，由工商行政管理部门记入信用档案；情节严重的，商标局、商标评审委员会并可以决定停止受理其办理商标代理业务，予以公告。

商标代理机构违反诚实信用原则，侵害委托人合法利益的，应当依法承担民事责任，并由商标代理行业组织按照章程规定予以惩戒。

对恶意申请商标注册的，根据情节给予警告、罚款等行政处罚；对恶意提起商标诉讼的,由人民法院依法给予处罚。

　　工商行政管理部门应当建立健全内部监督制度,对负责商标注册、管理和复审工作的国家机关工作人员执行法律、行政法规和遵守纪律的情况,进行监督检查。

第八章 知识产权服务

一、服务主体介绍

知识产权是市场经济的产物，是开拓巩固市场的有力工具，在我国知识产权强国战略的大背景下，知识产权服务包括政府机构的公共服务、TISC 等公益组织的服务、知识产权服务机构的商业服务等。

1. 行政机关

我国的知识产权行政机关有国家知识产权局、国家版权局、农业农村部、国家市场监督管理总局等，及这些部局在地方设立的行政管理部门。

例如，河北省市场监督管理局河北省知识产权局目前设有四个相关处室：知识产权保护处、知识产权运用促进处、知识产权公共服务处、知识产权管理处。

知识产权保护处：承担知识产权保护体系建设相关工作。组织实施商标、专利侵权判断标准及保护执法的检验、鉴定和其他相关标准。承担原产地地理标志、集成电路布图设计、特殊标志和奥林匹克标志、世界博览会标志等官方标志相关保护工作。承担对商标、专利等执法工作的业务指导，负责知识产权争议处理、纠纷调处工作，指导维权援助工作。

知识产权运用促进处：拟订和实施促进知识产权创造运用的政策措施。承担指导和规范知识产权无形资产评估工作。拟订规范知识产权交易的政策措施、办法。拟订和组织实施知识产权服务体系发展与监管的政策措施。负责专利资助及评奖等工作。

知识产权公共服务处：组织实施全省知识产权信息公共服务体系和信息化建设，承担知识产权信息加工标准实施相关工作。承担商标、专利等知识产权信息的传播利用相关工作。承担知识产权统计调查分析发布工作。对专利事务所、商标事务所等知识产权服务机构进行监管。

知识产权管理处（知识产权代办处）：组织实施知识产权战略，拟订建设知识产权强省的相关政策措施。组织开展知识产权风险预测预警工作。组织实施商标、专利、原产地地理标志、集成电路布图设计审查政策和授权确权判断标准。组织驰名商标推荐。办理商标专利质押登记和转让许可备案管理等有关工作。承担专利申请文件的受理，专利费用减缓请求的审批，专利优先审查推荐。负责对非正常专利申请等行为的信用监管。承担国家知识产权局和京津冀知识产权合作任务。承担省知识产权战略实施工作领导小组办公室日常工作。

2. 公益服务机构

公益服务是指 TISC、高校信息服务中心、信息服务网点以及一些其他政府机关或行业组织等提供的知识产权及信息服务。

信息服务网点或站点是国家或省、地市设立的知识产权服务点，它们为公众提供信息检索分析和利用的服务，高校信息服务中心是国家或某些省市设立的知识产权信息服务机构。

TISC 是 Technology and Innovation Support Center（技术与创新支持中心）的英文缩写，是由国家知识产权局和世界知识产权组织共同授牌成立的支持创新用户、知识产权用户和市场主体进行技术与创新的公益服务机构。

3. 技术与创新支持中心（TISC）

3.1 （众志华清）TISC 服务职能

（1）基本服务

①信息资源服务：为用户提供专利和非专利（科学技术）信息资源。

②检索服务：为用户提供技术信息数据检索服务，包括对免费或商业专利数据库检索、免费或商业科技杂志（非专利文献）数据库检索等。

③咨询服务：为用户提供专业技术答复咨询，通过电话咨询、在线咨询、服务窗口咨询等多种渠道为客户提供专利、商标等信息方面的咨询服务。

（2）高级服务

①培训服务：举办面向企业员工及用户的培训，培训内容包括但不限于专利挖掘与布局、专利检索技能、专利撰写、专利信息分析利用、企业知识产权管理、知识产权运营等。

②视需求的检索服务：向有需求的用户提供高级检索服务，包括但不限于新颖性、创造性，现有技术以及专利侵权状况等检索服务。

③技术指引：向有需求的用户提供技术分析报告。报告内容包括但不限于现有科技文献及相关知识产权信息、技术发展状况分析、研发策略和研究内容调整建议、专利态势分析、知识产权活动的审查和风险规避等。

④竞争者监测：向有需求的用户提供专利风险评估报告和专利侵权分析报告、上市、展会宣传等风险分析报告等。

⑤专利信息分析（导航）服务：针对客户需求或行业发展需要，提供从立项、研发、生产、采购、销售到行业发展态势专利信息分析服务等。

（3）增值服务

①特色资源数据库建设，围绕用户的需求，结合当地特色，建设企业专利专题数据库和产业专题专利数据库，提供专利文献检索与预警服务。已初步建立涉及医药、纺织以及电子等领域的技术数据库。

②与政府部门、科研院所、高等院校等开展合作，联合举办研讨会或培训

班，为创新主体、市场主体、知识产权法务工作者等提供专业培训、解读及专题讨论。

③出版技术类相关刊物或内部动态，包括电子版出版物和纸质版出版物。

3.2 （众志华清）TISC 取得的成就

TISC 在知识产权信息公共服务体系建设中发挥了重要的作用，有效支撑了知识产权信息公共服务体系建设。TISC 机构充分利用知识产权信息资源和人才优势，向创新主体提供便捷、优质的知识产权信息服务，为提升我国知识产权信息公共服务的便利化和可及性、提高知识产权信息的传播利用效能提供了重要支撑。

（1）持续加强知识产权基础服务供给，为创新主体提供创新所需的基本服务保障。各类 TISC 机构借助自身丰富的数据资源和人才优势，通过向创新主体提供信息资源、基础检索、咨询等各类基础性公益服务，有效降低了社会公众和高校、科研组织、企业（尤其是中小微企业）等各类创新主体获取优质知识产权基础服务的门槛和创新成本，同时，通过广泛开展公益性培训，有力推动了大众知识产权意识的普及和创新技能的提升，为提升社会知识产权软实力提供了有力保障。

（2）积极发挥优势特色，助力科研攻关和高质量创新。TISC 机构充分依托自身特色优势，积极融入高校、企业、科研院所等创新主体的研发和创新过程，结合不同类型创新主体的各类需求，通过开展特定检索、技术监测和竞争者监测、预警导航、分析评议等各项服务，为高校科研攻关、企业研发创新、重点产业发展等提供了高质量知识产权信息服务支撑，有效缩短了创新周期，极大提升了科技创新的质量和效率，有力支撑高质量创新发展。

（3）着眼区域发展需求，服务地方经济高质量发展。TISC 机构扎根地方、服务地方，结合自身服务能力，深入挖掘区域发展和产业需求，通过建设产业专题数据库、开展专业培训、进行专题研究等为政府创新决策、产业转型升级和区域创新发展提供高质量的创新和智力支持，有效助推地方经济高质量发展。

4. 专业知识产权服务机构

知识产权服务机构，一般是指商业的服务机构，如专利事务所（或称为专利代理机构）、商标事务所、评估所以及提供专利商标等数据库及检索分析软件服务的公司等。知识产权服务一般是指对专利、商标、版权、著作权、软件、集成电路布图设计等的代理、维权、转让、登记、鉴定、评估、认证、培训、信息分析等活动。知识产权服务尤其是专利代理服务是一项既包含法律服务，又包含专业技术服务的特殊服务。

办理专利、商标等知识产权事务的当事人，可以有两种办理途径，一是自行办理，二是委托代理机构办理。委托代理机构办理的，专利事务应当委托专利代理机构，商标事务应当委托商标代理机构。大部分专利代理机构同时具有商标代理资质，但是商标代理机构往往没有专利代理资质。一个服务机构有没有相应资质，不依据其工商营业执照的经营范围，而应该依据其是否获得国家知识产权局的行政许可，查验相应资质。要想做好专利、商标等知识产权事务，建议当事人还是委托专利代理机构和商标代理机构等专业的知识产权服务机构。

4.1 专利代理机构及专利代理师和专利诉讼代理人

专利代理机构是专门为创新主体、市场主体及其他专利用户提供专利申请、复审、无效、专利维权及解决其他纠纷的代理服务机构。专利代理机构的组成主体是专利代理师。专利代理师是取得执业资格、代理他人进行专利申请和办理其他专利事务的人，在国外称为专利律师。专利代理是依靠专利代理师的能力为委托人提供专利事务服务，因此专利代理机构的服务理念和专利代理师的能力和水平，决定着服务质量的高低，或者说所获得的专利权资本和武器的威力大小。

专利代理机构和专利代理师执业应当遵守法律、行政法规，恪守职业道德、执业纪律，维护委托人的合法权益，严格遵守《专利法》《专利法实施细则》《专利代理条例》《专利代理管理办法》《专利代理职业道德与执业纪律规范》等相关法律法规的要求。专利代理机构和专利代理师依法执业受法律保护。

《专利代理条例》规定，专利代理机构和专利代理师不得以自己的名义申请专利或者请求宣告专利权无效。

4.1.1 专利代理师和专利诉讼代理人

（1）专利代理师

专利代理师（有时简称专利师）既是自然科学工程技术人员，也是法律从业人员（律师），一般需在具有科技一线技术工作经验的基础上，再在专利代理机构学习实践，然后还需要考取专利代理师资格，然后再在专利代理机构进行执业实习满1年，方可在一家固定的专利代理机构执业。

参加专利代理师资格考试，需符合以下基本报名条件：

①具有完全民事行为能力；

②取得国家承认的理工科大专以上学历，并获得毕业证书或者学位证书。

有下列情形之一的，不得报名参加考试：

①因故意犯罪受过刑事处罚，自刑罚执行完毕之日起未满三年；

②受吊销专利代理师资格证的处罚，自处罚决定之日起未满三年。

专利代理师执业应当符合下列条件：

①具有完全民事行为能力；

②取得专利代理师资格证；

③在专利代理机构实习满一年，但具有律师执业经历或者三年以上专利审查经历的人员除外；

④与专利代理机构签订劳动合同，或者在专利代理机构担任合伙人、股东；

⑤能够专职从事专利代理业务。

专利代理师的主要工作是为他人代理专利申请、无效、诉讼以及办理其他专利事务。专利申请文件的质量优劣、保护范围大小、权利稳定性等均依赖于专利代理师的工作水平，同时也取决于发明人与专利代理师的沟通是否密切、顺畅。

根据《专利代理条例》的规定，专利代理师应当根据专利代理机构的指派承办专利代理业务,不得自行接受委托。专利代理师只能在一家专利所工作,不得同时在两个以上专利代理机构从事专利代理业务。

专利代理师对其签名办理的专利代理业务负责。对于非经本人办理的专利事务,专利代理师有权拒绝在相关法律文件上签名。专利代理师因专利代理质量等原因给委托人、第三人利益造成损失或者损害社会公共利益的,省、自治区、直辖市人民政府管理专利工作的部门可以对签名的专利代理师予以警告。

专利代理师有下列行为之一的,由省、自治区、直辖市人民政府管理专利工作的部门责令限期改正,予以警告,可以处5万元以下的罚款;情节严重或者逾期未改正的,由国务院专利行政部门(国家知识产权局)责令停止承办新的专利代理业务6个月至12个月,直至吊销专利代理师资格证:

①未依照《专利代理条例》规定进行备案;
②自行接受委托办理专利代理业务;
③同时在两个以上专利代理机构从事专利代理业务;
④违反《专利代理条例》规定对其审查、审理或者处理过的专利申请或专利案件进行代理;
⑤泄露委托人的发明创造内容,或者以自己的名义申请专利或请求宣告专利权无效。

专利代理师在执业过程中泄露委托人的发明创造内容,涉及泄露国家秘密、侵犯商业秘密的,或者向有关行政、司法机关的工作人员行贿,提供虚假证据的,除依照有关法律、行政法规的规定承担法律责任外,国务院专利行政部门将吊销其专利代理师资格证。

(2) 专利诉讼代理人

专利诉讼代理人是指能够直接出庭参与专利诉讼业务的专利代理师。

专利师工作达到一定年限、业务水平较高时,可以开始参与专利无效事务的代理。在被认定为专利诉讼代理人之前,还不能直接参与法院的专利诉讼事务的出庭程序,即不能作为专利诉讼代理人直接出庭。专利师在执业达到一定执业年限后，在没有被认定为专利诉讼代理人之前，若需代理专利诉讼业务，需要经中华全国专利代理师协会推荐，持有协会出具的推荐函方能代理出庭。

专利诉讼代理人分为两种：一种是只能代理行政诉讼业务的专利行政诉讼代理人，也就是说专利行政诉讼代理人只能参与对国家知识产权局等行政机关提起诉讼的代理，而不能参与民事诉讼的其他代理事务；第二种是专利民事诉讼代理人，这种专利诉讼代理人能够参与任何与专利事务有关的专利诉讼代理，包括专利行政诉讼代理人可以参与的行政诉讼，他们可以直接参与专利权无效宣告、专利侵权诉讼以及其他专利纠纷的代理和出庭。取得相应资格后，在参与相应事务的代理时，不再需要中华全国专利代理师协会出具推荐函，可以直接出庭代理。取得专利诉讼代理人资格的专利师的姓名、执业单位、执业号、代理诉讼案件的类型等，不但在中华全国专利代理师协会的网站中会有公示，而且在包括最高人民法院在内的法院系统内也有备案。

需要说明的是，专利诉讼代理人一般只是限定或无资格在法院诉讼程序中的出庭代理，并不限定协助专利诉讼代理人参与庭外的专利诉讼事务的文案准备（如准备诉状、递交诉讼、准备庭审材料等）工作，也就是说他们无代理的签字权，也没资格出庭，所有文件签字权必须是具有相应资格的专利代理师。而对于专利权无效宣告事务，任何执业专利代理师均可代理，并不限定必须是专利诉讼代理人。

4.1.2 专利代理机构

专利代理机构执业受国家法律法规保护和严格限制。有能力从事专利代理业务的服务机构，应当向国务院专利行政部门提出申请，提交有关材料，并在取得"专利代理机构执业许可证"后方可开展专利代理业务。专利代理机构是否已获得许可证，可从国家知识产权局专利代理信息公示系统查询。

专利代理机构执业许可证样式

目前我国的专利代理机构的组织形式有合伙制企业、有限责任公司两种。在国际上通行的专利代理机构均是合伙制，专利代理机构的行政许可机关一般也希望成立合伙制企业。

合伙企业形式的专利代理机构（即专利事务所）申请办理执业许可证的，应当具备下列条件：

①有符合法律、行政法规和《专利代理管理办法》第十四条规定的专利代理机构名称；

②有书面合伙协议；

③有独立的经营场所；

④有两名以上合伙人；

⑤合伙人具有专利代理师资格证，并有两年以上专利代理师执业经历。

有限责任公司形式的专利代理机构申请办理执业许可证的，应当具备下列条件：

①有符合法律、行政法规和《专利代理管理办法》第十四条规定的专利代理机构名称；

②有书面公司章程；

③有独立的经营场所；

④有五名以上股东；

⑤公司法定代表人以及五分之四以上股东必须具有专利代理师资格证，并有两年以上专利代理师执业经历。

律师事务所也可以申请办理执业许可证，律师事务所申请办理执业许可证时应当具备的条件为：

①有独立的经营场所；

②有两名以上合伙人或者专职律师具有专利代理师资格证。

专利代理机构取得执业许可证后，因情况变化不再符合《专利代理条例》规定条件的，由国务院专利行政部门责令限期整改；逾期未改正或者整改不合格的，撤销执业许可证。

对于专利申请、复审、宣告专利权无效、转让专利申请权或者专利权以及订立专利实施许可合同、专利诉讼、专利咨询、知识产权培训、知识产权管理等知识产权事务，只有专利代理机构才能接受委托，专利代理机构接收委托人的委托后，应该指派专利师完成委托任务，专利代理师不能直接接受委托。

专利代理机构的人员主体是专利代理师，但专利代理机构的人员中，除专利代理师之外，还有流程管理人员以及其他助理人员。正常的专利代理机构的专利代理师和其他人员的比例一般应为1:2，即一个专利代理师一般需要配备两个辅助人员。

专利代理机构有下列行为之一的，由省、自治区、直辖市人民政府管理专利工作的部门责令限期改正，予以警告，可以处10万元以下的罚款；情节严重或者逾期未改正的，由国务院专利行政部门责令停止承接新的专利代理业务6个月至12个月，直至吊销专利代理机构执业许可证：

①合伙人、股东或者法定代表人等事项发生变化未办理变更手续。

②就同一专利申请或者专利权的事务接受有利益冲突的其他当事人的委托。

③指派专利代理师承办与其本人或者其近亲属有利益冲突的专利代理业务。

④泄露委托人的发明创造内容，或者以自己的名义申请专利或请求宣告专利权无效。

⑤疏于管理，造成严重后果。

专利代理机构在执业过程中泄露委托人的发明创造内容，涉及泄露国家秘密、侵犯商业秘密的，或者向有关行政、司法机关的工作人员行贿，提供虚假证据的，依照有关法律、行政法规的规定承担法律责任；由国务院专利行政部门吊销专利代理机构执业许可证。

《专利代理管理办法》第三十八条规定，专利代理机构有下列情形之一的，按照国家有关规定列入严重违法失信名单：

①被列入经营异常名录满三年仍未履行相关义务；

②受到责令停止承接新的专利代理业务、吊销专利代理机构执业许可证的专利代理行政处罚。

在专利代理的过程中，发生风险责任时，专利代理机构对外承担法律责任，专利代理机构在承担法律责任后，可以向相关有责任的专利代理师追偿。

4.1.3 专利代理机构能够提供的服务

一般专利专利代理机构能够提供的服务主要有：

信息分析利用服务：如检索分析、专题数据库建设、预警分析、导航分析，TISC 机构还可以提供某些免费的技术与科技创新的支持服务；

代理服务与法律服务：如申请、注册、登记、维权援助、诉讼、专利复审、专利无效、公众意见等；

运用转化服务：如专利价值评估、转移转化、质押融资；

知识产权管理服务：如知识产权托管、贯标辅导、知识产权顾问、知识产权战略布局等服务；

以及知识产权培训服务。

4.2 商标代理机构

商标法所称商标代理机构，包括经工商行政管理部门登记从事商标代理业务的服务机构和从事商标代理业务的律师事务所。商标代理机构从事商标局、商标评审委员会主管的商标事务的代理前，应当向国家知识产权局商标局备案。已经备案的商标代理机构，可以在中国商标网网站的商标代理栏目查询。

商标代理机构可以办理下列商标业务：

代理商标注册申请、变更、续展、转让、补证、质押、许可合同备案、异议、注销、撤销等商标事宜；其中，商标代理机构代理商标注册申请应当包括代理提交商标注册申请书，领取补正、受理、不予受理、驳回、异议答辩等通知书，领取商标注册证，以及办理其他与该商标注册申请有关的事宜；

代理商标驳回复审、异议复审、撤销复审及商标争议案件；

进行商标案件证据调查，代理商标侵权投诉案件；

提供商标法律咨询，担任商标法律顾问；

代理商标行政复议、诉讼案件；

代理参加商标纠纷调解、合同仲裁等活动；

代理商标马德里国际注册有关事宜；

代理驰名商标的认定及相关事宜；

代理其他商标事宜。

4.3 数据资源提供机构

4.3.1 官方机构

专利基础数据资源是由各国家、地区或组织的知识产权机构提供的未经加工和处理的专利数据资源，各国家、地区的知识产权组织官方机构是专利基础数据资源的提供机构，如中国国家知识产权局、美国专利商标局、欧洲专利局、欧盟知识产权局、日本工业所有权情报研究馆、韩国专利信息研究院。

（1）中国国家知识产权局

中国国家知识产权局通过"专利数据服务试验系统""国家专利数据中心""区域专利信息服务中心""地方专利信息服务中心"等为社会公众提供中国专利基础数据资源。

（2）美国专利商标局

美国专利商标局通过网站向公众提供美国已授权的专利和发布的专利申请数据，例如：专利授权数据库（PatFT）、专利申请公布数据库（AppFT）、专利公报数据库（OG）、专利权转移数据库（PAD）、专利申请信息查询系统（PAIR）和专利分类检索数据库等。

(3) 欧洲专利局

欧洲专利局通过其网站的开发数据平台提供一站式专利信息数据产品和服务，以方便公众和用户查找、浏览、订购等方式应用专利信息，其 Espacenetz 专利检索系统提供三个数据库：1）worldwide 数据库：收录超过 90 多个国家和地区公布的专利文献信息；2）EP 数据库：提供欧洲专利局公布的专利申请；3）WIPO 数据库：提供世界知识产权局组织公布的专利申请。

(4) 欧盟知识产权局

欧盟外观设计又称为"共同体外观设计"（Community Design），2016 年 3 月，欧盟内部市场协调局（OHIM）正式更名为欧盟知识产权局（EUIPO），负责处理注册制共同体外观设计 RCD（Registered Community Design）的注册及相关事务。公众可通过欧盟知识产权局（EUIPO）网址 https：//euipo.europa.eu/ohimportal/en/home 进入欧盟外观设计信息检索系统。

(5) 日本工业所有权情报研究馆

日本工业所有权情报研究馆（INPIT）开发的信息服务平台（J-PlatPat）为公众提供工业产权信息检索服务，INPIT 还为企业和公众提供付费的个性化增值信息服务。例如，INPIT 将日本专利局的日文审查法律状态数据标准化处理成 XML 格式的数据，公众只需支付很少的费用就可以获取该数据。

(6) 韩国专利信息研究院

韩国知识产权局指定韩国专利信息研究院（KIPI）提供知识产权电子数据的商业化服务。KIPI 仅向主要国家/海外专利信息服务机构提供专利信息数据。KIPI 开发的 KIPRIS 系统为用户提供韩国专利文献检索，可以检索韩国发明、实用新型、外观设计专利申请的著录项目、说明书全文、法律状态等。

4.3.2 社会服务机构

基于各国、地区专利制度的差异和发展程度的不同，使得专利数据资源体现了如下特点：数据量大、文献种类多、格式多，而且在基本格式、记录方式、数据质量、存储载体、更新周期等方面存在较大差异。为此，对各国、地区的专利基础数据资源进行统一整理、处理或挖掘，进而更有利于用户对专利数据信息进行检索、分析，成为专利数据社会服务机构的重要工作内容。

汤森路透（Thomson Reuters）是由加拿大汤姆森公司（The Thomson Corporation）与英国路透集团（Reuters Group PLC）合并组成的商务和专业智能信息提供商，旗下拥有 Thomson Innovation、Delphion、Derwent World Patents Index、Dialog Pro 等专利信息数据库。

德国 FIZ Karlsruhe 公司运营的 STN 系统（Scientific & Technical Information Network）用户群体为中小企业、学术研究人员和专业检索人员，辅助数据分析工具包括 STN AnaVist 和 STN Viewer。

Minesoft and RWS Holdings 公司的 PatBase 系统适合企业检索用户及经常进行深度检索的用户，其 TotalPatent 系统的定位为信息领域专家和终端用户。

IP.com 公司的 IP.com Prior Art Database 适于信息服务和技术研发领域的高端用户，以及企业技术人员和发明爱好者。

在新加坡创立的智慧芽是一家科技创新信息服务商，其深度融合全球 1.7 亿件专利和 1.5 亿科技数据，核心产品包括专利数据库（融合专利阅读、监控、协同和分析功能）和知识产权管理系统（专注知识产权全生命周期管理）。

其他专利数据社会服务机构包括 Patentics、incopat、innojoy、baiten 等。

4.4 评估机构

知识产权评估是指知识产权评估机构的注册资产评估师依据相关法律、法规和资产评估准则，对知识产权评估对象在评估基准日特定目的下的知识产权价值进行分析、估算并发表专业意见的行为和过程。知识产权评估中所涉及的知识产权内容比较多，一般主要对商标权、专利权、著作权等常见的知识产权进行知识产权评估。

知识产权价值评估在企业质押贷款、出资入股及知识产权对外转让、许可等过程中具有重要作用。与固定资产相比，作为典型的无形资产，知识产权的价值影响因素较多，包括技术价值、法律价值、经济价值、市场价值、战略价值等，其评估难度较大，评估方法和结果的权威性和普适性较低。

5. 打击"黑代理"

《专利法》《专利代理条例》《专利代理管理办法》等专利法规以及商标法规都对专利代理和商标代理进行了规定，委托代理机构的应该签订委托书，不属于专利代理机构或者商标代理机构的，不能接受委托，否则要受到行政和经济处罚。对于专利复审或无效的口审、与审查员会晤，知识产权纠纷的司法和行政处理等代理，除专业的专利代理机构或商标代理机构外，只有当事人的本人（当事人是单位的指本单位在职人员）、或当事人的近亲属等可以代理出庭，取消了一般公民的代理。因此要想办理专利、商标等知识产权事务，专利代理机构和商标代理机构是专业的知识产权服务机构，不要找没有资质的代理机构。否则，因代理而对当事人带来的风险或造成的损失，将无法挽回。

《专利代理条例》第二十七条规定，对违反本条例规定擅自开展专利代理业务的机构（俗称"黑代理"），由省、自治区、直辖市人民政府管理专利工作的部门责令停止违法行为，没收违法所得，并处违法所得1倍以上5倍以下的罚款。

有下列情形之一的，属于《专利代理条例》第二十七条规定的"擅自开展专利代理业务"的违法行为：

①通过租用、借用等方式利用他人资质开展专利代理业务；

②未取得专利代理机构执业许可证或者不符合专利代理师执业条件，擅自代理专利申请、宣告专利权无效等相关业务，或者以专利代理机构、专利代理师的名义招揽业务；

③专利代理机构执业许可证或者专利代理师资格证被撤销或者吊销后，擅自代理专利申请、宣告专利权无效等相关业务，或者以专利代理机构、专利代理师的名义招揽业务。

专利代理工作是技术和法律的结合，专利代理师既要熟练掌握法律知识，也要熟悉本领域甚至其他领域的自然科学技术，并且专利代理能力不是仅学习或读书就能获得的，而是需要经过长期的实践和思考，专利代理师需要的往往是经验。因此，从国际国内的专利师的执业经历看，一位专利师从进入专利事务所开始到能够独立执业，在导师的带领下，一般也需要三四年的学习、被指导时间；而成为较全面的专利师，一般需要十年时间。而"黑代理"往往没有执业经验，仅仅是看到了专利申请文件的形式，他们对专利申请文件内涵不清楚，以为撰写专利申请文件符合格式要求即可，所以他们往往把专利代理称为"代办"或"注册"等。他们是以赚取利益为第一目的，不会对质量和未来的市场保护负责。"黑代理"会严重损害委托人的利益，他们代为申请的专利，很多被列为非正常申请，即使发明人的技术有创新，他们也没有能力保证专利文件质量和代理质量，即使专利申请获得授权，也肯定不能很好地保护技术创新，或者专利的保护点不正确，保护范围很小，使专利丧失防止侵权、保护开拓市场的作用，甚至还可能造成不能授权、授权后被轻易无效掉等权利丧失的风险，使委托人无法通过知识产权运用在市场中获益。

《专利代理管理办法》第四十六条规定了任何单位或者个人认为专利代理机构、专利代理师的执业活动违反专利代理管理的有关法律、行政法规、部门规章规定，或者认为存在擅自开展专利代理业务情形的，可以向省、自治区、直辖市人民政府管理专利工作的部门投诉和举报。相关部门收到投诉和举报后，应当依据市场监督管理投诉举报处理办法、行政处罚程序等有关规定进行调查处理。《专利代理管理办法》另有规定的除外。

近年来，国家不断加大对非正常专利申请的打击力度，大部分非正常专利申请均是黑代理所为，正规的负责任的专利事务所出现非正常的情况很少。事实上，出现非正常专利申请现象的根本原因在于申请人对于专利价值的理解不正确，即申请专利的目的问题。一些专利申请之初的目的在于晋升职称、领取政府奖励、申报政府项目，而并非对自身智力成果的保护，寻找黑代理为其申请专利往往也是贪图价格便宜。但是在被列为非正常专利申请时，不但会丧失钱财，而且还会影响申请人的声誉信誉。

二、基础知识产权事务

（1）专利申请

专利是对应的权利人在有效的时期内对其技术创新享有的专属市场垄断的

权利。专利能够更好地保护专利权人的利益，并且随着时代的发展，专利制度也在不断地完善当中。

申请专利能够通过保护自己的发明创造不被他人仿冒和侵犯，从而独占新技术及新产品的市场，获得相应的经济利益（如通过生产销售专利产品、转让专利技术、专利实施许可、专利入股等方式获利）。而没有专利保护的技术一旦公开或者泄密，合法取得技术秘密的任何单位或者个人都可以无偿使用。因此市场主体和创新主体在形成技术创新后，及时申请专利特别重要。

（2）商标注册

商标注册是获得商标专用权的法定程序。自然人、法人或者其他组织在生产经营活动中，对其商品或者服务需要取得商标专用权的，应当申请商标注册。经核准注册的商标为注册商标，商标注册人享有商标专用权，受法律保护。商标专用权以核定注册的商标和核定使用的商品或者服务为限。注册商标包括商品商标、服务商标和集体商标、证明商标。可以申请商标的标志有文字、图形、字母、数字、三位标志、颜色组合和声音。

法律、行政法规规定必须使用注册商标的商品，必须申请商标注册，未经核准注册的不得在市场销售。我国目前必须使用注册商标的商品是烟草制品。

（3）专利导航

专利导航是专利信息分析的一种，是以专利数据为核心，并深度融合各类数据资源，形成有利于提高决策精准度和科学性的专利信息应用事务。专利导航对于企业等创新或市场主体提高创新效率、节约创新成本、加强专利保护具有重要意义。专利导航可以：

①帮助企业有效地利用专利信息，提高企业创新效率和水平，缩短研发周期，节约科研经费，提高产品的研发效率，避免无效研发，降低成本，以及引进高层次科研人才；

②支撑产业创新发展规划决策，防范和规避企业知识产权风险，强化企业竞争力的专利支撑，提升企业创新驱动发展能力；

③支撑企业投资并购、上市、销售、宣传、技术引进、技术研发、立项等经营活动决策；

④明确企业的竞争对手情况和市场情况；

⑤合理布局企业的知识产权，取得市场竞争优势；

⑥明确企业的知识产权管理思路和战略方向。

(4) 预警分析

专利预警分析是专利信息分析的一种，是指通过收集与分析本行业技术领域及相关技术领域的专利信息和国内外市场信息，了解竞争对手在做什么，把可能发生专利纠纷的前兆及可能产生的危害、建议采取的对策措施及时告知相关政府部门、行业组织及企业，建议行业组织和企业采取应对措施的机制。专利预警分析主要分为国家专利预警分析、行业专利预警分析和企业专利预警分析。

专利预警分析便于对技术发展趋势、申请人状况、专利保护地域等专利战略要素进行定性、定量分析，使企业对所在行业领域内的各种发展趋势、竞争态势有一个综合了解，对相关产品或技术的研发、生产使用、上市交易等行为可能存在的重复研发风险、投资风险、侵权风险等进行警示，以帮助用户更加全面、有效地制定相应战略或计划。

(5) 知识产权托管

知识产权托管是指企业将知识产权相关事务委托给一个专门的服务机构进行管理。创新主体和市场主体根据管理需求，与托管服务机构签订授权托管协议，托管服务机构代为管理知识产权相关业务。

托管的服务内容通常包括：

①专利、商标、著作权等知识产权的台账管理；

②对知识产权各项事宜提供咨询和建议；

③知识产权培训，协助开发知识产权；

④知识产权信息推送，调整创新方向和内容；

⑤建立、完善、监督、落实、改进知识产权管理制度；

⑥知识产权战略发展研究与制定；

⑦监测及侵权预警，对侵权及时进行调查、取证；

⑧帮助企业实施品牌战略，培育，协助企业实现名牌的经济价值。

除企业等市场创新主体的托管外，产业集群、区域重点产业、园区孵化器等也可以作为主体委托服务机构在知识产权高端运用层面进行深度托管，以期加速提升产业群体的创造能力，让知识产权为产业集体创造更大财富。

(6) 知识产权维权

知识产权维权是将无形资产变现的重要途径，因为只有行使权利才能发挥权利的作用。维权是知识产权运用的重要方式之一，权利人可以通过维权提高市场占有率，获取经济利益。

知识产权维权一般分为主动维权和被动维权两种。主动维权是指在自己的知识产权被侵犯的情况下进行的维权行动。被动维权是指应对他人的维权，即被告侵犯他人知识产权时或产生知识产权纠纷时的应对行动。

知识产权纠纷包括的范围较广，不仅是侵权、被侵权，还包括专利申请权纠纷、专利权权属纠纷、专利权转让纠纷、专利申请权转让纠纷、假冒他人专利纠纷、发明专利申请公布后专利权授予前使用费纠纷、奖酬纠纷、诉前申请停止侵权或财产保全纠纷、发明人及设计人资格纠纷、不服管理专利工作的部门行政决定的纠纷，等等。

知识产权维权的方式多样，除了常见的仲裁、诉讼、行政执法方式外，其实主要可以协商谈判、调解、求助行政机关设立的维权援助平台协商解决。这些方式执行起来的难易程度和所需的人力财力时间成本不尽相同，当事人可以根据预期的维权目标目的、经济能力、人力资源能力、时间紧迫度，多角度考量，选择最能够达到目的、最节约成本的维权方式。

相对来说，诉讼花费的时间、金钱和人力成本较高，但其判决执行程度和对侵权的打击效果更好，很多企业通过对个别侵权者进行起诉，达到了震慑其他侵权者的目的。虽然一场诉讼的成本较高，但平摊到被打击和震慑到的侵权者数量上是低的，从被提高的市场占有率来看，更是划算的。如果企业购买了专利保险，维权成本会大幅度降低。

仲裁和行政执法在一定程度上与诉讼相似，成本可能略低于诉讼，但对市场的影响效果不如诉讼显著。

很多时候，双方当事人之间通过协商谈判交手，或是谈判和诉讼同时进行。通过洽谈知识产权许可转让，可能能够在法庭外达成和解，甚至合作。但是，和对手坐上谈判桌是需要有"资本"的，此资本是自己拥有的知识产权筹码。谁的筹码多、价值大，谁就占得了先机。

(7) 技术与科技创新支持服务

TISC是世界知识产权组织（WIPO）与各国开展的合作项目，旨在帮助知识产权用户和创新主体提升技术信息检索利用能力，更快地掌握行业动态和新技术信息，增强创新能力。

TISC机构可以为创新主体和市场主体提供技术和专利等知识产权的信息和检索利用信息的培训服务，有些服务是免费的。TISC机构的主要职能可以参照本章的第一节之3。

(8) 地理标志保护

地理标志是指标示某商品来源于某地区，并表明该商品的特定质量、信誉或者其他特征，主要是由该地区的自然因素或者人文因素所决定的。我们平常所说的地理标志（也简称"地标"）包括地理标志产品和地理标志商标，地理标志商标是保护地理标志产品的重要措施。地理标志商标可以作为证明商标或者集体商标申请注册，但需要提供相应的与该地区的自然因素或者人文因素相关的证明材料。目前地理标志产品和地理标志商标的审批部门是国家知识产权局知识产权保护司。

地理标志同其他类型的知识产权一样具有"财富"属性，不同的是，地理标志是一个集体、一个区域的财富。地理标志产品的生产经营者大多是个体，如农民或者农业合作社，保护地理标志产品有利于团结分散的个体生产者，让他们以集体的形象参与市场竞争，形成强大的竞争力。

(9) 植物新品种保护

植物新品种，是指经过人工培育的或者对发现的野生植物加以开发培育，具备新颖性、特异性、一致性和稳定性并有适当命名的植物品种。

植物新品种是知识产权的一种，由审批机关（农业农村部）进行初步审查和实质审查，对经实质审查符合《植物新品种保护条例》规定的品种权的申请，审批机关应当作出授予品种权的决定，颁发品种权证书，并予以登记和公告。

(10) 集成电路布图设计登记

集成电路布图设计是指集成电路中至少有一个是有源元件的两个以上元件和部分或者全部互连线路的三维配置，或者为制造集成电路而准备的上述三维配置。集成电路布图设计专有权经国务院知识产权行政部门（国家知识产权局）登记产生。

(11) 版权（软件著作权）登记

根据《著作权法》的规定，中国公民、法人或者非法人组织的作品，不论是否发表，依照本法享有著作权。其中，作品是指文学、艺术和科学领域内具有独创性并能以一定形式表现的智力成果，包括：文字作品；口述作品；音乐、戏剧、曲艺、舞蹈、杂技艺术作品；美术、建筑作品；摄影作品；视听作品；工程设计图、产品设计图、地图、示意图等图形作品和模型作品；计算机软件；符合作品特征的其他智力成果。

国家著作权主管部门负责全国的著作权管理工作；县级以上地方主管著作权的部门负责本行政区域的著作权管理工作。

三、知识产权服务质量

1. 为什么要重视专利申请质量

专利申请文件是最重要的法律文件，是一切后续法律行为、专利运用行为的基础，也是专利财产价值及市场武器威力的最重要体现。

专利文件和技术创新的内容是唯一的，并且根据《专利法》的规定，同样的发明创造只能授予一项专利权。因此，可以说在一个国家之内没有两件完全相同的专利。一种技术创新，一个专利师撰写了专利申请文件，另一个专利师就不可能再有机会撰写，这个专利文件表达和限定的技术创新，在提交专利申请文件后，或专利公开后就失去了大量的修改机会，授权后专利的保护范围被限定下来，不能再修改技术方案或移动保护范围。由此可知，专利文件

（尤其是发明专利和实用新型专利的五书以及外观设计的图片照片和简要说明）的质量好坏直接关系着专利及技术的价值。只有经验丰富的专利代理师花费相当长的时间才能写出有保护价值和市场价值的专利文件，任何言语和教学传授，都替代不了专利师的经验和用心。

没有高质量的专利申请，专利保护就很难实现，在以后的专利维权、运用、许可、转让、投资、融资等活动中也要不出高价钱，甚至不能参与标准化或者加入联盟或其他组织，质量不高的专利其实不是好的资产、资本和武器，无法用其占领开拓市场。

2. 如何辨别专利服务质量

专利申请的最终目的在于利用专利权稳固市场、拓展市场，通过运营专利将无形资产转化为经济利益，因此高质量的专利申请文件是日后有效使用专利权的基础，而专利服务质量又存在难以判断、一旦代理失误损失极难挽回的特点。专利服务质量应该是众多创新主体或市场主体在选择代理机构时首要考虑的因素。

重视专利质量的申请人，会选择经验丰富、口碑信誉良好的专利代理机构并指定负责任的专利代理师代理其案件。申请人可以从包括（但不限于）以下几个方面判断专利代理机构的服务质量：

①专利代理机构的专利代理师年人均代理量和专利申请文件的撰写周期，如果年人均代理量过高、撰写速度过快，会导致申请文件质量不高；

②专利代理机构中执业代理师的数量，以及专利代理师是否从事过技术研发工作；

③专利代理师在代理专利申请或答复审查意见等工作中，是否与申请人充分沟通，包括沟通的次数、沟通的内容、是否讨论创新点、权利要求保护范围、权利稳定性等。沟通次数多，有利于专利代理师更好地理解、撰写或者修改申请文件，形成更好的专利布局，获得恰当的保护范围；

④专利代理师是否会尽责告知专利可能被驳回的风险和理由；

⑤专利代理机构的成立年限以及专利代理师的执业年限。执业年限长的代

理师可能经验更加丰富，但应同时留意其执业经历中是否亲身办案；

⑥专利代理机构的主要客户类型；

⑦专利代理机构所获荣誉；

⑧专利代理机构的转文时效。

应当注意，申请人应当结合以上因素综合判断，不要依靠其中某一种因素盲人摸象，并且上述因素不是判断一个专利代理机构质量高低的唯一因素。有条件的申请人可以将专利案件和代理机构分级管理，并尽可能提升自身专利管理素质。

申请专利时，选择好申请专利的时机，申请前选定负责任的专利代理机构并签订委托合同，认真组织技术交底材料，和专利师认真沟通，配合其完成专利布局，认真审核专利申请文件并和专利师再次沟通是做好专利申请的必要工作。

其中，发明人的专利技术交底质量是影响专利代理质量的重要因素。申请人和专利代理师沟通的第一步是通过"技术交底书"。技术交底书是发明人详细记录发明构思的载体，它要求发明人将自己的发明构思清楚、完整地记载在技术交底书中，再有经验的专利代理师都必须以技术交底书为基础撰写专利申请文件。

高质量的专利技术交底书中应详细交代在本发明创造之前与本发明最接近的背景技术情况（直白地说就是这种技术原来是什么样的）、本发明创造的技术内容（即本发明创造的技术方案是什么样的，有哪些地方是新的改进）、本发明创造的技术方案或者这些改进带来了什么样的技术进步和效果。这三点是专利进行申请前检索、专利保护布局以及撰写专利申请文件（五书）的基础，能够说明这三点很重要。

3. 避免非正常专利申请

近年来，国家不断加大对非正常专利申请的打击力度。事实上，非正常专利申请现象出现的根本原因在于申请人对于专利价值的理解出现了偏差，即申请专利的目的问题。一些专利申请之初的目的在于领取政府奖励、晋升职称或申报政府项目，而并非对自身智力成果的市场保护。

专利是为市场而生的，专利价值需要真正发挥在运用的过程中，只有经过运用的专利才能具有价值。所谓专利运用，包括但不限于知识产权维权、权利转移、权利许可、技术转化。因此负责任的专利代理机构会对自己的声誉负责，不代理无技术创新和不以市场保护为目的的专利申请。

国家对于非正常专利申请的定义是：任何单位或者个人，不以保护创新为目的，不以真实发明创造活动为基础，为牟取不正当利益或者虚构创新业绩、服务绩效，单独或者勾联提交各类专利申请、代理专利申请、转让专利申请权或者专利权等行为。打击非正常专利申请的目的在于，打击违背专利法立法宗旨、违反诚实信用原则的专利申请行为。

（1）可以被列为非正常专利申请的行为

2017年国家知识产权局发布的第75号局令《关于规范专利申请行为的若干规定》中列举了若干可以被列为非正常专利申请的行为，它们是：

①同一单位或者个人提交多件内容明显相同的专利申请；

②同一单位或者个人提交多件明显抄袭现有技术或者现有设计的专利申请；

③同一单位或者个人提交多件不同材料、组分、配比、部件等简单替换或者拼凑的专利申请；

④同一单位或者个人提交多件实验数据或者技术效果明显编造的专利申请；

⑤同一单位或者个人提交多件利用计算机技术等随机生成产品形状、图案或者色彩的专利申请；

⑥帮助他人提交或者专利代理机构代理提交本条第1项至第5项所述类型的专利申请。

2021年国家知识产权局又发布《关于进一步严格规范专利申请行为的通知》，在上述《关于规范专利申请行为的若干规定》第三条规定的六种情形的基础上，对非正常专利申请行为要进行了补充。规定除《关于规范专利申请行为的若干规定》第三条规定的六种情形外，以下亦为非正常专利申请：

①单位或个人故意将相关联的专利申请分散提交；

②单位或个人提交与其研发能力明显不符的专利申请；

③单位或个人异常倒卖专利申请；

④单位或个人提交的专利申请存在技术方案以复杂结构实现简单功能、采用常规或简单特征进行组合或堆叠等明显不符合技术改进常理的行为；

⑤其他违反《民法典》规定的诚实信用原则、不符合《专利法》相关规定、扰乱专利申请管理秩序的行为。

（2）非正常专利申请的处理措施

当专利被判定为非正常后，专利申请人应当在指定期限内主动撤回专利申请，或者进行意见陈述。如果在指定期限内既不撤回，也不进行意见陈述，则该专利申请将被视为撤回。

如果专利申请人在指定期限内进行了意见陈述，但陈述的内容没有被认可，则该专利申请将被驳回或不予批准相关法律手续办理请求。这种情况下，专利申请人对驳回决定不服的，仍然可以进行专利复审、行政复议或者行政诉讼的程序。

对非正常申请专利的行为，国家知识产权局除依据《专利法》及其实施细则的规定对提交的专利申请进行处理之外，可以视情节采取下列处理措施：

①不予减缴专利费用；已经减缴的，要求补缴已经减缴的费用；情节严重的，自本年度起五年内不予减缴专利费用；

②在国家知识产权局政府网站以及《中国知识产权报》上予以通报，并纳入全国信用信息共享平台；

③在国家知识产权局的专利申请数量统计中扣除非正常申请专利的数量；

④各级知识产权局不予资助或者奖励；已经资助或者奖励的，全部或者部分追还；情节严重的，自本年度起五年内不予资助或者奖励；

⑤中华全国专利代理人协会对从事非正常申请专利行为的专利代理机构以及专利代理人采取行业自律措施，必要时专利代理惩戒委员会根据《专利代理惩戒规则（暂行）》的规定给予相应惩戒；

⑥通过非正常申请专利的行为骗取资助和奖励，情节严重构成犯罪的，依

法移送有关机关追究刑事责任。

针对非正常专利申请的治理,除上述文件外,我国还发布了《关于进一步严厉打击非正常专利申请代理行为的通知》《关于持续严格规范专利申请行为的通知》等多个文件。近五六年来,国家知识产权局发起的"蓝天行动"更是将打击非正常专利申请等知识产权整治活动推向了高潮。自2018年起的三年内,将几十万件专利申请列为疑似非正常申请,要求申请人撤回。这不但显示出了国家打击非正常专利申请的决心,更加反映出了我国专利申请人心态的不正常和知识产权意识的淡薄。避免非正常专利申请,需要全国各级行政部门,全国知识产权用户、知识产权代理机构不忘初心,牢记专利制度的初衷,共同努力。

4. 拒绝恶意商标注册

《商标法》第四条规定,不以使用为目的的商标申请不予注册。一些申请人出于"囤商标""傍名牌""搭便车""蹭热点"或诈骗钱财等非诚信目的进行的商标恶意囤积和商标恶意抢注行为,属于商标恶意注册。

《商标审查审理指南》中规定了不以使用为目的的商标恶意注册申请若干情形,强化整治以"囤商标""傍名牌""搭便车""蹭热点"为突出表现的商标恶意囤积和商标恶意抢注行为。打击恶意商标注册重点打击下列违反诚实信用原则,违背公序良俗,谋取不正当利益,扰乱商标注册秩序的违法行为:

①恶意抢注与党的重要会议、重要理论、科学论断、政治论述等相同或者近似标志的;

②恶意抢注与国家战略、国家政策、重大工程、重大科技项目,具有较高知名度的重要赛事、重要展会、重大考古发现等相同或者近似标志的;

③恶意抢注重大公共卫生事件等重大敏感事件、突发事件特有词汇的;

④恶意抢注具有较高知名度的政治、经济、文化、民族、宗教等公众人物的姓名的;

⑤商标注册申请数量明显超出正常经营活动需求,缺乏真实使用意图的;

⑥大量复制、摹仿、抄袭多个主体具有一定知名度或者较强显著性的商

标、商号或者其他商业标识的；

⑦大量申请注册与公共文化资源、行政区划名称、商品或者服务通用名称、行业术语等相同或者近似标志的；

⑧大量转让商标且受让人较为分散，扰乱商标注册秩序的；

⑨商标代理机构知道或者应当知道委托人从事上述行为，仍接受其委托或者以其他不正当手段扰乱商标代理秩序的；

⑩其他对我国商标注册管理秩序、社会公共利益和公共秩序造成重大消极、负面影响的。

商标是标明商品或服务来源，以暗示其质量、信誉、能力等。商标被消费者接受，依靠的是自身的产品或服务质量，商业信誉和能力，需要长期的积累或宣传。但是，在我们的商标代理实践中，确有一些商标注册申请人委托我们的商标注册申请是"傍名牌""蹭热点"的商标，因此我们力劝这些商标申请人，放弃这种想法。"傍名牌""蹭热点"有可能能够很快提高商标的知名度，但时间一久，人们会失去热度，进而产生反感；或被有商标意识的消费者看到，会对商品或服务的提供者的印象大打折扣。而"傍名牌"更容易让消费者对产品的来源产生混淆，当其明白时，会坚决抵制消费此商品或服务。因此恶意商标注册，是短期行为，不利于自身长期发展。

正确的做法是深耕自己的商标，不断地打造自身品牌、质量和商业信誉，时间久了，不管什么样的商标，都会在消费者心中留下强烈美好的记忆。有耕耘才会有收获。

图书在版编目（CIP）数据

知识产权那些事 / 石家庄众志华清知识产权事务所著. —北京：中央编译出版社，2023.4
ISBN 978-7-5117-4370-1

Ⅰ. ①知… Ⅱ. ①石… Ⅲ. ①知识产权–基本知识–中国 Ⅳ. ①D923.4

中国版本图书馆 CIP 数据核字（2023）第 044018 号

知识产权那些事

责任编辑	李媛媛
责任印制	刘　蕙
出版发行	中央编译出版社
地　　址	北京市海淀区北四环西路 69 号（100080）
电　　话	（010）55627391（总编室）　　（010）55627310（编辑室） （010）55627320（发行部）　　（010）55627377（新技术部）
经　　销	全国新华书店
印　　刷	北京印刷集团有限责任公司印刷一厂
开　　本	710 毫米 ×1000 毫米　1/16
字　　数	327 千字
印　　张	21.5
版　　次	2023 年 4 月第 1 版
印　　次	2023 年 4 月第 1 次印刷
定　　价	85.00 元

新浪微博：@中央编译出版社　　　　微　信：中央编译出版社（ID: cctphome）
淘宝店铺：中央编译出版社直销店（http://shop108367160.taobao.com）　（010）55627331

本社常年法律顾问：北京市吴栾赵阎律师事务所律师　　闫军　梁勤
凡有印装质量问题，本社负责调换，电话：（010）55626985